本书的出版受到内蒙古自治区第十二批"草原英才"、2022 年度高（NJYT22096）、内蒙古自治区人口战略研究创新平台和内蒙古自治盟以及国家自然科学基金地区基金项目"生育意愿到生育行为的微观传导机理和宏观政策响应研究"（71864024）的支持

U0682903

The Study of Population Aging in China

中国人口
老龄化研究

薛继亮 等著

经济管理出版社
ECONOMY & MANAGEMENT PUBLISHING HOUSE

图书在版编目（CIP）数据

中国人口老龄化研究 ／ 薛继亮等著. -- 北京：经济管理出版社，2024. 6. -- ISBN 978-7-5096-9738-2

Ⅰ. C924. 24

中国国家版本馆 CIP 数据核字第 2024FU0115 号

组稿编辑：王　蕾
责任编辑：杨　雪
助理编辑：王　蕾
责任印制：许　艳
责任校对：陈　颖

出版发行：经济管理出版社
　　　　　（北京市海淀区北蜂窝 8 号中雅大厦 A 座 11 层　100038）
网　　　址：www. E-mp. com. cn
电　　　话：(010) 51915602
印　　　刷：唐山昊达印刷有限公司
经　　　销：新华书店
开　　　本：720mm×1000mm/16
印　　　张：14
字　　　数：267 千字
版　　　次：2024 年 8 月第 1 版　　2024 年 8 月第 1 次印刷
书　　　号：ISBN 978-7-5096-9738-2
定　　　价：88.00 元

前　　言

在全面建成小康社会目标如期实现、第二个百年奋斗目标全面开启的新发展阶段，中国仍然面临许多机遇与挑战。随着中国经济发展，医疗水平不断提高，人口老龄化问题日益成为当今社会发展到一定阶段面临的重要问题之一，中国自2000年起开始步入老龄化社会，到2021年末全国60周岁及以上老年人口占总人口的18.9%，人口红利日渐式微。有效应对中国人口老龄化，事关国家发展全局，事关亿万百姓福祉，事关社会和谐稳定，对于全面建设社会主义现代化国家具有重要意义。

基于此，本书通过对中国人口老龄化现状进行时空分析，并分析中国社会将面临的危机，以及对未来中国将面临的老龄化挑战进行预测，同时探析人口老龄化对经济发展的总体影响，并具体分析人口老龄化对经济发展带来的机遇与挑战，再对当前中国老年人的主观福利与人力资本进行分析，最后针对现阶段以及将来应对中国人口老龄化问题提供一定的思路和建议。本书具体章节安排为，第1章研究中国人口老龄化进程及现状；第2章分析中国人口老龄化的危机；第3章对中国人口老龄化进行预测；第4章研究中国人口老龄化对经济增长的影响；第5章至第8章研究中国人口老龄化对劳动力市场、产业结构升级、数字经济发展、网络消费带来的影响；第9章与第10章围绕中国老年人展开研究，包括老年人力资本现状与老年人主观福利效应的影响因素；第11章对中国人口老龄化提出应对策略。具体章节内容如下：

第1章深入探讨了中国所面对的人口老龄化现状。从时间维度上看，出生率、死亡率和自然增长率都经历了显著的变化；从空间维度上看，中国东北部地区老龄化程度较高，反映了中国人口老龄化的严重性，特别是在经济发达的城市中，高昂的生活和教育成本导致了生育意愿的降低。

第2章研究中国人口老龄化的危机。中国正面临严峻的人口老龄化危机，源于历史背景、经济发展模式、传统文化、观念转变等多重因素。中国人口老龄化带来的压力凸显在养老保障体系、健康养老、经济增长、社会平等和文化传承等多个层面。

第3章针对中国人口老龄化的问题进行了深入的预测和分析。在这一章中，通过利用各种模型和方法预测了中国未来的人口老龄化趋势，并探讨了这一趋势对中国社会和经济的可能影响。不同的预测模型揭示了不同的未来老龄化趋势，但普遍预测显示，中国的老年人口将在未来几十年内继续增加。这样的趋势提出了诸多挑战，包括如何维持经济增长、如何保障老年人的生活质量、如何构建一个可持续的养老体系等。本章强调了预测的重要性，并建议在政策制定中充分考虑老龄化的影响。

第4章研究中国人口老龄化对经济增长的影响。通过构建动态面板模型，结合1997~2017年的统计数据，选择系统GMM方法对模型进行估计，发现在其他经济增长驱动因素不变的情况下，人口老龄化对中国经济增长具有一定的负面冲击，通过稳健性检验依然支持此结论，需采取多种措施应对人口老龄化挑战。

第5章研究中国人口老龄化对劳动力市场的影响。当前中国人口结构正面临高龄化程度不断提高、劳动年龄人口规模快速下行、中年成熟劳动力人口比例不断提高等发展态势。老龄化社会必然会产生较高的社会保障压力，这会对中国劳动力市场产生影响。首先，社会保障与企业劳动力需求产生矛盾。其次，社会保障压力衍生出延迟退休年龄政策，但经历多年研究尚未有最终方案。综上所述，本章重点讨论了人口老龄化对中国劳动力市场所产生的影响，并提出相应的对策，希望能够在人口老龄化背景下，解决有效供给不足、劳动力培育质量不高、劳动力成本上升的问题。

第6章研究中国人口老龄化对产业结构升级的影响。选取了中国31个省份的2011~2020年的相关数据，梳理和分析中国人口老龄化水平、产业结构升级水平的发展现状，在此基础上构建综合评价指标体系，实证分析人口老龄化对中国产业结构升级的影响。本章得出如下结论：从全国层面看，人口老龄化会促进产业结构升级；从产业层面看，人口老龄化有利于第二产业和第三产业的转型升级；从区域层面看，人口老龄化会对不同地区的产业结构升级产生不同的影响。

第7章研究中国人口老龄化对数字经济发展的影响。本章旨在通过对数字经济与人口老龄化的文献梳理，构建数字经济指标体系，实证分析人口老龄化与数字经济发展之间的关系，并基于测算出的数字经济发展指数构建面板计量模型，探讨人口老龄化对数字经济发展水平的影响。人口老龄化进程的加快对数字经济的发展造成不利影响，人口年龄结构的老化阻碍了数字经济的发展进程。此外，在数字化发展的背景下，如何推动老年群体跨越"数字鸿沟"，积极应对老龄化挑战对加快数字中国建设战略具有重要意义，从而更好地实现经济持续健康发展。

第8章研究中国人口老龄化对网络消费的影响。本章采用2013~2019年中国省级面板数据，借助网络零售业快速发展壮大的经验事实，利用中介效应模型，系统讨论人口老龄化对于网络消费规模的影响。本章研究发现，人口老龄化对网络消费规模会产生正向影响，人口老龄化通过提高居民消费和推动产业结构升级而产生的部分中介效应促进了互联网零售规模的扩张。在地区层面上，两地区的人口老龄化对网络消费规模都产生了积极的影响，东部地区的影响程度不同于中西部地区；居民消费需求和产业结构升级的部分中介效应均存在，但影响程度不同。

第9章研究中国老年人力资本现状。中国面临的人口老龄化问题将导致劳动力市场的变动、经济增长放缓以及对养老和医疗保障体系的需求增加，而老年人力资本的开发在一定程度上可以减小人口老龄化的消极影响，因此老年人力资本的研究具有重要意义。本章使用中国综合社会调查数据库的数据测算全国2012年、2015年、2018年和2021年老年人力资本，研究发现中国老年人力资本综合指数呈现小幅度增长，但受教育年限较短仍是限制开发老年人力资本的重要因素。

第10章研究人口老龄化主观福利效应的影响因素。主要借鉴了中国健康与养老追踪调查（CHARLS）在2011年、2013年、2015年以及2018年的数据，通过运用Ordered Probit模型、最小二乘法以及固定效应模型分析中国老年人主观福利效应的影响因素。本章研究结果显示，新型农村合作医疗保险政策对农村老年人的主观福利情况产生了积极的效果，显著地改善了他们的生活满足感，并有效地减轻了他们的心理抑郁程度。然而，新型农村合作医疗保险政策对主观福利的影响具有差异性，对于教育程度较高、未婚以及健康状态良好的农村老年人群影响力较小，这对于实现基本医疗服务的均等化构建产生了阻碍。

第11章研究中国应对人口老龄化的策略。本章提出了多方位的应对策略：构建全民养老保障制度，优化养老保险、高效的医疗体系和社会资本的养老服务；深挖剩余人口红利，提升老年人劳动力市场参与度和人力资本，同时优化人口流动和区域发展；加速产业转型升级，促进老年产业和整体产业结构的升级；创新生育政策并完善女性保障制度，提高生育意愿和强化对女性的各方面保护；弘扬和传承传统文化，促进多代家庭交流和保障文化传承的可持续性。在解决人口老龄化问题的过程中，制度创新和文化引领将起到关键作用，而跨行业、跨领域的协同合作也至关重要。

目　　录

第 1 章

中国人口老龄化进程及现状

1.1 引言

人口老龄化是中国人口变化的重要趋势，也是中国较长一段时期的基本国情。正式步入老龄化社会 20 年以来，中国的老龄化进程不断加速。2020 年第七次全国人口普查数据显示，中国 60 岁及以上老年人口占比已达到 18.70%，同时老年人口高龄化现象日益凸显，农村老龄化程度高于城镇。与老年人口规模扩大相伴的是社会抚养负担的逐渐加重。2020 年，中国人口总抚养比达到 45.98%，意味着每 100 个 15~64 岁劳动年龄人口要抚养约 26 个 0~14 岁少儿人口和约 20 个 65 岁及以上老年人口。与率先经历人口转变的国家不同，中国在经济发展初期就已面临人口老龄化的问题。随着总和生育率的持续下降与预期寿命的不断延长，中国人口面临着"未富先老"的挑战，少子化和长寿趋势将使老龄化持续加深。从少子化情况来看，中国出生人口持续创历史新低。2016 年全面二孩政策对生育影响有限，出生人口短暂反弹后持续下滑，2021 年出生人口降至 1062 万，持续创历史新低（除 1959~1961 年三年自然灾害外）。

中国老龄化有四大趋势。一是中国老年人口规模大。根据《国家治理》周刊①对现有的人口预测，到 2035 年和 2050 年，中国的老年人口数量将达到 3.27 亿和 3.93 亿，分别占全球老年人口的 21.8% 和 26.2%。进一步的预测显示，中国老年人口数量将在 2057 年达到峰值 4.25 亿，之后将呈现下降趋势。考虑到生育率对老龄化的影响，本书进一步分析了在三种不同的总和生育率假设（1.0、

---

① 资料来源于 2022 年 6 月 2 日的《国家治理》周刊。

1.2 和 1.6）下，2057 年中国老年人口的可能比重。预测结果显示，这三种生育率假设下，2057 年中国老年人口的比重将分别达到 37.6%、35.9% 和 32.9%。

二是中国老龄化速度快。中国的老龄化进程在速度上显著超越了许多发达经济体。具体来说，2000 年底，中国 65 岁及以上的老年人口占总人口比重超过 7%，标志着国家开始进入老龄化社会。仅仅经过 21 年，到 2021 年，这一比重再次增长，超过 14%，意味着中国已步入深度老龄化社会。根据现有预测，中国预计将在 2032 年左右进入老年人口比重超过 20% 的超级老龄化社会。为了进一步凸显中国老龄化速度之快，可以与一些发达经济体进行比较。例如，法国从老龄化到深度老龄化的过程用了 126 年（1864~1990 年），而英国、德国和日本分别只用了 46 年（1929~1975 年）、40 年（1932~1972 年）和 24 年（1971~1995 年）。从深度老龄化到超级老龄化的转变，法国、德国和日本分别用了 28 年、36 年和 11 年。考虑到生育率对老龄化进程的影响，进一步分析了在三种不同的总和生育率假设（1.0、1.2 和 1.6）下，2050 年和 2100 年中国老年人口的预测比重。结果显示，2050 年，这三种假设下的老年人口比重将分别为 32.1%、31.1% 和 29.1%；到 2100 年，这一比重将进一步上升，分别达到 52.8%、46.7% 和 36.9%。

三是老年抚养比攀升、少儿抚养比下滑，养老负担加重。老年抚养比是指老年人口数与劳动年龄人口数之比。2020 年，中国老年抚养比为 19.7%，即平均五个年轻人要抚养一位老人（见图 1-1）。假设鼓励生育效果明显，财政支出达到其他发达国家平均水平，总和生育率最可能达到 1.2，则预计 2050 年老年抚养

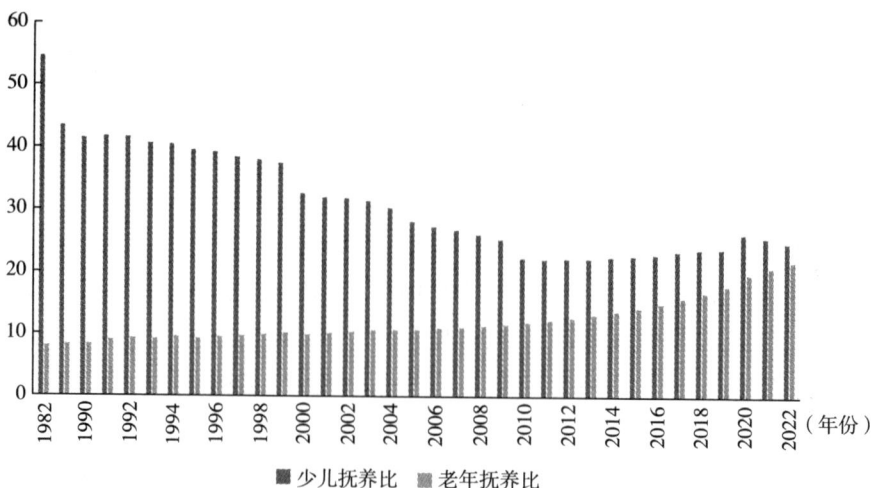

图 1-1　少儿抚养比与老年抚养比

资料来源：EPS 数据库。

比达 53.2%，即每两个年轻人需要承担抚养一位老人的责任。除沉重的养老负担外，中国小孩高昂的养育成本也让年轻人"两头承压"，社会生育意愿不强导致少儿抚养比下滑，年轻人口规模萎缩，社会养老负担进一步加重。

四是未富先老问题突出。从表 1-1 中可以看出，中国在 2000 年进入老龄化社会，而美国、日本、英国和新加坡分别在 1942 年、1971 年、1929 年和 2004 年进入老龄化社会。不同国家的老龄化进程存在显著差异，其中英国较早进入老龄化社会，而中国相对较晚。新加坡在 2004 年进入老龄化社会时的人均 GDP 为 27608 美元，是五个国家中最高的。相比之下，英国在 1929 年进入老龄化社会时人均 GDP 仅为 499 美元，是五个国家中最低的。到 2020 年，中国的老龄化率（65 岁及以上人口）为 13.50%，人均 GDP 为 10424 美元；美国的老龄化率为 16.21%，人均 GDP 为 64140 美元；日本的老龄化率为 28.00%，人均 GDP 为 40810 美元；英国的老龄化率为 18.51%，人均 GDP 为 39970 美元；新加坡的老龄化率为 12.39%，人均 GDP 为 55010 美元。这一数据显示，尽管各国都已进入老龄化社会，但它们的老龄化程度和经济发展水平仍然存在显著差异。

表 1-1 主要国家老龄化对比

主要国家	中国	美国	日本	英国	新加坡
进入老龄化社会的年份（以 65 岁及以上人口计算）	2000	1942	1971	1929	2004
进入老龄化社会当年人均 GDP（美元）	959	1200	2272	499	27608
2020 年老龄化率（65 岁及以上人口）（%）	13.50	16.21	28.00	18.51	12.39
2020 年人均 GDP（美元）	10424	64140	40810	39970	55010
2020 年人均 GDP 在世界排名	82	12	33	29	13

资料来源：世界银行网站数据、国家统计局网站历年数据。

1.2 文献综述

中国是世界上人口规模庞大的发展中国家，同时也是全球老年人口数量最多的国家之一。中国的老年人口规模及比例将在 21 世纪中叶之前持续扩大，随后趋于稳定。这种人口老龄化现象出现在人口结构演变的晚期阶段，其发展受到经济社会因素的共同推动，包括生育率下降和平均预期寿命的延长（杜鹏、李龙，2021）。翟振武等（2017）指出中国的人口老龄化过程具有独特性，这是因为它受到国家自身的特殊国情和历史发展阶段的影响。

首先，邬沧萍等（2004）指出，自 1980 年以来的计划生育政策加速了中国人口老龄化的进程，新中国成立至 20 世纪末中国人口出生率下降同等比例所需时间大大少于发达国家，少儿人口比例快速减少，推高了老年人口的相对比重。其次，中国是少有的以较低收入进入老龄化社会的人口大国，老龄化的整体进程超前于社会经济的发展，呈现"未富先老"的特点，这与发达国家经济增长和老龄化基本同步的历史经验不一致。

在 20 世纪后期的 30 年间，生育率下降是推动中国人口老龄化进程的主要力量。自 2014 年以来逐步放宽的生育政策改变了既往对人口老龄化发展趋势的判断，2010 年以前，各个省份少儿人口比例受计划生育政策的影响基本呈现快速下降趋势，而在生育政策放宽的过程中，实际生育水平对生育政策调整的敏感性存在较大的地区差异，在各省份少儿人口比例的下降速度均有所放缓的同时，部分省份的少儿人口比例出现回升（李建新、刘瑞平，2020）。少儿人口比例的增加能对缓解人口结构的底部老龄化起到一定作用，但亦有学者指出，生育政策的调整对缓解整体老龄化趋势的作用十分有限（翟振武、刘雯莉，2019）。胡耀岭和原新（2019）指出，在低生育水平之下，死亡要素对人口老龄化的影响会进一步凸显。

刘爽（1997）指出，与生育和死亡因素相比，人口的迁移流动对不同地区的人口老龄化进程的变化更为迅速和直接。尹德挺和苏杨（2009）指出，在 2000 年以前，中国各地之间的人口流动受到各种程度的限制。然而，自 21 世纪以来，中国的流动人口政策逐渐进入融合阶段，逐步推动实现流动人口与户籍人口享有同等权利。这导致了流动人口规模的显著增长，经历了 2010 年以前的快速扩大和 2010 年以后的相对稳定增长阶段。在人口迁移流动中，年龄分布呈现高度选择性，以劳动年龄人口为主，儿童和老年人口的比例相对较低。段成荣等（2019）指出，自 21 世纪以来，经济相对欠发达地区的老龄化发展速度更快，有时甚至不低于经济相对发达地区。这一趋势伴随着大量劳动年龄人口的流入，导致经济相对发达地区的老龄化速度减缓甚至老龄化程度降低。

综合考虑生育、死亡和迁移流动这三个人口要素，它们共同塑造了各地的人口老龄化进程。因此，需要深入了解这三个因素在不同地区的影响程度，以及各地人口老龄化的主导因素和作用机制，是否存在共性或差异。

1.3　时间维度下的老龄化进程及现状

1.3.1　中国老龄化的总体趋势

在 20 世纪末,中国面临的人口结构转型呈现出了独特的复杂性和深度。从表 1-2 中可以观察到,1982~2000 年,0~14 岁人口占比从 33.6%下降至 22.9%,减少了 10.7 个百分点。这一显著的人口结构调整,无疑与 1979 年开始实施的计划生育政策密切相关。从宏观角度看,计划生育政策是对马尔萨斯人口理论的一种现代回应,这一政策的核心目标是通过控制出生率,平衡资源分配和人口增长之间的关系,确保国家的持续发展。这在一定程度上解释了为何在政策实施后的几年中,人们可以观察到 0~14 岁年龄段的人口占比急剧下降。然而,仅从数量上考察是不足的。更为重要的是,这一变化背后所隐藏的社会经济动因。与此政策实施的时期相吻合,中国经济正经历快速的增长和都市化进程。这意味着,家庭和个体面临的经济和社会压力也在增加,这可能进一步强化了计划生育政策的实际效果。此外,这种人口结构的调整,尤其是青少年人口的减少,与老龄人口的相对增长形成了鲜明的对比。数据显示,65 岁及以上的人口占比在 1982~2000 年从 4.9%增加到 7.0%。这种趋势不仅是人口统计学的现象,更反映了一个即将到来的社会经济挑战,即如何平衡减少的劳动力供应和增加的养老需求。2000~2022 年,中国 65 岁及以上年龄段的人口占比经历了显著的增长,从 7.0%提升到 14.9%(见表 1-2)。这一变化不仅是绝对数量的增加,而且在较短的时间跨度内几乎翻倍,这一趋势在人口学中被视为一个显著的标志,表明国家进入了深度老龄化阶段。与此同时,0~14 岁的人口占比逐渐下降,反映出年轻人口的减少和老年人口的增加。

表 1-2　1982~2022 年中国人口年龄结构变动趋势

年份	0~14 岁人口占比(%)	15~64 岁人口占比(%)	65 岁及以上人口占比(%)
1982	33.6	61.5	4.9
1987	28.7	65.9	5.4
1990	27.7	66.7	5.6

续表

年份	0～14岁人口占比（%）	15～64岁人口占比（%）	65岁及以上人口占比（%）
1991	27.7	66.3	6.0
1992	27.6	66.2	6.2
1993	27.2	66.7	6.2
1994	27.0	66.6	6.4
1995	26.6	67.2	6.2
1996	26.4	67.2	6.4
1997	26.0	67.5	6.5
1998	25.7	67.6	6.7
1999	25.4	67.7	6.9
2000	22.9	70.1	7.0
2001	22.5	70.4	7.1
2002	22.4	70.3	7.3
2003	22.1	70.4	7.5
2004	21.5	70.9	7.6
2005	20.3	72.0	7.7
2006	19.8	72.3	7.9
2007	19.4	72.5	8.1
2008	19.0	72.7	8.3
2009	18.5	73.0	8.5
2010	16.6	74.5	8.9
2011	16.5	74.4	9.1
2012	16.5	74.1	9.4
2013	16.4	73.9	9.7
2014	16.5	73.4	10.1
2015	16.5	73.0	10.5
2016	16.7	72.5	10.8
2017	16.8	71.8	11.4
2018	16.9	71.2	11.9
2019	16.8	70.6	12.6
2020	17.9	68.6	13.5
2021	17.5	68.3	14.2
2022	16.9	68.2	14.9

资料来源：《中国统计年鉴2023》。

剖析 2020 年老年人口的年龄结构可以发现，一个显著的趋势是 60~69 岁这一年龄段在 60 岁及以上老年人口中所占比例的变化。2000~2020 年，这一年龄段的人口占比从 58.84% 逐渐减少到 55.83%（见表 1-3）。这一下降尽管相对缓和，但仍然具有重要的社会学和人口学意义。首先，这种变化反映了老年人口内部的年龄结构正在发生微妙的调整。尽管 60~69 岁这一年龄段的人口占比在减少，但其在 60 岁及以上老年人口中的比例仍然超过了一半，占据了绝对的主导地位。这意味着，目前的老年人口结构仍然是以中低龄老年人为核心，这对于公共政策、社会福利计划、医疗健康服务等方面都具有指导意义。其次，尽管目前的老年人口仍以中低龄为主，但其他年龄段的老年人口，特别是高龄老年人口，可能正在逐渐增加。这既可能源于历史的生育高峰期人口逐渐步入老年，也可能与现代医疗技术的进步和人们生活质量的提高有关，导致人们的预期寿命延长。

表 1-3　2000~2020 年中国老年人口比例状况

年份	60 岁及以上人口占总人口的百分比（%）	60~69 岁人口占 60 岁及以上老年人口的百分比（%）	60 岁及以上人口比例较上一次普查的年均增长率（%）
2000	10.33	58.84	2.00
2010	13.26	56.18	2.45
2020	18.70	55.83	3.47

资料来源：国家统计局。

1.3.2　中国老龄化的阶段发展趋势

中国的老龄化将会经历三个阶段，第一阶段是初期老龄化阶段，自 2000 年起中国的老龄人口结构显现出明显的变化趋势。国家统计局公布的数据显示，2000 年中国 65 岁及以上的老年人口数目达到约 8800 万，占总人口的 7%，这一数据标志着中国正式进入老龄化社会的初始阶段。第二阶段是中度老龄化阶段，预计在"十四五"时期（2021~2025 年），60 岁及以上的老年人口总量将突破 3 亿，占总人口的比例将超过 20%。2021 年底，全国 60 岁及以上的老年人口达到 2.67 亿，占总人口的 18.9%，而 65 岁及以上的老年人口达到 2 亿以上，占总人口的 14.2%。第三阶段是重度老龄化阶段，预计到 2035 年左右，60 岁及以上的老年人口将突破 4 亿，占总人口的比例将超过 30%，进而进入重度老龄化阶段。

中国步入初期老龄化阶段是由于自 20 世纪 70 年代末以来，中国开始实施计划生育政策，以控制人口过快增长和缓解资源压力。随着时间的推移，政府为适应社会经济的变化和应对人口老龄化的挑战，相继推出了"单独二孩""全面二孩""三孩"政策。然而，尽管政策有所放宽，生育率仍保持在相对较低的水平，这在很大程度上成为了中国人口老龄化的主要原因之一。生育率的持续低位意味着每年新生儿的数量在逐渐减少，这种情况在长期内对中国的人口结构造成了深刻影响。具体来说，新生儿数量的减少导致了年轻人口的缺乏，而老年人口的数量却在持续增加。这种趋势在一定程度上改变了中国的人口金字塔结构，使老年人口的比例逐渐增加，而劳动年龄人口的比例相应减少。这种人口结构的变化不仅反映了社会发展的一种自然趋势，也为中国的社会经济发展带来了一系列的挑战和问题。随着老年人口比例的增加，对于养老、医疗和社会保障等公共服务的需求也随之增加，同时劳动力市场的供应也受到了影响。在经济发展方面，劳动力供应的减少可能会对潜在的经济增长率产生负面影响。而在社会层面，人口老龄化可能会导致社会保障体系的压力增大，特别是在养老保险和医疗保险方面。此外，家庭结构的变化也可能会对社会关系和文化传统产生一定的影响，例如，核心家庭的增多和传统家庭关系的变化。

在人口老龄化的进程中，中国进入中度老龄化社会阶段时的经济发展水平表现为人均国内生产总值明显低于美国、日本和韩国等国家。这种情况揭示了中国在相对较低的经济发展阶段就面临了人口老龄化的挑战，与其他发达国家相比，中国的老龄化问题更为尖锐。根据世界卫生组织的预测，预计中国将在 2024 年正式进入中度老龄化社会。此阶段的到来不仅会对中国的社会保障系统、公共卫生服务以及养老服务体系提出更高的要求，同时也会对中国的经济增长和社会发展带来不小的冲击。首先，从经济角度分析，人均 GDP 的相对低位意味着国家在财政收支、社会保障基金的积累以及公共服务投入方面面临较大的压力。相比于经济发展较为成熟的国家，中国在面对老龄化问题时的经济储备和社会保障体系的完备程度相对较低。这无疑给中国应对老龄化问题，特别是应对养老、医疗和社会保障等方面的挑战带来了更大的压力。其次，中国的老龄化速度相对较快，而且在经济发展的低水平阶段就开始面临老龄化的压力，这对中国未来的经济增长和社会发展提出了严峻的挑战。老龄化会导致劳动力供应的减少、社会保障支出的增加以及公共服务需求的上升，这些因素都会对中国的经济增长和社会稳定构成一定的压力。

中国预计将在 2035 年左右步入重度老龄化社会，届时 60 岁及以上的老年人口将超过 4 亿，占总人口的比例将超过 30%，造成这一现象的原因主要是：长期以来，中国实施的计划生育政策在一定程度上成功地控制了人口增长，但也导致了生育率的持续下降。随着社会经济的发展和人们生活水平的提高，人们对生育的意愿也受到了影响。近年来，虽然政府逐渐放宽了生育政策，但生育率的提升并不明显，一方面是由于经济压力和对子女教育的高投入让许多年轻家庭选择减少生育，另一方面是由于女性对职业发展的追求使其生育意愿降低。随着社会经济的快速发展和城镇化进程的持续推进，中国的生育模式和家庭结构正经历着深刻的变化。经济的增长和城市生活的吸引力促使了大量年轻家庭向城市区域集聚，而城市生活的高消费水平和竞争压力可能导致更多年轻家庭选择延迟生育或者减少生育。同时，城镇化进程可能会使传统的大家庭结构逐渐解体，进一步降低了家庭的生育意愿和生育能力。在现代社会，个人和家庭面临着多重社会经济压力，包括但不限于房价的上升、教育和医疗资源的紧张以及工作场所的竞争。这些压力可能会影响年轻家庭的生育决策，使他们倾向于选择有限生育或者完全不生育。此外，女性社会地位的提高和职业发展机会的增加也可能会影响她们的生育意愿和生育时间选择。传统的大家庭结构在一定程度上可以为年轻家庭提供生育和抚养子女的支持，如老人可以帮助照顾孙子、孙女。然而，随着城镇化的推进和社会价值观的转变，传统的大家庭结构逐渐解体，许多年轻家庭开始转向核心家庭结构。在这种情况下，家庭的生育支持网络可能会减弱，从而降低了家庭的生育意愿和能力。

1.3.3　中国与全球老龄化现象的比较分析

日本是全球老龄化程度最为显著的国家之一。在日本，老龄化现象呈现持续加剧的趋势。在比较日本与中国的老龄化速度时，可以观察到两国之间存在显著的差异。日本的老龄化进程明显快于中国，主要原因可能在于日本较早的工业化和现代化进程。工业化和现代化不仅带动了经济的快速发展，也带来了医疗、教育和社会福利制度的改善，从而使人们的寿命延长，生育率下降，进而加速了老龄化的进程。特别是日本的健康保险和养老保险制度的完善，为老年人提供了相对较好的保障，同时也反映了日本社会对老龄化问题的重视和应对。相较之下，中国的老龄化速度相对较慢，主要受到长期实施的计划生育政策和特定的社会文化因素的影响。计划生育政策在很大程度上控制了人口的快速增长，但随着时间的推移，也逐渐显露出对老龄化进程的推动作用。此外，中国传统的家庭观念和生育观念也在一定程度上影响了老龄化的速度。然而，随着中国经济的快速发展和社会转型，以及计划生育政策的逐渐放宽和社会福利制度的完善，中国的老龄化问题也日益凸显。尤其是在近年来，随着计划生育政策的放宽，以及人们生活水平的提高和对个人发展的追求，生育意愿的下降和家庭规模的缩小成为推动老龄化进程的重要因素。

一些欧洲国家也面临着严重的老龄化问题，其中德国的老龄化问题比较突出，德国的总人口在 2022 年达到了 84358845 人，60~80 岁的人口为 22999053 人（见表 1-4），80 岁以上的人口为 602 万。据德国联邦统计局预测，到 2035 年，德国 67 岁及以上的人口将增加约 400 万，总数将达到至少 2000 万。而 80 岁及以上的人口数量在 21 世纪 30 年代中期前将保持相对稳定，预计在 580 万~670 万。

表 1-4　2011~2022 年德国老龄化率

年份	总人口（人）	60~80 岁人口（人）	60 岁及以上人口占比（%）
2011	80327900	24955062	36.3
2012	80523746	24892277	36.2
2013	80767463	24763243	36.1
2014	81197537	24616487	35.9
2015	82175684	24507197	35.7
2016	82521653	24289331	35.4
2017	82792351	24101205	35.4
2018	83019213	23900423	35.3
2019	83166711	23629924	35.4
2020	83155031	23375290	35.3
2021	83237124	23068612	34.9
2022	84358845	22999053	34.4

资料来源：世界银行。

表 1-4 中数据展示了德国从 2011~2022 年 60 岁及以上人口比例的变化。在这 12 年间，老龄化比例从最高的 36.3% 逐渐减少到 34.4%，尽管变化幅度相对较小，但这一持续的下降趋势可能揭示了一些重要的社会经济动态和政策影响。

首先，这种趋势可能与德国政府在推动生育方面所做的努力有关。为了应对日益严重的老龄化问题，德国政府采取了一系列措施来刺激生育率的提高。例如，政府通过提供更为宽松的生育和家庭政策，增加育儿假时间和家庭补贴，以鼓励年轻家庭增加生育意愿。此外，政府还提供了一系列的财政和社会支持以减轻年轻家庭的经济负担，从而在一定程度上减缓老龄化的进程。其次，增加的国际移民也可能是导致老龄化比例下降的一个重要因素。德国作为欧洲的经济大国，具有良好的就业机会和较高的生活水平，因此吸引了大量的国际移民，特别是劳动年龄的移民。这些移民的加入有助于改善国家的人口结构，降低老龄化比例，同时也为国家的经济发展提供了新的动力。最后，德国政府在改善健康和社会保障系统方面所做的努力，可能有助于提高老年人的生活质量和健康状况。通过增加医疗保健的投入，改善医疗服务的质量和可得性，以及完善退休和社会保障制度，政府可能帮助老年人维持较好的生活质量和健康状况。这样，老年人能够在需要时获得必要的医疗和社会支持，从而使他们能够继续参与劳动力市场，减轻老龄化对社会经济的负面影响。

德国的经济发展和社会保障制度的完善为应对老龄化问题提供了基础和条件。持续的经济增长、就业机会的增加以及社会福利的完善，都在不同程度上缓解了老龄化带来的压力，并为老年人提供了更好的生活质量和社会保障。同时，这些优良的社会经济条件也可能吸引了一些年轻的劳动力和家庭，为德国社会的未来发展注入了新的活力和希望。首先，德国的经济发展为应对老龄化问题提供了物质基础。随着国内生产总值（GDP）的增长，国家财政收入得到了增加，从而为改善老年人的生活质量和提高社会保障水平提供了更多的财政支持。此外，经济的发展也带来了更多的就业机会，包括为老年人提供的适合他们健康状况和技能的就业岗位。这样，老年人可以通过劳动继续为社会做出贡献，同时也得到了经济的支持，提高了他们的生活质量。其次，德国的社会保障制度的完善为老年人提供了全面的社会保障，包括退休金、医疗保险、长期护理保险等。这些社会保障措施确保了老年人在退休后仍然能够享有稳定的收入和必要的医疗服务，从而提高了他们的生活质量。此外，政府还可能通过提供各种社会服务，如老年人日间照料、家庭护理服务和社区服务，来满足老年人不同的需求，提高他们的生活满意度。年轻人通常寻求有更多就业机会和更好生活条件的地方，而德国的经济发展和社会保障制度为他们提供了这样的条件。特别是对于有孩子的年轻家庭来说，政府提供的家庭补贴、育儿假和教育资源可能会吸引他们留在德国，甚至吸引外国的年轻家庭移居德国。此外，德国的社会保障制度可能也为年轻家庭提供了更多的生育激励。通过提供家庭补贴、育儿假和高质量的教育和医疗服务，政府可能鼓励年轻家庭增加生育意愿，从而在长期内改善国家的人口结构，减轻老龄化的压力。

中国与德国的老龄化不同，首先，两国老龄化的历史进程有明显不同。中国的老龄化问题相对较新，根据联合国的数据，2000 年中国进入老龄化社会，而到 2018 年，65 岁及以上老年人口占总人口的 11.9%，预计到 2027 年，老年人口比例将翻倍。这种快速的老龄化进程主要是由于过去几十年的"一胎"政策以及现代医疗技术的提高，导致生育率下降和人均寿命提高。相比之下，德国的老龄化进程开始较早。德国的老龄化趋势在 20 世纪初就已经开始，尤其是在二战后，生育率的降低和人均寿命的提高使老龄化问题逐渐凸显。同时，德国的老龄化也表现出地区间的差异，农村地区的人口老龄化速度更快，而大都市区的人口结构相对年轻。这与德国的城乡发展水平和人口流动性有关。其次，两国在政策应对上也有不同的策略。中国政府已经意识到老龄化问题的严重性，开始推出一系列的政策来应对，包括修改计划生育政策，推行养老保险制度，以及推动社区养老和家庭养老服务的发展。同时，中国也在积极探索通过技术创新如智慧养老等方式来缓解老龄化带来的社会压力。而德国由于较早面临老龄化问题，已经建立了比较完善的养老保险和社会保障系统，为老年人提供了较为稳定的生活保障。同时，德国也在不断调整其养老政策，以应对持续的老龄化趋势。最后，老龄化对两国社会经济的影响也有所不同。在中国，快速的老龄化进程对社会经济发展带来了很大的压力，包括养老保障的压力、医疗资源的紧张和劳动力市场的变化等。而德国虽然也面临着老龄化带来的社会经济压力，但由于其具有较为完善的社会保障系统和较高的社会福利水平，德国能够有效地应对老龄化所带来的挑战。

1.4 空间维度下的老龄化进程及现状

空间动态变化可以直观地反映某一地区的变化特征。本节借助 ArcGIS9.3 软件平台分析了 2006~2020 年全国老年抚养比与发展协调度的空间变化。通过对老年抚养比的时空变化进行深入分析，揭示了不同省份的变化趋势和显著变化的省份。

2006~2020 年，辽宁、江苏、重庆和四川这 4 个省份的老年抚养比有显著增加，增加率分别为 10.56 个百分点、8.11 个百分点、10.07 个百分点和 8.84 个百分点。

2006~2020 年，辽宁的老年抚养比从 12.20% 增加到 22.76%，增幅达到 10.56 个百分点。在探究这一显著变化的背后原因时，不能忽视辽宁作为中国东北地区的经济重镇的特殊地位。首先，辽宁过去是中国的重工业基地，拥有大量的国有企业和工厂。随着时间的推移，这些企业的老龄劳动力逐渐进入退休状态，这直接推动了老年抚养比的增加。其次，辽宁在过去几十年中面临严重的人口外流问题，特别是年轻劳动力流向更加繁荣的东部和南部地区。这种人口结构的变化导致了老年人口占总人口的比重增加，从而增加了老年抚养比。

江苏在同一时期的老年抚养比从 13.42% 增加到 21.53%，增幅为 8.11 个百分点。江苏省作为中国的经济大省，其老年抚养比的增加可以从以下几个方面来分析。首先，江苏的经济繁荣和高生活标准意味着其居民享有更好的医疗服务和生活条件，这促使人均寿命得到显著延长，从而增加了老年人口的比重。其次，江苏省的社会福利和保障体系可能也对老年抚养比的增加有所贡献。随着社会福利的改善和老年人的生活质量的提高，老年人口比例有所增加，从而推动了老年抚养比的增长。

四川是一个以农业为基础的省份，其中大部分地区还保持着较高的农业化水平。在这样的环境下，年轻人往往选择迁移到更发达的城市寻找工作机会，从而留下更多的老年人口，增加了老年抚养比。

2006~2020 年，北京和上海两个城市的老年抚养比呈现了相对稳定的趋势，比较之下，它们都没有经历像重庆和四川那样显著的增加。首先，北京和上海均作为中国的一线城市，长期以来一直是年轻劳动力的重要目的地。作为中国的两大经济中心，北京和上海提供了大量的就业机会，尤其是对年轻人更具吸引力的高技能职位。由于这两个城市的巨大经济吸引力，它们成功地吸引了大量的年轻人口，这有助于维持一个相对年轻的人口结构，从而有助于稳定老年抚养比。其次，北京和上海都拥有先进的医疗和社会保障体系，为所有年龄段的居民提供了高标准的服务和支持。这种优质的社会保障网络可能有助于延长居民的寿命，同时也提高了老年人的生活质量，这对于稳定老年抚养比是非常有益的。

此外，中国的总参保人数也在快速增长，从 2004 年的 1.24036 亿人增至 2020 年的 13.61311 亿人。这一增长可能反映了中国劳动力市场的变化，包括劳动力供应的增加以及就业环境的改善。然而，随着人口老龄化的深入，未来的劳动力供应可能会出现减少，这将对社会保障体系，特别是养老保险制度形成压力。因此，这些数据揭示了中国在应对人口老龄化方面面临的挑战。随着人口老龄化的进程，中国需要继续推动社会保障体系的改革和完善，以适应老龄化带来的挑战。可能的改革方向包括提高养老保险的覆盖率、调整保险费率、优化养老金支付方式等。同时，也需要通过提升劳动力素质和促进经济发展，以保持劳动力供应和保障体系的平衡。此外，政策制定者也需要关注劳动力市场的变化，并在保障老年人口权益的同时，也要保障年轻人口的权益，以实现社会的可持续发展。

1.4.1　中国城乡老龄化对比

在过去的几十年里，中国的城乡人口流动和迁移成为推动国家经济社会发展的重要力量。其中，大规模的农民工进城，不仅为城市建设和经济发展提供了丰富的劳动力资源，还在一定程度上改变了城乡人口结构和老龄化的进程。根据国家统计局公布的数据，中国流动人口八成以上来自乡村，且绝大多数进入城镇，成为城镇中不可或缺的青壮年劳动力。这一现象对乡村和城镇的老龄化进程产生了不同方向的影响。在乡村地区，大量的劳动力外流使剩下的人口结构更加老龄化，而在城镇地区，新涌入的青壮年劳动力则降低了老龄化速度，减轻了老龄化程度。

2020 年的数据显示，城镇和乡村的人口老龄化程度分别为 15.82% 和 23.81%，两者相差 7.99 个百分点（见表 1-5）。这种差异主要源自长期存在的规模巨大的乡城流动人口和迁移人口。随着时间的推移，乡村地区的人口从 2010 年的 6.74 亿减至 2020 年的 5.10 亿人，净减少 1.64 亿人，缩减了 24.33%。这种人口负增长和老龄化问题在乡村地区提前集中爆发，为乡村地区的社会经济发展带来了严峻的挑战。人口老龄化的"城乡倒置"现象和人口负增长现象，起因于中国长期存在的城乡二元经济和社会形态。在过去，由于城镇和乡村的经济发展水平存在较大的差异，使大量农民选择进城工作，寻求更好的生活和发展机会。然而，这也使乡村地区面临劳动力短缺、生产力下降、农业发展滞后等问题，进而加剧了农村的老龄化程度。人口老龄化和人口负增长为乡村地区带来了多方面的挑战，包括农村建设的困难、农业生产的滞后、农民生活质量的下降等。特别是乡村的养老保障和养老服务，由于缺乏足够的劳动力和经济支持，供给与需求之间的矛盾日益尖锐。这可能会进一步影响乡村地区的稳定和发展。此外，乡村地区人口老龄化和人口负增长的问题也在一定程度上反映了国家在人口政策、社会保障制度和区域发展战略上的不足。为应对和缓解这些问题，中国政府已经开始着手调整相关政策，包括逐步放开生育政策，鼓励生育，以期缓解老龄化的压力。同时，政府也在努力完善社会保障和养老服务体系，提高乡村地区的医疗卫生和养老服务水平，以期改善乡村老年人的生活质量。

表1-5 1964~2020年中国城乡人口老龄化程度对比

年份	城镇人口老龄化率（%）	乡村人口老龄化率（%）
1964	8.22	6.55
1982	7.11	7.77
1990	8.55	8.61
2000	9.68	10.92
2010	11.69	14.98
2020	15.82	23.81

资料来源：笔者根据历年的《国家统计年鉴》计算所得。

1.4.2 中国四地区老龄化对比

表1-6展示了中国四地区人口老龄化程度对比，不同地区的数据展现出了明显的老龄化增长。这种趋势不仅反映了中国特定的社会经济变化，也是全球老龄化发展趋势的一部分。在这个时间段内，各地区的60岁及以上和65岁及以上人口比例都呈现出了明显的增长，这种增长趋势与全球其他许多国家和地区的老龄化趋势相吻合。

表1-6 中国四地区人口老龄化程度对比

年份 地区	60岁及以上人口占地区总人口的比例（%）			65岁及以上人口占地区总人口的比例（%）		
	2000	2010	2020	2000	2010	2020
东部	11.08	13.15	18.34	7.79	8.86	13.04
中部	10.23	13.36	18.83	6.97	8.87	13.90
西部	10.00	13.32	17.77	6.52	9.01	13.13
南部	10.16	14.03	24.26	6.61	9.12	16.39

资料来源：2000年、2010年、2020年全国人口普查公报。

特别是在东部地区，2000~2020年，60岁及以上的人口比例从11.08%增长到了18.34%，而65岁及以上的人口比例从7.79%增长到了13.04%。这种显著的增长反映了中国社会结构和人口结构的重大变化。人口老龄化的速度和程度可能受多种因素的影响，包括但不限于生育率的下降、平均寿命的增加和过去几十年的计划生育政策。进一步分析可发现，东部地区的老龄化增长可能与该地区的经济发展水平、医疗卫生服务的提高和生活质量的改善密切相关。这些因素可能有助于延长人们的寿命，从而导致老龄人口比例的增加。此外，随着中国经济的持续增长和社会保障体系的完善，更多的老年人能够获得更好的医疗保健和社会服务，进一步推动了老龄化的进程。

在与东部地区相比中，中部、西部和南部地区的老龄化现象呈现独有的特征和发展模式。在这种多样化的背景下，南部地区在2020年的老龄人口比例最为突出，其中60岁及以上人口的比例达到了24.26%，而65岁及以上人口的比例达到了16.39%（见表1-6）。这种地区间的老龄化差异可能受到了各地区特定的经济、社会和文化条件的深刻影响。

首先，经济条件是影响老龄化趋势的重要因素。南部地区通常被视为中国经济的活跃区域，其经济发展水平和人均收入通常高于其他地区。这种相对较高的经济发展水平可能为该地区的居民提供了更好的医疗保健和社会福利，从而有助于延长居民的寿命和改善老年人的生活质量。同时，较高的经济发展水平也可能吸引了大量的外来务工人员，这些人员在退休后可能选择返回原籍，从而进一步加剧南部地区的老龄化程度。其次，社会条件也是影响老龄化趋势的重要因素。例如，不同地区的社会保障制度和医疗保健服务可能会对老龄化趋势产生影响。南部地区通常拥有较为完善的社会保障和医疗保健系统，这可能有助于保障老年人的基本生活和健康，从而促进老龄化的进程。此外，社会的支持网络和老年人的社会参与度也可能对老龄化趋势产生影响。例如，南部地区的社区服务和老年人社交活动可能较为丰富，这可能有助于提高老年人的生活满意度和社会参与度，从而进一步影响老龄化的趋势。

2020年，中国第七次全国人口普查数据揭示了国内各区域在老龄化进程中的显著差异。特定地区的老龄化发展速度存在明显的空间异质性，一些地区呈现超前老龄化的趋势。具体来说，辽宁、上海、黑龙江、吉林、重庆、江苏、四川、天津、山东和湖北的老龄化水平相对较高，老龄人口比例均已超过20%，已经步入中度老龄化社会的阶段。这些地区主要集中在中国的东北、中部和东部地区。相较之下，中国西部地区的老龄化程度相对较低，其中西藏的老龄化程度仅为8.52%，成为全国唯一尚未进入老龄化社会的地区（见表1-7）。

表 1-7　2020 年中国人口老龄化及其区域不平衡性的演变

省份	60 岁及以上人口比例（％）	总和生育率（％）	平均预期寿命（％）	净流动率（％）	60 岁及以上人口比例的标准化值	总和生育率标准化值	平均预期寿命标准化值	净流动率标准化值
北京	19.63	0.87	82.49	36.30	0.34	−1.27	2.05	2.42
天津	21.66	0.92	81.30	19.73	0.85	−1.11	1.51	1.27
河北	19.85	1.30	77.75	−3.12	0.40	−0.02	−0.07	−0.31
山西	18.92	1.22	77.91	−1.05	0.17	−0.24	0	−0.17
内蒙古	19.78	1.19	77.56	−0.38	0.38	−0.34	−0.15	−0.12
辽宁	25.72	0.92	78.68	2.28	1.86	−1.13	0.35	0.06
吉林	23.06	0.88	78.41	−5.87	1.20	−1.24	0.23	−0.50
黑龙江	23.22	0.76	78.25	−9.74	1.24	−1.59	0.16	−0.77
上海	23.38	0.74	82.55	40.59	1.28	−1.64	2.07	2.72
江苏	21.84	1.04	79.32	7.03	0.89	−0.78	0.63	0.39
浙江	18.70	1.04	80.19	21.41	0.11	−0.76	1.02	1.39
安徽	18.79	1.39	77.96	−16.34	0.13	0.23	0.03	−1.23
福建	15.98	1.38	78.49	5.48	−0.57	0.21	0.26	0.29
江西	16.87	1.41	77.64	−11.20	−0.35	0.29	−0.12	−0.87
山东	20.90	1.43	79.18	−0.13	0.66	0.36	0.57	−0.10
河南	18.08	1.41	77.60	−14.92	−0.04	0.31	−0.13	−1.13
湖北	20.42	1.17	78.00	−6.47	0.54	−0.40	0.04	−0.54
湖南	19.88	1.34	77.88	−9.73	0.40	0.11	−0.01	−0.77
广东	12.35	1.36	79.31	22.17	−1.47	0.16	0.63	1.44
广西	16.69	1.94	78.06	−13.47	−0.39	1.82	0.07	−1.03
海南	14.65	1.55	79.05	6.60	−0.90	0.71	0.51	0.36
重庆	21.87	1.19	78.56	−6.19	0.90	−0.34	0.29	−0.52
四川	21.71	1.23	77.79	−9.28	0.86	−0.22	−0.05	−0.74
贵州	15.38	2.12	75.20	−18.95	−0.72	2.35	−1.20	−1.41
云南	14.91	1.61	74.02	−1.55	−0.83	0.87	−1.73	−0.20
西藏	8.52	1.93	72.72	7.39	−2.42	1.80	−2.55	0.42
陕西	19.20	1.16	77.80	−2.67	0.24	−0.41	−0.05	−0.28
甘肃	17.03	1.68	75.64	−10.72	−0.31	1.10	−1.01	−0.84
青海	12.14	1.59	73.96	−0.23	−1.52	0.82	−1.76	−0.11
宁夏	13.52	1.67	76.58	4.29	−1.18	1.06	−0.59	0.20
新疆	11.28	1.06	75.65	10.78	−1.74	−0.73	−1.00	0.65

资料来源：2020 年《第七次全国人口普查公报》《中国人口和就业统计年鉴 2021》。

当进一步对比第六次全国人口普查的数据时，可以明显观察到老龄化速度的加速是全国的普遍现象。尤其是在黑龙江、吉林、辽宁、天津、上海、内蒙古等省份，老龄化进程的加速尤为明显，10年间老龄化比例提升了8个百分点以上。值得注意的是，除了上海和天津，上述省份以及山西、甘肃等地，在过去10年中出现了常住人口负增长的现象，这进一步印证了人口负增长与人口老龄化之间的紧密伴生关系。

老龄化的加速和区域差异，不仅是自然人口增长和人口迁移的结果，还受到了经济发展水平、社会保障制度、医疗卫生服务以及地区政策等多方面因素的影响。例如，经济较为发达的地区通常具有较高的老龄化水平，原因是这些地区的居民往往享有更好的医疗服务和生活条件，从而延长了人的寿命。同时，这些地区的生育率也可能受到更大的抑制，因为居民可能会为了追求更高的生活质量而推迟生育或减少生育。

此外，政府的政策措施也对老龄化进程产生了重要影响。例如，政府推行的计划生育政策曾经对控制人口增长产生了显著效果，但同时也加速了老龄化的进程。在此背景下，中国政府已经逐步放开了生育政策，允许家庭生育更多孩子，以期缓解老龄化的压力。同时，政府也在努力完善社会保障和养老服务体系，为老年人提供更好的保障和服务。

在区域差异方面，东北地区由于历史上的重工业基础和较早的工业化进程，使该地区的老龄化问题较为突出。而经济较为发达的东部沿海地区，由于具有较好的社会保障和医疗服务，也呈现较高的老龄化水平。相对而言，西部地区的经济发展水平较低，社会保障和医疗服务也相对较差，因此老龄化水平相对较低。

1.5　政策建议

中国正在经历人口老龄化的严重问题，这是由众多因素共同导致的。长期的低生育率、人均寿命的提高，以及过去几十年中实施的人口政策等因素，都在推动这一变革的发生。老年人口在总人口中的比例逐年增加，使中国社会经济发展面临着重大的挑战。

2016年，中国全面放开了二孩政策，旨在鼓励生育以缓解人口老龄化的趋势。然而，这一政策并未产生预期的效果。反而是在经济发达的城市中，如北京和上海，生活和教育成本的上涨使许多家庭选择减少生育。与此同时，社会观念的转变也在推动这一趋势。在追求更高生活质量和个人发展的大环境下，越来越多的人选择了更少生育或者不生育。与此同时，平均预期寿命的提高使死亡率逐年下降，这在医疗设施和服务较好的大城市中尤其明显。这一变化使老年人口的数量在逐年增加，进一步加剧了人口老龄化的问题。这些挑战需要政府从多个方面来应对。以下是一些可行的策略和建议：①优化人口政策。需要进一步优化人口政策，以鼓励生育。这可能包括提供更多的生育和育儿福利，如育儿假、托儿服务等。此外，对于生育的补贴和奖励也可以作为政策工具，以减轻家庭的经济压力，提高生育意愿。②改善老龄化社会的服务和设施。老龄人口的增加使其对医疗和养老服务的需求也会显著增加。因此，需要增加对这些领域的投入，包括提供更多的医疗和养老设施，提升服务质量，以改善老年人的生活质量。此外，社区的建设和改造也是关键，需要为老年人提供更加友好和方便的居住环境。③建立和完善养老金制度。随着老龄化的加剧，养老金制度的压力也在增大。因此，需要建立和完善养老金制度，以保证老年人的基本生活。这可能包括提高养老金水平、扩大养老金覆盖面，以及改革养老金的投资和管理方式。④发展经济、提高生活水平。高昂的生活成本和教育成本是许多家庭减少生育的主要原因。因此，需要继续发展经济，提高人民的生活水平，从而降低生育的经济压力。在这方面，政府的角色尤为重要，需要通过多种手段来推动经济的发展，包括投资基础设施、促进创新、提高教育水平等。⑤加强劳动力培训和教育。随着劳动年龄人口的减少，中国可能面临劳动力短缺的问题。因此，需要加强劳动力的教育和培训，提高劳动力的素质和效率。这包括提供更多的教育机会，尤其是职业教育和继续教育，以帮助劳动力适应经济和社会的变化。⑥倡导健康的生活方式。通过倡导健康的生活方式，如合理的饮食、适量的运动以及良好的心理状态，可以帮助延长人们的寿命，降低老年疾病的发病率，减轻医疗系统的压力。政府、社区和个体都需要在这方面做出努力。例如，政府可以通过制定公共政策、提供更多的公共运动设施、推广健康饮食等方式来倡导健康的生活方式；社区可以组织更多的健康活动，如健康讲座、运动会等；个体则需要提高健康意识，积极参与健康的生活方式。⑦提高全社会对老龄化问题的认识。老龄化不仅是政府的问题，也是全社会的问题。因此，需要提高全社会对老龄化问题的认识，树立尊重老年人、关心老年人的社会风气。这需要通过教育、媒体等途径，提高公众的认识和理解，鼓励全社会共同参与和解决老龄化问题。

　　总的来说，应对人口老龄化问题需要政府、社会和每个个体共同努力，需要从政策、经济、社会、科技等多个角度来思考和实施应对方案，同时也需要保持开放和创新的思维，以适应这一复杂而深远的社会变革。

第 2 章

中国人口老龄化的危机

2.1　引言

随着医疗卫生服务的进步和生活条件的改善，人类平均寿命的显著延长已成为一个全球性趋势。然而，这一趋势并非没有代价，它伴随着生育率的持续降低，导致了人口年龄结构的根本性变革。特别是在中国，作为世界人口大国，这种变革尤为显著，国家统计局公布的数据显示，2021 年中国 60 岁及以上的老年人口占总人口的 18.9%，相较于 2000 年的 10.3%，这一显著增长不仅标志着老龄化趋势的快速上升，同时也给经济社会发展、家庭生活模式以及国家福利和保障体系带来了前所未有的挑战。因此，在中国这样一个人口大国，人口老龄化的快速进程对养老保障系统施加了巨大压力，迫使人们必须思考如何确保养老金的长期可持续性，这已成为政策制定者面临的紧迫问题。由于传统的养老金筹措机制受到家庭规模缩小和生育率下降的双重挑战，传统的"一对夫妇养一个老人"的模式已不再适应，转而面临"一对夫妇养四个老人"的家庭养老新常态，这一变化直接加剧了家庭的养老负担和养老资源的紧张局面。同时，医疗保健系统也必须适应老年人口增长带来的新需求。老年人群健康管理问题和生活质量提高的要求对医疗服务提出了更高的专业化和适应性要求，如对慢性病的管理、老年心理健康的关注以及老年护理的专业化，都迫切需要政府和社会在资源分配上进行精准调整和前瞻性规划。经济增长模式的转变也是人口老龄化带来的挑战之一，消费模式的变化和劳动力市场的收缩，尤其是青壮年劳动力的减少，对产业升级和经济结构调整产生了深远影响。因此，政府和市场必须共同探索新的经济增长点，以适应这一人口趋势变化。此外，文化传承面临的危机不容忽视，老年人作为文化知识和经验的重要传承者在文化持续发展中至关重要。因此,随着老年人口比例的上升,加强年青一代的文化参与和传承能力培养,成为确保文化多样性和社会价值观稳定的关键任务。总之,人口老龄化不仅是一个社会问题,更是影响中国长远发展的重大挑战,它要求人们在继承和发扬传统优势的同时,积极应对社会变革,通过政策创新和社会参与,将挑战转化为推动社会进步和文明发展的新动力。

2.2 文献综述

中国的人口老龄化问题已经成为一个不容忽视的社会现实。这一问题不仅标志着人口结构的深刻转变,还对社会经济发展构成了多重挑战。中国人口老龄化对养老保障系统的影响是当前研究的热点。杜鹏和李龙(2021)预测,假设生育率稳定,2050年男女平均寿命将分别达到74.4岁和79.9岁,人口结构会发生显著变化。基于该预测,王焕清(2012)预计中国经济发展趋势放缓,GDP增长率将从"十二五"期间的8%逐步降至21世纪中叶的3%,预测养老保险基金面临的财务缺口将在2035~2040年达到高峰,模型估算显示,2010~2050年,养老保险累计缺口的现值约为3.5万亿元,养老保险缺口庞大。养老保障体系的可持续性问题引起了学者们的广泛关注,他们正试图通过提高退休年龄、调整养老金计发方式等措施来缓解这一压力(陈宁、鲁冰洋,2023)。

养老保险制度对劳动力供给和退休选择产生了影响。张川川(2015)研究集中在中国新型农村社会养老保险对农村劳动力供给的影响上,他们的实证研究结果显示,新型农村社会养老保险在一定程度上导致农村劳动力提前离开。对于职工养老保险,阳义南等(2014)研究发现,员工的养老金财富与其退休年龄之间存在一个倒"U"形的关系,这表明基本养老金计发公式的精算不平衡会刺激提前退休。李昂和申曙光(2017)研究发现,养老保险对劳动者的提前退休有显著的正向激励效果,同时显著降低了延迟退休的可能性。刘子兰等(2019)研究发现,城镇职工养老保险会刺激职工提前退休,如果基本养老金的增长率降低,那么职工的理想退休年龄将会推迟。

健康养老问题的突出是人口老龄化带来的另一大挑战。老年人的健康状况对于他们对医疗、护理、日常照料和心理慰藉等支持服务的需求有着直接的影响。

这一点不仅涉及老年人自身的福祉，还对中国面临的社会养老挑战和经济发展前景具有深远的影响（穆光宗，2014）。

张文娟和王东京（2020）指出，随着老年人口比例的增加，老年群体对养老及相关支持服务的需求也将增加，这对社会和经济发展构成了双重挑战。曾毅等（2017）的研究提供了对中国老年健康状况变化的深入见解。他们对 19528 名高龄老年人的长期健康数据进行了分析，发现虽然老年人的死亡率和日常生活自理能力残障的比例有所降低，但躯体功能残障的比例却有所上升。这一发现揭示了一个复杂现象：随着人们寿命的延长，老年人的健康问题也变得更加多样化，虽然老年人可能享有更长的生命，但他们的健康质量并不一定随之提高（杨涵墨，2022）。周霖等（2021）进一步指出，慢性疾病在老年人群中的普遍性和医疗成本的不断上升，对医疗保健系统提出了更高的要求。这需要对医疗保健系统进行改革和加强，以应对不断增长的老年人口和他们对健康服务的需求。

经济增长的放缓也与人口老龄化紧密相关。老龄化导致劳动力市场的收缩，随着人口年龄的增长，劳动参与率往往会下降（李稻葵等，2023）。彭希哲和陈倩（2022）发现老年人口的增加可能会改变消费模式，对教育和个人消费品的支出减少，对健康和养老服务的需求增加，从而影响消费驱动型经济的增长。人口老龄化还可能降低储蓄率和投资效率，因为老年人通常有较低的储蓄倾向，并且可能减少对风险资本的投资（田素华等，2021）。此外，文化传承危机是老龄化带来的一个重要影响。老年人作为传统文化的重要载体，他们的离去可能会导致传统知识和技能的丢失。同时，年青一代可能对传统文化的兴趣和参与度不足，这对文化的持续发展带来了风险。

2.3　中国人口老龄化的危机

2.3.1　对养老保障系统的压力

养老金是国民收入再分配的主要方式，它对经济增长和社会公平的实现起到了关键作用，是构建和谐社会的基石。完善的养老保障体系可以为老年人提供经济安全。这不仅确保他们在退休后能够维持相对稳定的生活水平，还大大降低了经济社会的不稳定因素，进而减轻了社会和家庭的养老压力。从养老保险诞生起，中国开始采用"现收现付制"。简单来说，这种模式主要是依靠当前工作的职工缴纳的社会保险费来支付当期的退休人员养老金，是以养老金支出来决定缴费收入，目标是保持当期养老金的收支平衡。然而，一旦人口结构发生大的变动，特别是当人口老龄化日益凸显时，缴费人群与领取人群的比例失调，将使养老金体系面临巨大的收支压力。基于国际养老保险的改革经验，中国政府选择了"统账结合"的养老保险制度模式，即企业和职工共同缴纳养老保险费，费用记入基本养老保险统筹基金和个人账户。尽管这种模式自 1997 年开始在中国推行，但由于转轨成本问题尚未得到解决，并且随着老龄化进程的推进，中国对养老金的需求逐年增加，养老金的缺口不断扩大。

  2.3.1.1 中国养老保险事业的十年演变

  根据历年的《人力资源和社会保障事业发展统计公报》，截至 2022 年末全国参加基本养老保险的人数为 105307 万，相较于十年前增加 23339 万。全年的基本养老保险基金收入达到 68933 亿元，比十年前增加 44200 亿元，增长率为 178.7%。基金支出为 63079 亿元，与十年前相比增长 43260 亿元，增长率为 218.3%。年末基金累计结余为 69851 亿元，年均增长 3858 亿元。

  基本养老保险包括城镇职工基本养老保险和城乡居民基本养老保险。城镇职工基本养老保险涵盖了企业职工养老和机关事业单位养老，对象为有固定工作单位的城镇职工。2022 年全年城镇职工基本养老保险基金收入为 63324 亿元，增长 179.2%；基金支出为 59035 亿元，增长 219.6%；年末的累计结余为 56890 亿元，占总结余的 81.44%。在此年度，企业职工基本养老保险开始实施全国统筹，跨省调剂资金达 2440 亿元。截至 2022 年末全国参加城镇职工基本养老保险人数为 50355 万，占全国参加基本养老保险人数比例的 47.81%，比十年前增加 18137 万；参保职工 36711 万，比十年前增加 12534 万，增长 51.8%；参保离退休人员 13644 万，比十年前增加 5603 万，增长 69.7%。离退休人员增长速度要快于参保人数增幅。城乡居民基本养老保险包括城镇居民养老保险（城居保）和新型农村社会养老保险（新农保），覆盖的是 16 岁及以上（不含在校学生）、不符合职工基本养老保险参保条件的城镇非从业居民和农村居民。截至 2022 年末全国参加城乡居民基本养老保险人数 54952 万，占全国参加基本养老保险人数的 52.19%，比十年前增加 5202 万。2022 年全年城乡居民基本养老保险基金收入为 5609 亿元，基金支出为 4044 亿元；其累计结余为 12962 亿元，占总结余的 18.55%。

  相关统计数据表明，中国的养老保险事业在过去十年取得了显著进步。各类人员的养老保险覆盖率持续增加，但是存在区域发展不平衡的问题。虽然城镇职工基本养老保险和城乡居民基本养老保险的参保人数相近，但是收支规模的差距较大，城镇职工保险缴费高、待遇高，城乡居民基本养老保险因为没有固定收入，起点低、交费少、待遇较低。城镇企业职工养老金每年都进行定期调整，自2018年该机制颁布以来，已经建立了结合养老保险基金中央调剂与中央财政补助的制度。而相比之下，城乡居民养老金的调节方式仍处于探索阶段，主要依赖中央财政补助。

2.3.1.2 中国养老保险的收支缺口和可持续性预测

在当前中国养老制度改革的背景下，城镇职工基本养老保险制度的持续性问题成为一大挑战。这一挑战的根源可归纳为几个关键因素：一是地区间的经济发展水平差异显著，导致养老保障需求与资源的地域性不均衡；二是人口规模和年龄结构的差异加剧了养老负担的分配不平等；三是历史上各地区承担的养老保障责任重轻不一，反映出过往政策的不连贯性；四是省级统筹养老保障制度虽已实施，但由于时间较短，其效果及影响尚未充分显现。这些因素共同构成了中国城镇职工基本养老保险制度面临的主要矛盾，亟须通过深入改革来解决。刘学良（2014）对2010~2050年城镇职工养老金进行了深入的预测分析，研究指出，为了确保该制度收支的稳定平衡，每年都需将养老金的征缴率提升约15.74%，或者降低同等幅度的支出。中国社会科学院世界社保研究中心发布的《中国养老金精算报告2019-2050》则指出，城镇职工基本养老保险基金累计结余到2027年有望达到峰值6.99万亿元，然后开始下降，到2035年有耗尽累计结余的可能。

城镇职工基本养老保险基金抵御未来养老金支付风险的能力正在逐年下降。一是养老基金收入风险加大。中国城镇职工基本养老保险基金主要有三大收入来源：保险费征缴收入、中央和地方财政补贴、其他收入。图2-1展示了2012~2017年城镇职工基本养老保险基金总收入结构，保险费征缴收入占基金总收入之比大致呈逐年下降趋势，财政补贴占比则呈上升趋势，其他的占比在4%~5%浮动。二是养老基金改革中存在的问题。理论上，城镇职工基本养老保险按照"统账结合"制管理，其规定用人单位按照工资总额的14%~20%缴纳基本养老保险费，计入基本养老保险统筹基金；个人按照工资总额的8%缴纳基本养老保险费，计入个人账户。但是现实却是统筹账户和个人账户使用比较混乱。三是养老基金收支失衡风险提高。根据人力资源和社会保障部统计的数据，2012~2022年，中国城镇职工基本养老保险基金收入增速的算术平均值为19.69%，而同期基金支出增速的算术平均值为25.4%，多数年份基金收入增速低于支出增速；同时基金结余也存在先增长后下降再回升的趋势（见图2-2），伴随着收支缺口的扩大，导致累计基金结余能够满足即期支付的月数不断减少。

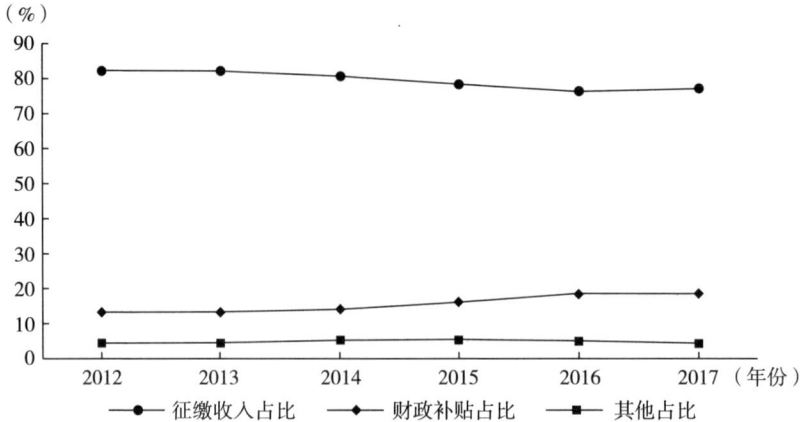

图 2-1 2012~2017 年城镇职工基本养老保险基金总收入结构

资料来源：笔者根据人力资源和社会保障部公布的 2012~2017 年《人力资源和社会保障事业发展统计公报》整理所得（2018 年后征缴收入数据不再公布）。

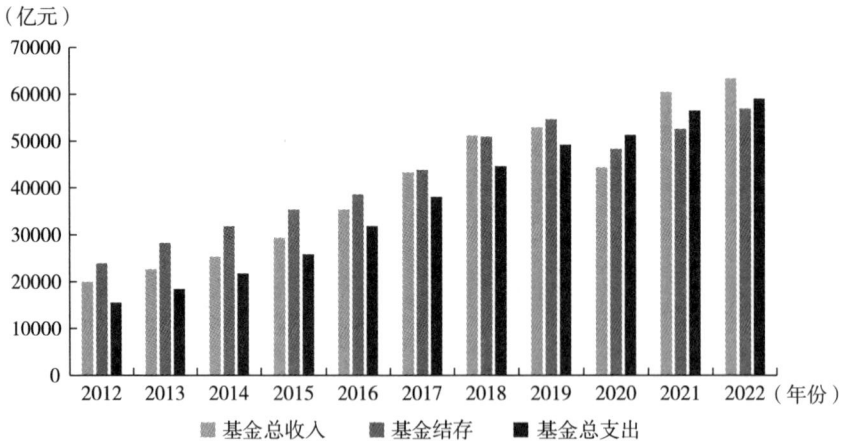

图 2-2 2012~2022 年城镇职工基本养老保险基金收支

资料来源：笔者根据人力资源和社会保障部公布的数据整理所得。

2.3.2 对健康养老难度的提升

随着中国老年人口的快速增长，其对健康养老的需求也相应增加。国家卫生健康委员会预计 2023~2055 年，中国老年人口（65 岁及以上）规模将从 2.1 亿增至 4 亿，之后虽然增长速度将放缓，但老年人口数仍将保持在一个较高的水平。面对这一挑战，老年人的健康需求正在迅速增长。这种需求不仅是基础的日常生活能力，还包括更复杂和多元的医疗和心理需求。然而，目前的社会保障体系尚不能完全满足这些增长的需求，导致资源紧张。这种矛盾在健康养老方面尤为明显，使老年人想要健康度过晚年变得越来越困难。

2.3.2.1　老龄化人口健康问题特征

特征一：慢性疾病在老年人群中的患病率显著，并呈上升趋势。据统计，2015 年，近 80% 的城乡老年居民受慢性疾病困扰，其中多数老年人患有两种以上慢性疾病（党俊武，2018）。而在老年住院患者中多病共存现象严重，有超过90% 的老年患者都存在共病，平均每人约 4.68 种疾病（曹丰等，2018）。这种共病现象对老年人的生活质量产生了重大影响。与仅受单一慢性疾病困扰的患者相比，共病者的生活品质更为低下，同时他们面临更高的死亡及残疾风险。这不仅加大了医疗成本，还给公共医疗资源和家庭经济带来了沉重的负担。值得关注的是，随着中国人口老龄化速度加快，心脑血管疾病的死亡率呈快速上升态势。尤其令人担忧的是，高血压和糖尿病的发病率也在急剧攀升。例如，Lu 等（2017）的研究显示，2013 年中国老年人糖尿病的患病率为 10.9%，而知晓率、治疗率和控制率分别为 37%、32% 和 16%。

城乡在老年人的慢性疾病发病率上展现了相似的趋势，但乡村地区由于受限的医疗资源和居民较低的健康意识，其情况显得尤为严峻。事实上，自 2009 年开始，乡村地区的心血管疾病死亡率已经超过了城镇地区（见图 2-3）。而乡村

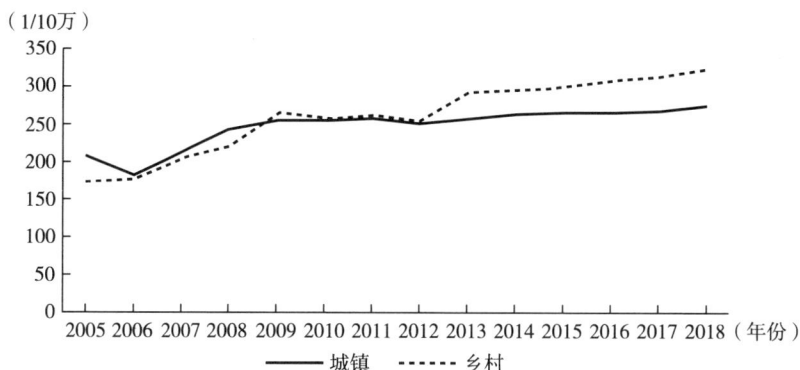

图 2-3　2005~2018 年中国城乡地区心血管疾病死亡率变化趋势

资料来源：笔者根据《中国心血管健康与疾病报告 2020》中的数据整理所得。

地区的高血压和糖尿病的发病率不仅增长迅速，其患者的疾病知晓率和治疗率也显著低于城镇地区。这种区域间的健康差异对乡村的慢性疾病管理提出了巨大的挑战，需要更多的关注和资源投入来应对。

特征二：老年人失能与半失能的情况将迅速恶化。随着中国老龄人口比例的持续增长，失能和半失能的老年人数量正在迅速攀升。根据全国老龄工作委员会办公室发布的《2010年度中国老龄事业发展统计公报》，全国60岁及以上的完全失能和部分失能老年人口约为3300万，占60岁及以上人口的19.0%。而2015年后，这一数字上升至4063万，占比为18.3%。图2-4展示了中国半失能和失能老年人数量预测，未来中国老年人的照护需求正面临爆发式增长。

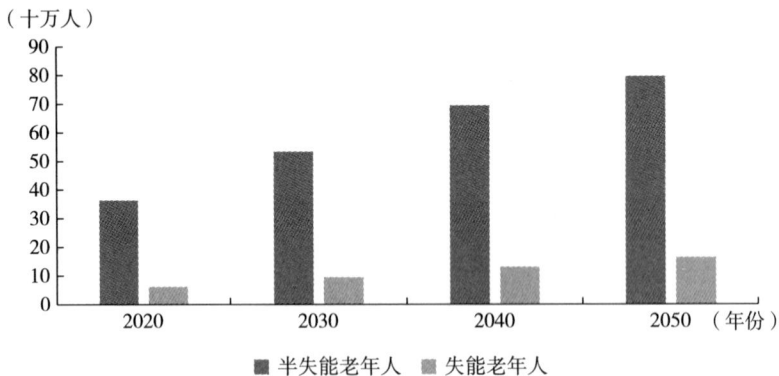

（十万人）

图2-4　中国半失能和失能老年人数量预测

资料来源：笔者根据第七次全国人口普查数据计算所得。

特别值得关注的是，老年痴呆症，特别是其中的阿尔茨海默病，其在老年人群中的发病率正在急剧增加，并且它已成为导致老年人失能的主要因素之一。2022年，国家卫生健康委员会公布的数据揭示，中国60岁及以上的老年人中有约1500万痴呆患者，其中阿尔茨海默病患者约为1000万。更加令人忧心的是，这些痴呆患者中有超过50%的人为重度患者，他们在日常生活中几乎完全依赖照护者。

这种情况不仅预示着更为严峻的健康问题，还意味着对照护服务的需求也将剧增。贾建平等（2018）研究指出，2015年，中国阿尔茨海默病患者的平均年度花费为19144.36美元，其中包括治疗费用、照护服务费用以及家属照护的间接成本。而随着中国经济的持续增长，这一医疗开支仍在迅猛增长，这给患者家庭带来了沉重的经济负担，同时也对中国的医疗体系形成了极大的压力。

特征三：老年人面临的精神健康挑战正在增加。在中国，老年人的精神健康受到多种因素的影响。认知功能的自然衰退随着年龄的增加而显现，估计约有60%的80岁以上老年人受此影响（贾建平等，2018）。此外，生理衰老和与之相关的变化可能增加抑郁和焦虑的发病风险。同时，患有高血压、关节炎等慢性疾病的老年人会面临持续的心理压力。在治疗这些疾病时，可能需要多种药物联合使用，这可能导致药物间的不良相互作用，从而引发或加重精神健康问题。据研究，有1/4精神健康问题与药物有关。再者，与外界的社交隔阂和情感创伤也会增加老年人的患病风险。事实上，退休后社交活动受限的老年人，其抑郁症的发病率相对于社交活跃的老年人要高。尽管如此，由于社会的误解、对疾病的羞愧感以及对疾病的低认知度，面临精神健康挑战的老年人的就诊率和治疗率仍然偏低，并显示出下降的趋势。这严重影响了他们对精神健康的实际需求。因此，应综合考虑和管理老年人的精神健康问题。

2.3.2.2　家庭与社会医疗资源的缺乏

随着老年人的健康状况变得更加复杂，多种疾病与高龄老人共存，带病生存已经成为现实中的常态。2018年第四次中国城乡老年人生活状况抽样调研成果显示，中国的平均预期寿命为77岁，但健康预期寿命仅为68.7岁。这表明，在中国，随着人们寿命的延长，他们带病生存的时间也相应延长，而生活质量可能并未随之提高。为此，如何早预防、早发现、早治疗，降低慢性及恶性疾病的患病率，提高治愈率，确保老年人享有更长的健康生活时期，以及如何提高老年生活质量和医疗服务质量，已成为人们面对的紧迫问题。

《2021老年健康保障需求白皮书》的调研数据显示，居家护理是城乡老年人的首选，配偶、子女、孙辈是老年人带病期间的长期护理人。然而，随着经济发展和人口流动的加速，偏远地区城乡空心化越来越严重，空巢老人家庭增多。由全国老龄工作委员会发布的《中国城乡老年人口状况追踪调查》显示，有49.7%的城市老人和38.3%的农村老人独自居住。这一数据背后隐含的是：家庭护理资源日益稀缺，社会医疗服务体系需要弥补这一空白。

尽管如此，中国的公共医疗服务体系正面临巨大的财政压力。2020年中国的医药卫生总支出是7.23万亿元，到2025年，预计中国医药卫生费用总额将达10.77万亿元，届时医药卫生费用占GDP的比重约为7.89%（GDP增速按照5.5%的潜在经济增速计算，2025年预计中国GDP将达到137万亿元）[①]。而在此

---

① 笔者根据《"健康中国2030"规划纲要》预测的年均复合增长率8.3%计算所得。

背景下，中国的社会医疗服务体系建设仍显不足，专业护理人员和护理机构还处于严重稀缺状态。例如，上海市老龄工作委员会办公室公布的统计数据显示，2022 年底，整个城市只有 96 家老年护理院和老年医院，提供的床位不足 2.66 万张，这远远不能满足上海 500 多万老年人的健康养老需求。

2.3.3　对经济增长的影响

劳动力对经济增长的重要性不言而喻。它不仅构成经济生产的主体，配合资本和技术进行商品和服务的生产，还通过消费驱动经济增长。劳动者的角色远不止于生产和消费，他们也是创新和技术进步的关键驱动力。在经济结构转变时，劳动力的流动性和适应性保证了经济能够平滑地进行过渡。但劳动力的价值不止于此，它与资本的互补性意味着，缺乏劳动力，资本的回报会受限。更进一步地，劳动力市场的健康和稳定对社会稳定性至关重要，而社会稳定性又是经济增长的基础。中国进入老龄化社会后，面临出生率的明显下降和年轻人口绝对数量的减少，导致新增劳动力规模下滑，从而对经济发展带来了负面冲击。随着老年人口比例的增长，整体劳动力数量，尤其是那些具有创新能力和高度适应性的年轻劳动者逐渐减少。这样的劳动力短缺对生产率和劳动力市场的流动性产生了不利影响。年轻劳动者更容易适应经济和技术的变革，而相比之下，老年劳动者在这方面的适应性较弱，这进一步限制了经济的灵活性和应变能力。老龄化的进程还导致社会资源向老年群体的需求倾斜，可能影响到对其他关键经济领域的投资。加之劳动与资本的互补性在劳动力短缺环境下受到了挑战，都在一定程度上制约了经济增长。多项研究都已证明老龄化对经济增长的影响。例如，美国学者Maestas 等（2016）发现，老龄化速度每增加 10%，可能会导致人均 GDP 增速下降 5%。

2.3.3.1　老龄化对经济发展模式和生产方式的影响

在全球工业化的历程中，生产活动从小规模家庭作坊扩展到大型企业体系，推动了生产规模的急剧扩张和物质财富的增长。这种丰富的物质条件又养活了大量的劳动力，劳动力在工业城镇的集结又促进了工业进步和城镇化。在高生育率的背景下，劳动力的供应充足，市场规模扩张迅速，形成规模庞大的产业集群。历史上看，凡是成功实现工业化的国家，无论是英国、美国还是日本以及改革开放以来的中国，大都享受了人口红利带来的快速发展。然而随着经济全球化浪潮袭来，美国、英国和日本均完成了对基础制造业的转移，导致国内产业空心化。以史为鉴，中国作为一个工业门类齐全人口庞大的制造业大国，不可能在产业升级过程中只追求高端制造产业链而放弃原料和初级加工品的产业。但老龄化社会给全产业链的发展带来巨大挑战。一方面，劳动力的短缺会迫使传统人力密集型企业加速智能化转型；另一方面，用人用工模式的转变会对组织形式产生冲击，无法升级产能又无法创新管理的企业会被加速淘汰。联合国预计，到2025年中国65岁及以上人口占比将上升到14%，到2045年预计每4个中国人中就有1位老人；而截至2022年末，日本65岁以上的老年人口已经超过了总人口的30%。尽管两国的老龄化进程和背景略有不同，但研究日本的这一社会变迁对于中国了解今后可能遇到的挑战和影响具有现实意义。东京商工调查所发布的数据显示，2023年日本因招聘困难等原因无法确保人手，导致业绩恶化而破产的"人手不足破产"事件在上半年发生了110起。总的来看，日本的老龄化社会中传统服务业如餐饮、住宿、零售等人手极为短缺；而劳动密集型行业如建筑、运输等行业虽然工资高，但外出作业比较辛苦，对劳动力体能素质要求较高，在整体劳动力不足的大环境下，老年人无法承担，年轻人不愿青睐；高端制造业则面临人才供不应求的情况，随着数字化进程不断推进，IT企业、半导体企业等需求高涨，未来对高端人才的需求会进一步增加。

2.3.3.2 老龄化对中国储蓄率的潜在影响

此外，低储蓄率导致资本形成率下降，可能造成投入不足，进而影响经济增长。储蓄率反映了一个国家或地区居民储蓄的部分与其总收入之间的比率，它是衡量一个经济体内部储蓄意愿和能力的关键指标。资本形成率则揭示了经济体内部投资新的生产资本（如设备、建筑和其他重要基础设施）的活动与总产出之间的关系，而储蓄是投资的主要来源。当储蓄率下降时，意味着可供投资的资金减少，从而可能导致资本形成率的下滑。在中国，老龄化社会可能会面临储蓄率下降的压力。从观念上看，老年人还存在"养儿防老"的思想，对家庭养老的期望使他们在中青年时期并未积攒足够的财富养老。同时受制于国民收入分配格局造成贫富不均的两极分化（熊茜、李超，2014），低收入群体在失去工作能力之前无法准备足够的资金养老。此外，新一代中老年人的消费观念与上一代存在明显差异，更加注重当下的生活质量和体验。而在金钱方面，中国老年人尤其是受"独生子女政策"及传统风俗影响的老年人，会在子女未成年时期不惜代价的投资教育；在子女成年后继续选择支持子女和孙辈的现象更是屡见不鲜。这包括资助子女购房、在日常生活中给予金钱帮助等，这些同样导致了储蓄率降低。

这样的趋势所带来的经济后果是多方面的。生产能力和经济增长放缓是首当其冲的问题。低储蓄率导致资金短缺，意味着企业在扩张和技术升级上的投资将受到限制，从而导致技术进步和创新受限。在就业市场上，资金不足可能导致企业雇佣更少的员工，从而影响整体的就业率。另外，低储蓄率也可能导致国家和企业过度依赖外部融资，这不仅增加了融资成本，还可能导致对外部经济环境更为敏感，从而带来更大的经济风险。此外，这种依赖也使货币政策的执行变得更为复杂，因为外部资金流动的不确定性可能会干扰中央银行的货币政策目标。

2.3.4 对劳动力市场的影响

2.3.4.1 老龄化对中国劳动力市场的影响

中国人口老龄化的进程加速使中国劳动力市场正面临一系列前所未有的挑战。首先，由于退休劳动者数量的增加和新的劳动力入市数量的下降，劳动力供给总量正在减少。这不仅有可能造成劳动力市场的供需失衡、提高企业的人力资源成本，还可能催生工资增长，使企业面临更高的运营成本，并促使其更积极地探索自动化、智能化生产方式。据国际机器人联合会（IFR）发布的《世界机器人2021工业机器人报告》显示，截至2021年底，全球各地工厂中投入使用的工业机器人数已高达300万台，比六年前的平均水平增长了超过一倍。其次，中国的总体劳动参与率呈现下降趋势。根据第七次全国人口普查公报，截至2020年11月1日，中国人口年龄中位数为38.7岁。根据联合国人口预测，到2050年，中国人口年龄中位数将达到49.6岁，未来30年中人口变老的速度将超过大部分国家。随着中国主力劳动力人口的老化，在退休政策和养老金制度的影响下，越来越多的劳动力主动或被迫退出劳动力市场。此外，健康问题、技能与知识的过时以及对休闲时间的需求可能使大龄劳动者在劳动力市场的活跃度降低。最为关键的是，技术进步和经济结构的变化使劳动力市场对劳动者的需求也在快速转变，而部分劳动者在技能和知识上与这些变化出现错位，使劳动质量难以满足现代化产业的需求。这些问题的叠加使应对人口老龄化成为政府和企业必须面对的紧迫议题。

2.3.4.2 老龄化导致区域劳动力资源分配不平衡

人口老龄化还会导致区域劳动力资源分配不平衡，进一步造成区域经济和社会发展的不平等。当国家进入深度老龄化阶段，不同区域的劳动力市场将遭遇不同程度供需失衡，经济学中的劳动供需理论指出，劳动力短缺会提高劳动力的边际产出，从而提高工资。然而，这种提高在不同区域之间是不均衡的。经济活跃、产业链完整的地区如东部沿海城市，更容易吸引和保留年轻劳动力。相反，经济边缘地区如中西部的一些城市和县城会因为失去年轻人口和劳动力而导致经济停滞。同样地，城市与农村之间的发展差距在老龄化的背景下也进一步加剧。

随着工业化和现代化的进程，许多年轻人选择从农村迁移到城市，寻找更好的教育、就业和生活机会，导致农村地区的人口老龄化问题加剧。这使农村地区劳动力短缺、生产能力下降，进而导致农村经济萎缩。而城市地区则面临人口过度集中、资源过度消耗等问题。国家统计局公布的数据显示，2015～2020 年，农村地区的劳动年龄人口比例下降了约 5%，而城市地区的同类人口比例则增加了约 7%。总之，随着劳动力的流失和老龄化的加剧，受影响地区的经济增长和社会活力都受到挑战。从宏观角度看，劳动力是生产的关键要素之一，其供应的减少会直接导致生产潜能的下降。从微观角度看，企业在面对劳动力短缺时，可能会增加对技术的依赖，但这种转变并不是短期内就可以完成的，需要时间和投资。社会活力的减弱也意味着这些地区在文化、教育和创新等方面的发展也将受到限制，而在可以预见的未来，这种限制可能会导致永久性的不平等。

2.3.5　给文化传承带来冲击

人口结构的变化已经迅速威胁到文化传承领域，必须重视老龄化对深厚的文化遗产传承所带来的危机。传统文化的传承通常存在一个非常特殊的机制：依赖于口头教授和实际实践。许多的文化传统、手艺和技能都不是通过文字或其他现代化的媒介来传承，而是由老一辈直接传授给年轻一辈。然而，随着人口老龄化的加剧，一方面，该群体将会积累大量的经验和智慧，但却缺乏市场化、商业化的宣传手段，导致技术被人为封锁难以扩散；另一方面，新一代与老一代之间存在交流鸿沟导致其互动减少，或者年青一代在海量的文娱活动中被分散了注意力，对传统知识与技能的学习和传承失去了兴趣，导致这些宝贵的经验和知识无人传承，甚至逐渐消失。《人民日报》显示，20 世纪 50 年代，中国有戏曲戏剧 368 个种类，到 80 年代初减少到 317 个，2005 年只剩下 267 个，其中一半剧种只能业余演出，有 60 个剧种没有保存音像资料。这些地方剧种是重要的文化资源，随着这些剧种消失的还有它们承载的传统文化精神和地方文化特质。值得关注的是，系统性地对中国卓越传统文化的盗用和挪用行为在某种程度上混淆了文化原创性与传统连续性的界限，对于保护和促进中国传统文化的传承与发展构成了不利影响。同时，人口老龄化对社会结构及核心价值观将产生深刻影响。随着老年人口比例的持续上升，他们在政策制定及社会资源配置中的诉求和影响力将逐渐增强。老年群体通常更加关注养老、医疗及社区服务方面的需求，可能导致社会资源向满足这些特定需求倾斜。这种资源的潜在重新配置，可能会使年青一代感受到在经济和社会地位上的挑战，并对政府的治理能力提出更多要求。

第3章

中国人口老龄化的预测

3.1 引言

在全面建成小康社会目标如期实现、第二个百年奋斗目标全面开启的新发展阶段，中国仍然面临许多机遇与挑战。随着中国经济发展，医疗水平不断提高，人口老龄化问题日益成为当今社会发展到一定阶段面临的重要问题之一，成为中国经济社会发展中需要关注的重要课题。中国是世界上老年人口最多的国家，有效应对人口老龄化，事关国家发展全局，事关亿万百姓福祉，事关社会和谐稳定，对于全面建设社会主义现代化国家具有重要意义。人口老龄化进程的逐步加快在一定程度上会影响经济发展、加大政府的社会养老保障支出压力，也会对养老服务工作产生重要影响，需要摸清现状、把握变化趋势，进而积极应对、未雨绸缪，挖掘其中的积极因素，为经济社会持续健康发展夯实基础。

合理的预测是科学决策的前提和基础。根据马克思主义相关论述，所谓预测，就是对现有的可得到的信息和资料加以理解与分析，去选择合理的方法并不断地进行完善从而对事物的未来状态加以描述。按照联合国关于老龄化的划分，一般把 60 岁及以上的人口占总人口比重达到 10%，或 65 岁及以上的人口占总人口的比重达到 7% 作为一个国家或地区进入老龄化社会（或老年型人口）的标准。因此，对中国老年人口数量的预测是中国人口老龄化预测的重要数据与指标。而人口预测是对未来人口的估算，是以人口的过去和现状为依据对人口今后的发展趋势作系统推断的一种科学方法；是根据一个国家、一个地区或一个基层单位现有人口状况可以预计到的未来发展变化的趋势，准确测算未来人口的数量。这对中国制定与社会经济发展协调的健康人口发展计划有着决定性的意义，可以为中国经济和社会发展决策提供科学依据，对于正确应对老龄化以及加速推进中国现代化建设有着极为重要的作用。

本章尝试预测 2025~2039 年中国老年人口数量及其占比的趋势，为国家积极应对人口老龄化、促进经济社会发展提供参考数据。从数量上准确刻画和预测人口数量以及各种人口指标，对人口老龄化预测以及应对老龄化有着重要意义。在此之前，有许多学者进行了类似研究。Graunt 等学者在 300 年前就对人口预测进行了研究，后来随着人口的过快增长，人口对社会影响也与日俱增，人口问题成为世人关注的重大问题之一，于是有关人口建模问题也成为人们研究的又一热点问题，关于人口预测的模型也出现了很多种，常见的模型有：微分方程模型、Leslie 模型、中长期人口发展方程的人口预测模型、数理统计方法、灰色预测模型、BP 神经网络模型、线性时间序列模型等。

自 1942 年 Lewis 和 Leslie 建立 Leslie 矩阵以来，Leslie 矩阵（离散模型）在预测人口和分析生物种群等各方面都起着非常重要的作用，陈文权等（2008）充分利用了各个年龄阶段的数据指标，用修正的 Leslie 模型对中国人口及结构进行预测。Leslie 矩阵适用于时间跨度大及范围大的预测。由于各个年龄人口的出生率和死亡率各不相同，因而不适用于对自然条件下人口增长的分析，这就在一定程度上限制了其应用。

宋健等（1980）提出了中长期人口发展方程的人口预测模型，其考虑了因素的多样性，使模型较为贴近现实。但是由于考虑的因素过多，获得这些数据比较困难，且有些数据不准确，实施起来较为麻烦，找到方程的连续解更加困难。

经过学者们多年的研究发现，人口系统是一个灰色系统。邓聚龙（1982）所提出的灰色预测模型，对于人口预测问题具有一定的优越性，为此许多学者将其作为预测老龄化人口的方法之一。国内人口预测常用的灰色预测模型为灰色 GM（1，1），该模型可以较好地预测中短期人口，可以显著地体现变化趋势。灰色预测模型是通过判断系统各因素间发展趋势的相异程度，利用各种方式对原始数据进行处理，寻找内在规律，并建立微分方程，进行求解，预测发展趋势。灰色预测模型相对来说需要数据较少，精度要求高，在人口预测上具有一定的优势。王宁等（2017）利用灰色系统预测模型对重庆 65 岁及以上人口进行预测；杜露等（2022）利用灰色系统预测模型进行山西省人口老龄化预测；韩鹏和宋晓晓（2023）利用灰色系统预测模型对内蒙古老龄化趋势进行预测。

综上所述，基于本章的原始数据较少，预测数据为中期中国老龄人口数量，且由于 Leslie 模型不适用于自然条件下的人口增长分析；中长期人口发展方程的人口预测模型获取数据困难，求解复杂；线性时间序列模型因不考虑外界影响，而存在着预测误差的缺陷，故本章在 2013～2021 年中国人口老龄化的数据基础上，采用 GM（1，1）模型进行数据预测。

3.2 灰色预测模型的相关理论

灰色预测经常用来解决数据量较少且不能直接发现规律的数据。对于包含不确定信息的序列，灰色预测方法通过对原始数据进行处理，使之转化为灰色序列，并建立微分方程模型。灰色预测对于数据较少的序列具有独特作用。GM（1，1）模型是灰色预测模型中常用的一种模型，是灰色预测的基础。目前灰色系统理论法主要作为国家人口的估测手段，而对于各省人口的预测使用并不普及，该研究将主要剖析灰色系统预测模型 GM（1，1）用于预测中国老年人口的实际意义。

本章旨在研究中国老年人口的预测问题，影响人口数量的因素很多，影响因素中有一部分是可以方便获得，但是也有一部分不能轻易地知道，本节基于有限的数据情况下，通过建立灰色模型对中国老年人口进行建模。

3.2.1 数据处理方法

在灰色系统中，能获得的信息非常有限，且不易发现内部规律，因此需要进行一些处理，减弱序列的随机性，使一般规律可以显现。处理方式主要有以下三种：累加生成、累减生成和加权邻值生成。

（1）累加生成。

设原始数据序列为：$X^{(0)} = (X^{(0)}(1)，X^{(0)}(2)，X^{(0)}(3)，\cdots，X^{(0)}(n))$，对原始数据累计加成：

$$X^{(1)}(K) = \sum_{i=1}^{k} X^{(0)}(i) = (X^{(1)}(1)，X^{(1)}(2)，X^{(1)}(3)，\cdots，X^{(1)}(k))，$$
$$k = 1，2，3，\cdots，n \tag{3-1}$$

在现实生活中，无论最初序列是有上升趋势、下降趋势或者毫无规律，只要对该组序列进行累加生成处理，新得到的序列必然是呈递增趋势的。

（2）累减生成。

如果原始数列为 $X^{(0)} = (X^{(0)}(1)$，$X^{(0)}(2)$，$X^{(0)}(3)$，$\cdots$，$X^{(0)}(n))$，则 $X^{(1)}$ 的 1 次累减生成数列 $X^{(0)}$ 为：

$$X^{(0)}(K) = (X^{(1)}(k) - X^{(1)}(k-1))，k = 2，3，\cdots，n \qquad (3-2)$$

（3）加权邻值生成。

若原始数列为 $X^{(1)}(K) = (X^{(1)}(1)$，$X^{(1)}(2)$，$X^{(1)}(3)$，$\cdots$，$X^{(1)}(n))$，称任意一对相邻元素 $X^{(0)}(K-1)$，$X^{(0)}(K)$ 互为邻值。

3.2.2　建模的流程

灰色模型就是将没有规律的原始数据先进行累加生成得到具有一定规律的数列，累加生成后的数据序列明显弱化了原始序列的随机性。GM（1，1）模型主要利用连续的微分方程模型对每年的年均人口进行细致的分析观察，并进行短期的预测。

$X^{(0)} = (X^{(0)}(1)$，$X^{(0)}(2)$，$X^{(0)}(3)$，$\cdots$，$X^{(0)}(n))$ 是原始数据，$X^{(1)}(K) = \sum_{i=1}^{k} X^{(0)}(i) = (X^{(1)}(1)$，$X^{(1)}(2)$，$X^{(1)}(3)$，$\cdots$，$X^{(1)}(k))$，$k = 1，2，3，\cdots，n$ 为一阶累加生成序列。建立 GM（1，1）模型的步骤如下：

（1）级比检验，建模可行性分析。

在建立灰色预测 GM（1，1）模型之前，首先需要对样本数据进行检验和预处理。具体为计算样本数据列的级比：

$$\lambda(k) = \frac{X^{(0)}(k-1)}{X^{(0)}(k)}，k = 1，2，3，\cdots，n \qquad (3-3)$$

如果所有的级比都落在可容覆盖区间 $\left(e^{\frac{-2}{n+1}}，e^{\frac{2}{n+1}} \right)$ 内，则原始数据列可以建立 GM（1，1）模型并且可以进行预测，否则，需要对样本数据做适当的预处理，如平移变换、移动平均等预处理方法，使变换后的数据级比都落在可容覆盖区间内之后，再进行 GM（1，1）建模预测分析。

（2）数列的累加处理。

将原始序列 $X^{(0)}$ 进行一次累加生成处理后，得到有序递增数列 $X^{(1)}$，

$$X^{(1)}(K) = \sum_{i=1}^{k} X^{(0)}(i) = (X^{(1)}(1)，X^{(1)}(2)，X^{(1)}(3)，\cdots，X^{(1)}(k))，$$
$$k = 1，2，3，\cdots，n \qquad (3-4)$$

（3）计算紧邻均值生成序列。

$$Z^{(1)} = (Z^{(1)}(1), Z^{(1)}(2), Z^{(1)}(3), \cdots, Z^{(1)}(k)), k=1, 2, 3, \cdots, n$$

$$(3-5)$$

其中，

$$Z^{(1)}(k) = (0.5X^{(1)}(k) + 0.5X^{(1)}(k-1)), k=1, 2, 3, \cdots, n \quad (3-6)$$

（4）建立相关模型。

建立一阶微分线性方程，即为灰色方程：

$$X^{(0)}(k) + az^{(1)}(t) = u \quad (3-7)$$

其中，a 为发展系数，u 为灰作用量。

（5）计算求出 a 和 u。

令 $\hat{U} = [\hat{a}, \hat{u}]^T$，并且

$$B = \begin{bmatrix} -\dfrac{1}{2}((X^{(1)}(2)+X^{(1)}(1)) & 1 \\ -\dfrac{1}{2}((X^{(1)}(3)+X^{(1)}(2)) & 1 \\ \cdots & \\ -\dfrac{1}{2}((X^{(1)}(n)+X^{(1)}(n-1)) & 1 \end{bmatrix}$$

$$Yn = (X^{(0)}(2), X^{(0)}(3), \cdots, X^{(0)}(n))^T$$

其中，B 为数据矩阵，Yn 为参数向量。

用最小二乘法求解：$\hat{U} = [\hat{a}, \hat{u}]^T = (B^T B)^{-1} B^T Y$

（6）建立白化微分方程的相应序列。

$$\hat{X}^{(1)}(k+1) = \left(X^{(1)}(1) - \frac{b}{a}\right)e^{-ak} + \frac{b}{a}, k=1, 2, 3, \cdots, n \quad (3-8)$$

（7）进行累减还原。

累减还原后得到原始数据的预测结果：

$$\hat{X}^{(0)}(k+1) = \hat{X}^{(1)}(k+1) - \hat{X}^{(1)}(k), k=2, 3, \cdots, n \quad (3-9)$$

3.2.3 模型的检验

检验灰色预测模型效果主要包括三种方法：残差检验、关联度检验和后验差检验方法，以此来检验模型的准确性。最常用的为残差检验法。

残差检验法。

GM（1，1）模型的残差序列：

$$\varepsilon = \frac{X^{(0)}(K) - \hat{X}^{(0)}(K)}{X^{(0)}(K)} \tag{3-10}$$

GM（1，1）模型的相对误差：

$$\varepsilon = \frac{(|\varepsilon(k)|)}{X^{(0)}(K)} \tag{3-11}$$

序列的平均相对误差：

$$\varepsilon = \frac{1}{n-1}\sum_{k=2}^{n}|\varepsilon(k)| \tag{3-12}$$

GM（1，1）的建模精度：

$$P = (1 - \varepsilon(\alpha)) \times 100\% \tag{3-13}$$

3.3 中国老年人口基于灰色预测模型的实证分析

3.3.1 数据来源及研究方法

（1）数据来源。

本章研究数据主要来源于 2013~2023 年的《中国统计年鉴》《第七次全国人口普查公报（第五号）》《2021 年度国家老龄事业发展公报》《2015 年社会服务发展统计公报》。

（2）研究方法。

基于 2013~2023 年中国 65 岁及以上老年人口数据资料，运用灰色预测模型对 2025~2039 年 65 岁及以上老年人口数量及占比进行预测。

3.3.2 中国老年人口规模预测

建立 GM（1，1）预测模型。GM（1，1）预测模型是基于一组随机时间序列，对按时间累加后形成的新序列进行分析，新序列呈现的规律可用一阶线性微分方程的解去逼近。该模型适用于数据样本较少，规律性不强的数据，便于发现数据中存在的内在规律性，多用于中长期的预测。GM（1，1）预测模型流程如图 3-1 所示。

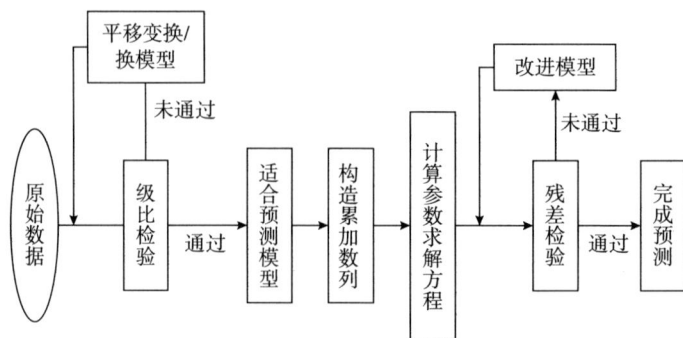

图 3-1 GM (1, 1) 预测模型流程

GM (1, 1) 预测模型步骤：

第一步：级比检验。

在建模最初，对原始数据进行级比检验（见表 3-1），若所有的值的检验数 λ 均落在区间 $\left(e^{\frac{-2}{n+1}}, e^{\frac{2}{n+1}}\right)$ 内，则证明原始序列适合用 GM (1, 1) 预测模型。检验依据：

$$\lambda(k) = \frac{X^{(0)}(k-1)}{X^{(0)}(k)}, \quad k = 1, 2, 3, \cdots, n \quad (3-14)$$

表 3-1 原始数据级比检验

年份	65 岁及以上人口数量（万人）	级比检验
2013	13161	—
2014	13755	0.956816
2015	14386	0.956138
2016	15003	0.958875
2017	15831	0.947698
2018	16658	0.950354
2019	17603	0.946316
2020	19064	0.923363
2021	20056	0.950538
2022	20978	0.956049
2023	21676	0.967798

注：检验区间 $\left(e^{\frac{-2}{n+1}}, e^{\frac{2}{n+1}}\right)$ = （0.834, 1.199）。

资料来源：笔者根据国家统计局的数据计算所得。

第二步：由于原始数据规律不明显，无法进行预测，故使用一次累加生成的方法，将原始序列 $X^{(0)} = (X^{(0)}(1), X^{(0)}(2), X^{(0)}(3), \cdots, X^{(0)}(n))$，通过 $X^{(1)}(K) = \sum_{i=1}^{k} X^{(0)}(i)$ 公 式 生 成 新 序 列 $X^{(1)}(K) = \sum_{i=1}^{k} X^{(0)}(i) = (X^{(1)}(1), X^{(1)}(2), X^{(1)}(3), \cdots, X^{(1)}(k))$，$k = 1, 2, 3, \cdots, n$。新序列满足 GM（1，1）灰色预测模型公式：

$$\frac{dX^1}{dt} + aX^{(1)} = u \qquad (3-15)$$

其中，$X^{(0)}(1)$ 表示原始数据的第一个数，t 表示时间的序列，a 是发展系数、u 是灰作用量。

第三步：构建方程与矩阵。

函数表达式的参数 a 和 u 未知，而变量 t 和 $X^{(1)}$ 的数值已知，这种问题就要用最小二乘法，通过最小化误差的平方和求得最佳的参数 a 和 u。由于原始数据是离散的而不是连续的，所以 $\frac{dX^{(1)}}{dt}$ 写作 $\frac{\partial X^{(1)}}{\partial t}$，又因为 $\partial t = (t+1) - 1 = 1$，始终为 1，根据累加生成序列公式可知：

$$\partial X^{(1)} = X^{(1)}(t) - X^{(1)}(t-1) = X^{(0)}(t) \qquad (3-16)$$

由式（3-15）和式（3-16）可得

$$X^{(0)}(t) + aX^{(1)}(t) = u \qquad (3-17)$$

为了更合理，将 $X^{(1)}(t)$ 修正为均值生成序列 $z^{(1)}(t)$，最终代入移项得

$$X^{(0)}(t) = -az^{(1)}(t) + u \qquad (3-18)$$

构建矩阵 B 与向量 Yn。

$$B = \begin{bmatrix} -\frac{1}{2}((X^{(1)}(2) + X^{(1)}(1))) & 1 \\ -\frac{1}{2}((X^{(1)}(3) + X^{(1)}(2))) & 1 \\ \cdots & \\ -\frac{1}{2}((X^{(1)}(n) + X^{(1)}(n-1))) & 1 \end{bmatrix}, \quad Yn = (X^{(0)}(2), X^{(0)}(3), \cdots, X^{(0)}(n))^{T}$$

得：$B = \begin{bmatrix} -20948 & 1 \\ \cdots & \\ -124682.784 & 1 \end{bmatrix}$，$Yn = (14386, 15831, \cdots, 20056)^{T}$

第四步：利用最小二乘法计算参数 a，u。

$$\hat{U} = [\hat{a}, \hat{u}]^T = (B^T B)^{-1} B^T Y$$

通过矩阵计算，得出 $\hat{a} = -0.05$，$\hat{u} = 13422.73$。

第五步：将结果代入预测模型公式，得到中国老年人口的 GM（1，1）预测模型：$\hat{X}^{(1)}(t) = 282209.6e^{0.05(t-1)} - 268454.6$。

由于计算得出的 $\hat{X}^{(1)}(t)$ 是新预测值的累加值，最后还需依据还原公式将其还原成原始值：

$$\hat{X}^{(0)}(t+1) = \hat{X}^{(1)}(t+1) - \hat{X}^{(1)}(t)，\quad t = 2, 3, \cdots, n \qquad (3-19)$$

3.3.3　模型精度检验

为检验模型的精度，获取较准确的预测结果，本节采用拟合图、残差检验两种检验方法。

一是将原始数据与预测数据绘制成拟合图分析（见图 3-2）。观察拟合图可以做出初步判断，原始数据与预测数据的拟合程度较好，预测结果较为合理。

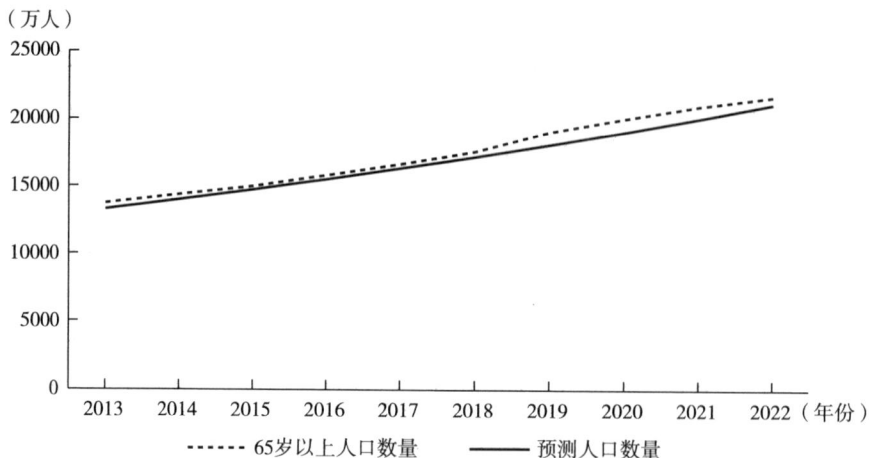

图 3-2　2013~2022 年 65 岁及以上人口原始数据与预测数据对比

二是残差检验。检验依据：$\varepsilon = \dfrac{X^{(0)}(K) - \hat{X}^{(0)}(K)}{X^{(0)}(K)}$，$\varepsilon(K)$ 绝对值均小于 0.1（见表 3-2），说明运用 GM（1，1）预测模型求得的预测结果与实际值相差不大，拟合结果很好，GM（1，1）预测模型的预测结果较可靠。

表 3-2　ε 检验值的绝对值

年份	2013	2014	2015	2016	2017	2018	2019	2020	2021	2022	2023
ε	0.000	0.032	0.026	0.017	0.019	0.019	0.023	0.050	0.049	0.043	0.025

3.3.4　预测结果分析

在检验合理、模型精度较高的前提下，运用 GM（1，1）预测模型对中国 65 岁及以上老年人口数量及其占比进行预测（见表 3-3）。预测结果数据涵盖了 2025~2039 年的 15 个年份。每年的 65 岁及以上人口数量逐年递增，从 2025 年的 23410.40 万人增加到 2039 年的 48021.38 万人。在这段时间内，老年人口总数呈现稳定的增长趋势，增长速度逐渐加快，表明人口老龄化程度不断加深。预测老年人口占比反映了 65 岁及以上人口在总人口中所占比例的变化。数据显示，这一比例在未来 15 年内将持续增加，预测的老年人口占比从 2025 年的 14.55% 增加到 2039 年的 19.29%，这意味着到 2039 年，每百位人口中大约有 19 位是 65 岁及以上的老年人口，预示着人口结构的老龄化趋势将持续加剧。

表 3-3　2025~2039 年中国 65 岁及以上老年人口数量及占比预测结果

年份	65 岁及以上人口数量（万人）	预测老年人口占比（%）	年份	65 岁及以上人口数量（万人）	预测老年人口占比（%）
2025	23410.40	14.55	2033	35294.68	17.09
2026	24643.16	14.84	2034	37153.25	17.44
2027	25940.83	15.14	2035	39109.69	17.79
2028	27306.84	15.45	2036	41169.15	18.16
2029	28744.78	15.77	2037	43337.07	18.53
2030	30258.44	16.09	2038	45619.14	18.90
2031	31851.81	16.42	2039	48021.38	19.29
2032	33529.09	16.75			

从预测结果看，中国未来老年人口发展有以下特点：①超大老年人规模。中国老年人口基数大，2025 年将达到 2.3 亿人，2039 年将达到 4.8 亿人（见表 3-3）。②超快老龄化速度。中国人口老龄化水平在 2000 年达到 7%，进入老龄化社会；2021 年超过 14%，进入深度老龄化社会；2039 年接近 20%，即将进入超级

老龄化社会。③超高老龄化水平。中国老年人口占比逐年增加。通过 GM（1，1）模型，在符合模型的条件下，分别预测 2025~2039 年中国 65 岁及以上老年人口数量以及中国人口总数，计算预测老年人口占比（老年人口数量/人口总数×100%），观测到老年人口占比逐年增加，到 2035 年基本实现社会主义现代化时，中国的老龄化水平将达到 17.79%，到 2039 年达到 19.29%。④超大老龄化增量。通过计算老年人口的同比增长率（（当年的指标值-上年同期的值）÷上年同期的值×100%），观测到老年人口的年增长率较为平稳，皆为正增长，但增长数量逐年增加，增长率都在 5.27% 附近（见图 3-3），未来 15 年每年增长 1200 万人~2410 万人，平均每年 65 岁及以上老年人口将增加 1758 万人。

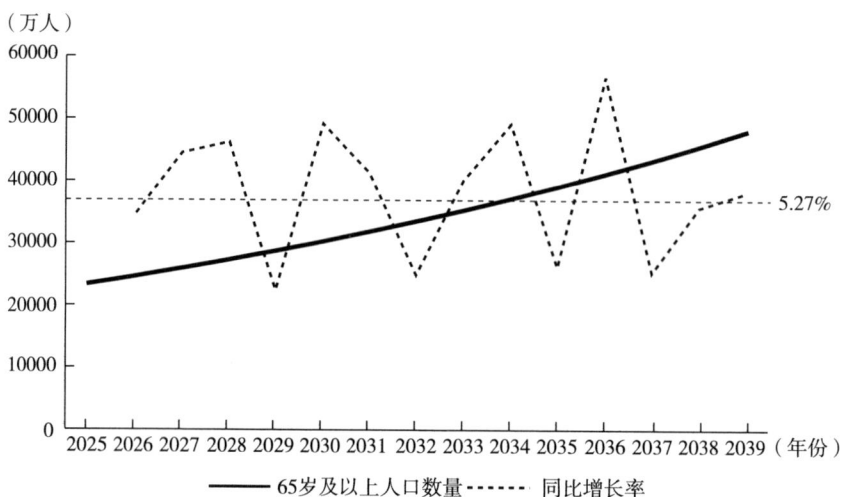

图 3-3　预测未来 15 年 65 岁及以上人口数量

综上所述，研究结果可归纳为中国老龄化程度不断加深、老年人口不断增加，该现象可能导致以下社会问题：第一，人口老龄化程度加深，劳动力人均承担的老年人口数目增加，青壮年的养老负担也将越来越重。2021 年，中国老年抚养比为 21.1%，较 2020 年增加了 1.4%。2021 年 5 月，中国老龄协会发布了《认知症老年人照护服务现状与发展报告》，预测到 2035 年中国老年抚养比将超过 50%，意味着每两个年轻人需要抚养一位老人，养老金也将不可避免地出现收支缺口。中国养老金体系以第一支柱基本养老保险为核心，占比近 70%，第二支柱补充养老保险和第三支柱商业养老金发展缓慢，养老金收入结构较为单一。根据国家统计局统计的数据，2020 年中国城镇职工基本养老保险基金收入大幅下降，仅为 44375.7 亿元，而基本养老保险基金支出不减反增，达到 51301.4 亿元，养老基金缺口额达 6925 亿元，养老保险累计结存首次出现负增长。由此看出，随着中国人口老龄化的不断加深，如何解决养老体系不平衡不充分问题将成为中国需要解决的重要难题之一。第二，第七次全国人口普查结果显示，60 岁及以上人口中，拥有高中及以上文化程度的有 3669 万人，比 2010 年增加了 2085 万人；高中及以上文化程度的人口比重为 13.9%，比十年前提高了 4.98 个百分点。随着人群文化素质的提升，受教育程度较高的老年人群体也在逐年扩大，随着时代的发展与中国人口老龄化的不断加深，该群体也有着更多的精神文化生活需要，对文化娱乐、体育活动、旅游等文化消费需求逐渐增加。与之相对，当前一些老年人精神生活相对匮乏，尤其是针对老年人的公共文化活动空间明显不足，老年人可接受的文化服务和消费产品还不够丰富，对于如何丰富老年人的文娱生活、提供足够的适老化服务与产品仍是一个挑战。

3.4　政策建议

第一，鼓励有能力、有条件、有意愿的老年人继续参与劳动力市场。时间尺度上的同一年龄在不同时代有着不一样的含义。在过去几十年中，中国在经济、社会、教育和卫生等各领域中取得了明显发展。从平均意义上看，相较于中华人民共和国成立初期的老人，如今的同龄老人身体机能更健康，其残疾或失能比例更低，人力资本和劳动生产率更高。因此，应该积极营造"老有所为、老有所用"的社会氛围，支持老年人再就业，只有及时地按照客观条件变化对劳动力市场政策做出相应调整，才能实现对国家人力资源的充分利用。与此同时，也可以减缓青壮年的养老负担。

当今社会，"退而不休"的情形并不少见，因为人们的能力和动机存在差异，即使在法定退休年龄逐步延迟之后，总是会有部分老人有意愿、有能力继续参与劳动，但是其中很多是在退休后以非正式的方式（如零工和保姆）等形式继续工作，他们在这些工作中往往得不到正式工作职位的一些福利和保障。因此，国家对于退休后的劳动参与者应当给予更为灵活的政策安排，允许和帮助那些有意愿、有能力的老年人获取实现自身价值的机会，并为他们提供相应的便利和保障。例如，中国社会中有很强的"隔代照料"传统。不能帮助子女照顾孙子/女或外孙子/女是不少老年人面对延迟退休或者退休返聘时的主要顾虑。提供优质、低价的公共幼儿照料，有助于实现对人力资源的集约化使用。因此，这一政策不仅有助于提升女性的生育意愿，也能缓解延迟退休政策对于劳动参与率所可能产生的负面冲击。

第二，由政府主导加强经济建设，发展"银发经济"。随着中国老年人口规模的增加，老年产业范围将会扩大，如家政护理、医疗护理、老年休闲娱乐、网上购物等产业，可见老年产业的发展前景较佳。在中国老龄化进程加速的同时，老年群体消费能力也在不断提升。《中国老龄产业发展报告（2021-2022）》显示，2050年中国老年人消费潜力将增长到106万亿元。教育文化娱乐消费支出也将随之大幅度增长，暂按2021年中国人均教育文化娱乐消费支出占人均消费支出的比重10.8%计算，2030年，老年教育文化娱乐消费市场将达到11万亿元，未来市场空间巨大。中国老年人的线上消费金额也呈加速上涨趋势。阿里巴巴2020年发布的《老年人数字生活报告》显示，银发用户的线上消费金额三年复合增长率已达20.9%，新冠疫情期间消费增速位列第二，仅次于"00后"，未来老年人网上购物的消费市场规模将进一步扩大。因此，随着人口老龄化的加深以及市场经济的扩大，政府更要规范市场行为，加大市场监管力度，采取多种措施提升老年用品质量、优化消费环境、培育规范消费市场、营造老年人良好的消费环境。

第三，通过政府政策与宣传提高生育率。人口老龄化给社会带来两大难题：一是如何保障老年人养老；二是如何提高生育率。面对人口老龄化，市场机制在自利动机下，会激发养老金融、医疗陪护等业态的兴起，有助于保障老年人养老、提高晚年生活质量，与此同时，养老金融、医疗陪护业的发展却降低了年轻人的生育意愿。因此，不能完全依赖市场机制改善老龄化问题，更多要由政府依据集体理性，积极采取逆向调节。解决问题的关键在于保障养老的同时政府应着手降低生养子女的成本，提高生养收益，只有使收益显著大于成本，才能扭转老龄化格局。

首先，政策的指导思想和出发点。生育政策要从"养儿防老"转变为维护国家经济的持续增长。"养儿防老"可视为一种私有产品，其收益主要被父母获取，个人积极性高，政府只需提倡"百善孝为先"，无须过多干预；而维护经济持续增长则可视为一种公共产品，各年龄段主体将普遍受益，但收益不能被某个人独占，个人更倾向于"搭便车"。因此，政府应将鼓励生育政策视为一种公共投资，由此带来的人口和经济增速的提升便是公共投资的社会收益。其次，政策的具体方式。①降低生养子女的成本。关于降低生养子女的成本，可以加大教育和医疗投入，降低子女生养过程中的医疗费用和未成年人的教育费用。近年来，中国公共财政支出中"医疗卫生与计划生育"和"教育"的占比稳步提升，《教育部　国家统计局　财政部关于 2022 年全国教育经费执行情况统计公告》显示，2022 年全国教育经费总投入为 61329.14 亿元，首次超过 6 万亿元，比 2021 年增长 5.97%。《2022 年我国卫生健康事业发展统计公报》显示，在人口家庭发展方面，中央财政投入资金 154.0 亿元，比上年增加 21.8 亿元；卫生资源方面，到 2022 年末，全国医疗卫生机构总数 1032918 个，比上年增加 1983 个。未来，继续提高相关财政支出是有益的。②提高生养子女的经济收益。例如，可规定凡生育一名子女，母亲可享受一次生育补贴；可通过建立试点、循序推进等方式，逐步探索最佳的补贴投入力度，实现社会收益的最大化。上述两项措施可以协同实施，只有切实提升生养子女的净收益，才能真正提高人口出生率。③提高本身的经济水平。政府可以联合企业出台相关政策，调动年轻人的工作积极性，提升就业率，完善工资制度，以降低赡养老人的经济压力，同时提高生育意愿。

第 4 章

中国人口老龄化对经济增长的影响研究

4.1　引言

　　近 40 年来，随着人口自然增长率和死亡率的下降，中国人口增速逐渐放缓，人口老龄化程度在不断加深。《中国统计年鉴 2022》显示，2001 年，中国年末人口总数（除港澳台）达到 12.76 亿，65 岁及以上人口总数达到 0.91 亿，占总人口数的 7.1%。依据联合国人口司公布的标准，中国已经步入人口老龄化社会。2018 年，中国年末人口总数（除港澳台）上升至 13.95 亿，65 岁及以上人口总数上升至 1.67 亿，占总人口数的 11.9%，中国 65 岁及以上人口每年以 4.91% 的速度增加。同时，自 2013 年开始中国的劳动力人口数出现逐年下降的现象，主要从事劳动的人口总量开始出现负增长。

　　根据美国老龄研究所和人口普查局的报告，发达国家 65 岁及以上人口数占人口总数的比例从 7% 提高至 14% 所需要的年限：法国需要 115 年，瑞典需要 85 年，美国需要 75 年，澳大利亚需要 70 年，英国需要 45 年，德国需要 38 年，印度需要 30 年，日本需要 24 年，新加坡需要 16 年。据估算，中国人口老龄化若要跨越这一阶段大概需要 25 年左右的时间。同时，据联合国的《世界人口展望 2022》预测：2050 年，中国将进入重度老龄化社会，中国 60 岁及以上老年人口数量将超过 5 亿，占总人口的比例将达到 38.81%；全球 65 岁及以上人口的比例预计将从 2022 年的 10% 升至 16%。以上数据说明中国老年人口正在以较快的速度增长，人口老龄化作为未来人口发展趋势将会越来越严重。

　　与西方国家相比，中国在社会保障体系不完善和社会经济发展不全面的条件下迈入人口老龄化社会。加上中国具有的特殊国情，即人口基数庞大，长期以来实施的人口政策等，使人口老龄化对中国带来的实际影响远比其他国家更加深刻。

长期以来，第一次人口红利在推动中国经济发展方面起到了重要的作用，但是随着人口老龄化进一步发展，中国劳动力人口的经济压力增加，使第一次人口红利消耗殆尽。研究如何减缓人口老龄化对经济增长的影响具有重要的现实意义。

在研究相关文献的过程中，大部分学者认为人口老龄化会对经济增长产生消极影响，部分学者持相反观点，也有一些学者认为两者之间具有不确定性和变动性。目前，学术界尚未就此问题达成共识。人口老龄化与经济增长之间有着密切的联系，厘清两者之间的关系，提出相应的政策建议，有助于促进经济长期稳定的增长。因此，研究中国人口老龄化对于经济增长的影响是当前十分重要的问题。

4.2　文献综述

国外学者在关于人口老龄化对于经济增长影响的问题上进行了大量研究，主要包括以下三种结论：第一种结论是老龄化对经济增长具有积极影响。Fougère和 Mérette（1999）认为人口老龄化将通过延长寿命进而延长受教育年限等途径为后代提供更多的人力资本投资机会，通过提高社会人力资本量进而延缓老龄化对于经济增长的负面冲击。Cipriani 和 Makris（2006）利用 OLG 模型得出的结论支持了上述观点。Futagami 和 Nakajima（2001）发现老龄化不一定会对经济增长产生阻碍作用。Bloom 等（2007）发现预期寿命的增加会促使理性的人增加个人储蓄，为退休生活提供更多的物质保障，从而增加了社会的物质资本。Fougère等（2009）通过动态可计算的世代重叠模型，探讨加拿大人口老龄化对于劳动力供给和人力资本投资的影响，从长期看，老龄化将为年轻人创造较多的机会，从而进行人力资本投资，在未来为社会提供较丰富的成熟劳动力，最终降低了老龄化的成本，有利于促进经济增长。Prettner（2013）在内生和半内生增长框架下研究老龄化对经济增长的长期影响，研究结果表明，在内生增长框架下老龄化将推动经济稳定发展。第二种结论是老龄化对经济增长具有消极影响。在研究人口结构因素对于经济增长的影响中，部分学者利用跨国数据验证了人口抚养比对经济增长产生消极影响（Lindh and Malmberg，1999、2007）。随着预期寿命的延长，老年人会预留部分储蓄用于晚年时期的消费，从而导致减少对子女相应的教育类投资，将不利于经济增长（Pecchenino and Pollard，2002；Faruqee and Mühleisen，2003）。Tabata（2005）利用包含内生增长的世代交叠模型进行分析，结果显示老龄化对于经济增长产生消极影响。Choi 和 Shin（2015）通过建立可计算的世代交叠模型，将人力资本内生化，研究韩国人口老龄化对于经济增长的影响，结果显示老龄化通过减少劳动力供给来阻碍经济增长。Maestas 等（2016）利用 1980~2010 年美国各州数据来探讨人口老龄化对各州人均产出的影响，结果显示老龄化对于经济增长具有消极影响，认为这是由不同年龄层劳动生产率增长放缓和劳动力增长放缓导致的。Lee 和 Mason（2010）探讨了全球人口转型过程中的老龄化问题，人口年龄结构的老化导致劳动生产率的下降，阻碍了经济的发展。第三种结论是老龄化对经济增长的影响具有不确定性和变动性。Cheng（2003）采用一般均衡模型评估了中国人口变化对经济发展的影响，数值模拟结果表明低生育率会降低储蓄率，但并没有发现人口结构与人均收入增长之间的联系。Azomahou 和 Mishra（2008）在非参数条件下研究了人均增长率与人口年龄结构之间的关系，认为两者之间存在显著的非线性关系，老龄化不一定会对经济增长产生阻碍作用。An 和 Jeon（2006）利用 OECD 国家 1960~2000 年的面板数据进行跨国回归和非参数核估计，结果显示人口变化与经济增长呈"倒 U 型"关系。

随着中国进入人口老龄化社会的行列，面对人口与经济的新形势，部分学者开始注意到中国人口老龄化问题以及可能造成的社会和经济影响。这一阶段，国内学者关于老龄化的研究基本进行定性分析，很少涉及定量分析。曾毅（2001）基于数据预测并分析了中国未来人口老龄化的特征：老年人口的基数大、老年抚养比系数相对较高、高龄老人增长比例快、老龄化高速发展、地区差异明显等。邬沧萍等（2004）基于 21 世纪初中国的实际情况，分析了中国人口老龄化发展的特点，提出应充分利用人口红利，促进经济增长。蔡昉（2004）探讨了在人口转变过程中人口红利的经济效应，认为较低的人口抚养比和充足的劳动力供给对于经济增长具有积极影响。此后，国内学者逐渐开始利用计量工具和理论模型进行研究。部分学者认为两者呈反向关系。刘洪银（2008）利用统计数据和计量模型，分析了人口抚养比对于经济增长的影响，研究表明两者呈反向关系。另一部分学者认为两者之间存在着正向关系。齐红倩和闫海春（2018）采用 2001~2015 年中国 31 个省份的数据，构建面板平滑转移回归模型，探讨了老龄化对于经济增长影响的关系，研究得出老龄化与经济增长具有非线性特征以及存在显著的门槛特征。部分学者认为两者之间不存在显著关系。王桂新和干一慧（2017）利用1990~2015 年 31 个省份的数据，采用固定效应模型，研究了人口老龄化对区域经济增长的影响，结果表明，人口增长率、少儿人口增长率和少儿抚养比增长率对于经济增长产生不利影响，但老年人口增长率及抚养比增长率在统计上不显著。在人口老龄化的理论研究方面，国内学者将人口老龄化变量纳入索洛模型、内生增长模型和世代交叠模型中，进行理论推导，从而探讨老龄化对于经济增长的影响。李军（2006）以索洛模型为基础，纳入人口老龄化因素，在理论上探讨了老龄化对于经济增长的不同效应，进而提出相应的政策建议。胡鞍钢等（2012）在索洛模型中加入人口老龄化变量，研究老龄化和人口转变对于经济增长的影响，从理论推导了老龄化与经济增长具有反向的关系，同时采用计量方法验证了这一结论。孙爱军和刘生龙（2014）将人口结构因素纳入索洛模型，利用1990~2010 年统计数据，研究了人口结构对于经济增长的影响，研究发现 1990~2010 年人口抚养比的下降对于经济增长具有 15% 的贡献度。人口结构对经济增长产生显著的不利影响，应提高劳动力的受教育程度，促进技术进步。郑君君等（2014）利用 1995~2010 年省级数据，研究劳动年龄人口与劳动力老龄化对于经济增长的影响，研究结果显示劳动年龄人口对于经济增长产生积极影响，劳动力老龄化对于经济增长产生消极影响。方显仓等（2014）利用 CES 生产函数，研究人口老龄化与经济增长的关系。理论模型表明人口结构变迁将对经济增长产生阻碍作用，但是计量检验结果与理论结论相反，得出人口老龄化将会促进经济增长的结论。刘穷志和何奇（2012）通过构建一个世代交叠模型，研究了人口老龄化对于经济增长的影响以及相应的财政政策，结果显示人口老龄化对于经济增长的影响逐渐从积极转变为消极。王云多（2014）利用动态世代交叠模型，探讨了人口老龄化对于经济增长的影响。从短期看，老龄化提供更多的人力资本投资机会，致使劳动力供给减少，对经济将会产生阻碍作用；从长期看，老龄化通过提高劳动力素质，对经济将会产生积极影响。

　　基于国内外文献的梳理，国内外学者在关于人口老龄化对于经济增长影响的问题上做了大量的实证研究和分析，但目前的研究存在改进的空间。首先，众多文献研究两者的关系，立足于国家层面，其中不乏跨国研究，但针对区域研究的文献相对较少。其次，多数文献研究了老龄化通过劳动力供给、储蓄、消费、人力资本和社会保障等方面对经济增长的间接影响，但在研究老龄化对于经济增长的直接影响时，主流经济学理论并没有将人口老龄化因素纳入其中，导致一些变量的选取存在异议。最后，众多文献在分析老龄化对于经济增长的影响中，在静态面板模型估计和动态面板模型估计往往是两者选其一，鲜有文献将两者进行比较分析，无法准确反映不断发展的人口老龄化对于经济增长的影响。

基于以上几点的不足，本章在这几个方面进行补充研究，更加准确分析人口老龄化对经济增长的影响，为相关部门制定政策提供参考。因此，本章认为有必要对此进行深入的研究。

4.3 中国人口老龄化对经济增长的理论分析

4.3.1 人口转变理论

人口转变理论可以解释人口老龄化产生的原因，因此系统掌握人口转变的过程和原理，是理解人口老龄化的基础和前提。

法国人口学家阿道夫·兰德里（Adolphe Landry）最早开始研究人口转变问题，1909 年在《人口革命》一书中分析了人口转变的三个阶段模型。该模型包括以下三个阶段：第一阶段，原始阶段。这一时期是指整个社会的生产力较为低下，生活资料匮乏，人口处于以高出生率、高死亡率、低自然增长率为特点的原始阶段。第二阶段，中期阶段。该阶段社会生产力有了极大的发展，人们的生产和消费方式开始发生转变，人们通常通过晚婚或不婚的手段来保证生活质量，这一阶段的人口发展特点是生育率不断降低，人口增速由高转低。第三阶段，现代阶段。社会经济的快速发展促使人们新育儿观的形成，同时快速发展的医疗卫生事业降低了死亡率。这一阶段的人口发展特点是低出生率、低死亡率和低自然增长率。

根据阿道夫·兰德里的理论，美国学者沃伦·汤普森（Warren Thompson）发展了人口转变理论，并且在其著作《人口问题》中横向考察了全球人口的变化过程。认为人口的主要增长模式包括以下几类：第一类地区的人口增长率并不稳定，究其原因是出生率和死亡率都处于较高水平的同时死亡率出现下降的趋势。这些地区主要包括南美洲地区、非洲地区和亚洲地区。第二类国家的出生率和死亡率几乎出现同时下降现象，长期看出生率的下降速度可能远超过死亡率的下降速度，因此，这类国家的人口处于稳定状态。这类国家包括意大利、西班牙和中欧国家。第三类国家的出生率的下降幅度远远超过死亡率的下降幅度，同时两者的下降速度都较快。随着社会人口的发展，人口处于静止状态或者出现人口萎缩现象。这类国家主要包括美国和北欧、西欧国家。

美国学者弗兰克·诺特斯坦（Frank Notestein）提出的人口转变的四阶段理论模型，标志着人口转变理论体系的成熟。1953 年，诺特斯坦在《人口变动的经济问题》中将人口转变划分为前工业化、初步工业化、进一步工业化以及后工业化四个主要阶段。从前工业化阶段的高出生率、高死亡率和低自然增长率发展为初步工业化阶段的高出生率、低死亡率和高自然增长率；随着工业化逐步推进和深化发展，死亡率的下降趋势已经凸显，人口自然增长率将达到最大；在后工业化时期，由于经济水平的发展和社会文明的进步，致使新育儿观的形成，这一阶段人口发展特征是低出生率、低死亡率和低自然增长率。

基于人口转变理论，可以得出人口转变反映在出生率和死亡率的变化上，结合社会经济发展，形成长期均衡的动态变化过程。同时，人口转变理论能够充分解释人口老龄化的形成原因以及形成过程，为本章的研究提供理论支持。

4.3.2　古典理论中的经济增长思想

人口因素作为重要的经济要素一直影响着地区经济的增长，一直以来都是学者研究的重点。亚当·斯密（Adam Smith）在《国民财富的性质和原因的研究》一书中认为，一定的人口规模是形成分工的前提，劳动的分工在一定程度上提高了劳动生产率，能够提高物质资本要素和劳动力要素投入的回报率，促进国家财富的增加。同时，斯密认为生产人口的增加能使国家财富水平得到有效的提高。劳动生产率、生产人口的相对比例、劳动力的质量都是影响国家财富增加的重要因素。

托马斯·罗伯特·马尔萨斯（Thomas Robert Malthus）在《人口论》中提出一个经济停滞的现象，即人口数量与农业发展存在一个内在的逻辑关系，长期人口增长的幅度会大于生活资料供给的增长幅度。当生活资料无法满足社会人口生存需要时，人口死亡率会上升，生育率会下降，直至人口降至生活资料满足社会人口生存需要时，才会停止。总体上，经济增长受到人口因素的制约，难以实现长久的增长。

马克思（2004）在劳动价值论中解释了经济增长的源泉，马克思认为劳动只有与物质资本或自然资源结合，才能够创造出财富。他将物质资本作为不变资本，将劳动作为可变资本，在此基础上提出扩大再生产理论。马克思将商品分为两类：一类是消费品，另一类是资本品。按照对应商品种类的划分方法，进一步将生产部门划分为消费品生产部门和资本品生产部门，将资本品生产部门称作为第Ⅰ部类，消费品生产部门称作为第Ⅱ部类。其中，第Ⅰ部类生产资本品，第Ⅱ部类生产消费品，不变资本和可变资本均投入两部类的生产过程中。正常情况下，生产的产品可以满足社会的整体需求。当满足相应条件时，社会将会实现扩大再生产。

马克思认为经济增长来源于投入的增加，这点与哈罗德—多马模型是一致的。同时，马克思讨论了简单劳动和复杂劳动的含义，虽然暗含了提高劳动质量的看法。但是并没有继续阐述该观点。

4.3.3 新古典经济增长理论

新古典经济增长理论主要包括了哈罗德—多马模型（采用固定投入比例的生产函数）以及索洛模型（采用生产要素可相互替代的生产函数）。

4.3.3.1 哈罗德—多马模型

罗伊·福布斯·哈罗德（Roy Forbes Harrod）和埃弗塞·多马（Evsey David Domar）以凯恩斯理论为基础，建立了经济增长模型。该模型包含了三个增长率，分别是实际增长率 G_A、有保障增长率 G_W 以及自然增长率 G_N，当 $G_A = G_W = G_N = n$（n 为人口自然增长率）时，经济实现稳定增长。但实际情况难以满足该条件。当 $G_N > G_W$ 时，说明人口增长将会促使需求和投资的增加，从而促进地区经济发展。反之，人口减少则限制了消费和投资，阻碍了经济增长。

4.3.3.2 索洛模型

罗伯特·默顿·索洛（Robert Merton Solow）和特里沃·斯旺（Trevor Swan）采用柯布—道格拉斯生产函数，建立了新的经济增长模型。该理论假设储蓄率和技术进步是外生的，同时要素的边际报酬会出现递减和生产函数的规模报酬将不变。该理论认为储蓄率对经济增长具有正向作用，人口增长率对经济增长具有反向作用。经济可以实现长期稳定的增长。

4.3.4 内生经济增长理论

新古典增长理论虽然强调劳动力要素和资本要素是促进经济增长的重要因素，但是对于技术因素外生的假设，使后来学者对此产生异议。因此，Romer（1986）等学者提出内生经济增长理论，开始将技术进步作为内生变量，从这一新视角把经济增长问题重新带回众多学者的视野中。

　　基于 Arrow（1962）的"干中学"思想，Romer 构建了知识外溢与经济增长结合的罗默模型，将技术内生化，建立以创新为基础的内生经济增长理论，认为知识的积累是经济增长的源泉；对科学研究、教育以及基础设施的投资，具有经济溢出效应；对于人力资本和知识积累等方面进行减税，将促进经济增长。

4.4　中国人口老龄化对经济增长影响的实证分析

4.4.1　数据来源及模型构建

4.4.1.1　数据来源

本章选取 1997~2017 年中国 31 个省份的平衡面板数据（Balanced Panel Data）。数据来自历年的《中国统计年鉴》、各省份统计年鉴以及《中国人口统计年鉴》等。

4.4.1.2　模型设定

为了实证检验人口老龄化对经济增长的影响，首先，构建静态面板模型如下：

$$\ln y_{it} = \alpha_i + \alpha_1 \ln pop_{it} + \alpha_2 \ln k_{it} + \alpha_3 \ln h_{it} + \alpha_4 \ln(g+n+\delta)_{it} + \varepsilon_{it} \qquad (4-1)$$

　　其次，由于经济增长可能具有滞后性，动态面板模型的解释变量中添加了被解释变量滞后一期，相比静态面板模型，能够更好地模拟现实的经济增长情况。因此，本章构建动态面板模型如下：

$$\ln y_{it} = \beta_i + \beta_1 \ln y_{i,t-1} + \beta_2 \ln pop_{it} + \beta_3 \ln k_{it} + \beta_4 \ln h_{it} + \beta_5 \ln(g+n+\delta)_{it} + \mu_{it} \qquad (4-2)$$

　　其中，y_{it} 表示第 i 个地区在 t 时期内的人均产出；截距项 β_i 表示 i 地区的固定效应；β_1 表示第 i 个地区在 $t-1$ 时期内的人均产出与第 i 个地区在 t 时期内的人均产出之间的相关程度；pop_{it} 表示第 i 个地区在 t 时期内的人口结构因素；k_{it} 表示第 i 个地区在 t 时期内的实物资本存量；h_{it} 表示第 i 个地区在 t 时期内的人力资本存量；$(g+n+\delta)_{it}$ 表示第 i 个地区在 t 时期内的技术进步率、折旧率以及人口自然增长率之和。β_1 至 β_5 表示各自代表的解释变量与被解释变量之间的关联程度。若大于零，则表示各自代表的解释变量对被解释变量起正向的影响关系，反之则起着负向的影响关系。μ_{it} 表示研究地区的随机扰动项。最后，为了减少数据的波动和消除可能存在的异方差，所有选取的变量都采用对数化处理。

4.4.2 变量的选取

人均 GDP 生产总值（y）。本章选择实际人均 GDP 作为被解释变量。实际人均 GDP 的计算方法是以 1996 年为基期，用各省历年的人均 GDP 指数将人均 GDP 做平减，计算得出实际人均生产总值。

人口结构因素（pop）中，包含劳动力（l）和人口老龄化程度（z）两个变量。其中，劳动力（l）是理论模型中的（$1-\rho-\mu$），选择劳动力年龄人口数量占总人口数量的比重，即 15～65 岁人口数量占总人口数量的比重。同时，参考郑君君等（2014）的做法，劳动参与率 θ 的取值为 80%。人口老龄化程度（z），即 $\frac{\mu}{1-\rho-\mu}$，它与人口抚养比呈正向关系，当少儿抚养比不变时，人口老龄化程度不断深化发展，此时人口抚养比提高。因此，本章选择人口抚养比来代替。

实物资本存量（k）。本章采用全社会的固定资产投资总额来代替实物资本存量。某一区域的实物资本存量越高，越有助于推动该区域的经济发展。

人力资本存量（h）。人力资本存量的替代变量选择上，以往文献的选取标准具有多样性。本章采取多数文献的做法，选择人均受教育年限代表人力资本存量，采用分段函数进行估算。给接受不同教育人群按照教育程度赋予相应的权重，进而利用对应的权重加权求和。主要计算公式如下：

$$h=\frac{小学学历人数\times6+初中学历人数\times9+高中学历人数\times12+高等学历人数\times16}{6\,岁以上总人数}$$

$$(4-3)$$

技术进步率、折旧率以及人口自然增长率之和（$g+n+\delta$）。假定技术进步是外生给定的，本章令技术进步率为 5%。此外，结合相关文献的研究，资本折旧率处于 5%～17%，本章沿用胡鞍钢等（2012）的做法，选取 10% 作为资本折旧率。

各变量指标的描述性统计如表 4-1 所示。

表 4-1　各变量指标的描述性统计

变量	样本	均值	标准差	最小值	最大值
y	651	20564.260	16470.030	2250.000	94573.890
l	651	57.694	3.217	48.620	67.080
z	651	39.100	7.746	19.300	64.490

变量	样本	均值	标准差	最小值	最大值
k	651	7248.146	9360.703	34.550	55202.720
h	651	8.143	1.338	2.950	12.500
$g+n+\delta$	651	20.925	3.306	13.100	31.000

4.4.3　解释变量与被解释变量间的关联趋势

关于变量间的关联趋势，可以通过散点图进行观察。通过该图可以观测到解释变量和被解释变量间是否具有关联趋势，以及关联趋势是线性还是非线性。同时，散点图还能观测到是否存在离群值。这样更有利于把握变量与变量间的关系，选择更加合理的模型。

图 4-1~图 4-5 表示各变量之间的散点图。从散点图的趋势看，对数劳动力、对数实物资本存量、对数人力资本存量与对数实际人均 GDP 呈正相关关系，表明这三类要素分别对经济增长存在正向的影响关系。对数（$g+n+\delta$）、对数人口老龄化程度与对数实际人均 GDP 呈负相关关系，表明当资本折旧率和技术进步率保持不变时，人口老龄化程度与技术进步率、折旧率以及人口自然增长率之和这两个变量分别对经济增长存在负向影响。这些关联趋势与理论模型推导出来的结论相同。

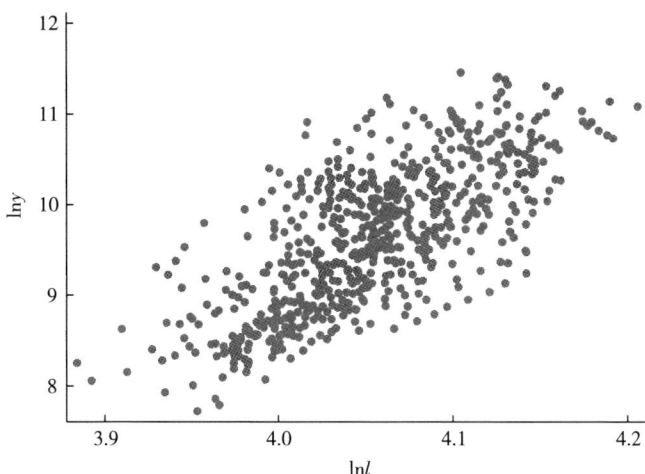

图 4-1　对数劳动力（ln*l*）与对数实际人均 GDP（ln*y*）的趋势

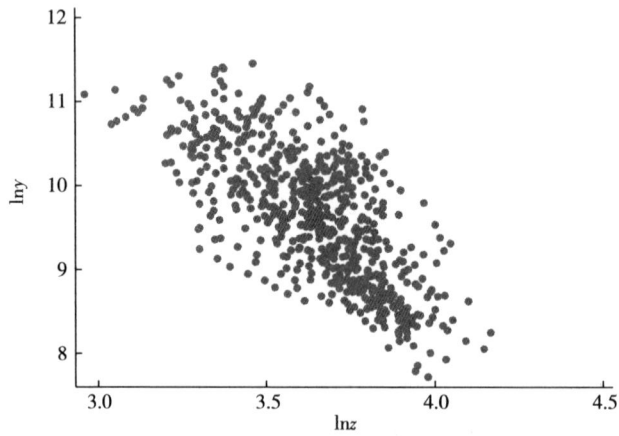

图 4-2　对数人口老龄化程度（lnz）与对数实际人均 GDP（lny）的趋势

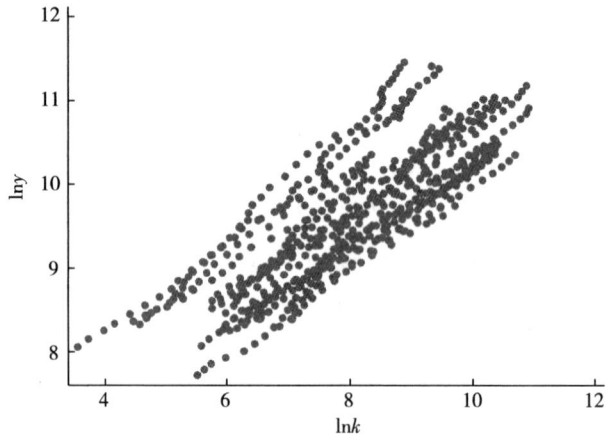

图 4-3　对数实物资本存量（lnk）与对数实际人均 GDP（lny）的趋势

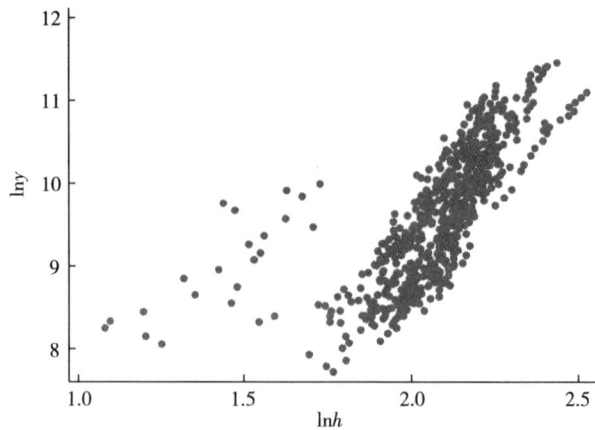

图 4-4　对数人力资本存量（lnh）与对数实际人均 GDP（lny）的趋势

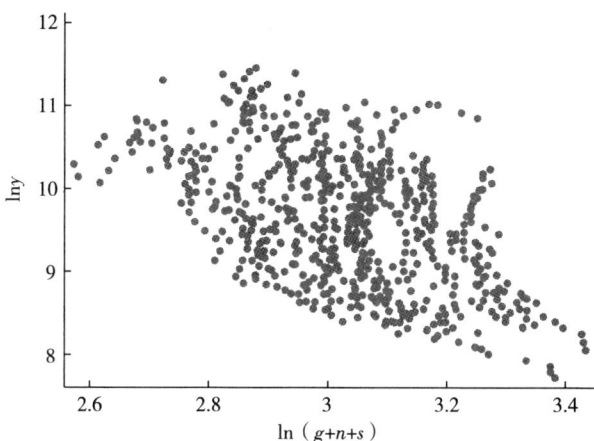

图 4-5　对数（g+n+δ）与对数实际人均 GDP（lny）的趋势

散点图仅仅分析了单个变量对经济增长的影响，忽略了其他变量加入后的综合影响。若要得出上述变量对经济增长的综合影响，还需要在实证回归之前，对数据进行单位根检验以及协整检验。通过以上检验，保证回归数据是平稳的且计量模型涉及的变量与变量间存在长期稳定的联系。

4.4.4　单位根检验

计量估计需要先对数据进行单位根检验，防止出现伪回归的现象，保证计量估计的有效性。常见的单位根检验方法包括 LLC、IPS、Breintung、ADF-Fisher 和 PP-Fisher 五种检验方法。而 Levin 等（2002）提出的 LLC 检验和 Im 等（2003）提出的 IPS 检验是平衡面板单位根检验的两种主要方法。

本章使用的数据是平衡面板数据，因此选取 LLC 检验和 IPS 检验方法，LLC 检验适用于同质面板，而 IPS 检验适用于异质面板。本章的估计和检验均使用 STATA/SE15.1 软件计算。

若 LLC 检验和 IPS 检验的结果满足要求，即 p 值小于 0.05，则通过检验，说明数据是平稳的，否则说明数据不平稳。如果水平值不平稳，则继续检验一阶差分值是否存在单位根，直到数据平稳为止。若水平值平稳，则称原序列是零阶单整，记作 I（0）；若一阶差分值平稳，则称原序列是一阶单整，记作 I（1）。由表 4-2 得出，所有变量的水平值均通过 5% 水平下的 LLC 检验，但人均产出、实物资本存量这两个变量的水平值未通过 IPS 检验，其余变量的水平值均通过 5%

水平下的 IPS 检验。同时，所有变量的一阶差分值均通过 1%水平下的 LLC 检验和 IPS 检验。因此，在后文进行实证分析时还需要对模型的残差进行白噪声检验，以保证所建立的模型是平稳的。

表 4-2　单位根检验结果

变量	水平值		一阶差分值	
	LLC 检验	IPS 检验	LLC 检验	IPS 检验
$\ln y$	-3.261***	0.693	-6.203***	-3.430***
	(0.000)	(0.756)	(0.000)	(0.000)
$\ln l$	-7.230***	-3.745***	-21.102***	-19.702***
	(0.000)	(0.000)	(0.000)	(0.000)
$\ln z$	-6.337***	-2.525***	-20.926***	-19.295***
	(0.000)	(0.005)	(0.000)	(0.000)
$\ln k$	-2.182**	0.962	-6.121***	-3.220***
	(0.014)	(0.832)	(0.000)	(0.000)
$\ln h$	-11.460***	-9.196***	-21.618***	-20.275***
	(0.000)	(0.000)	(0.000)	(0.000)
$\ln (g+n+\delta)$	-3.688***	-1.806**	-20.340***	-18.736***
	(0.000)	(0.035)	(0.000)	(0.000)

注：检验形式均包含常数项、趋势项和滞后项，滞后阶数是由 SIC 信息准则自动选择，括号内为 p 值；*、**、*** 分别表示在 10%、5%、1%的显著水平下拒绝"面板中所有截面对应的序列都非平稳"的原假设，通过显著性检验。

4.4.5　协整检验

根据上一节的检验结果，本节进一步对不同的模型进行协整检验，从而考察变量间是否存在长期均衡的协整关系。所有变量必须是同阶单整的情况下才能进行协整检验，由表 4-2 可知，在 1%的显著性水平下，所有变量均一阶单整，说明序列之间可能存在一定的协整关系。

考虑到稳健性检验，本节采用 Kao 检验、Pedroni 检验（Pedroni，1999、2004）和 Westerlund 检验（Westerlund，2005）三种检验方法对 $\ln y$、$\ln l$、$\ln k$、$\ln h$、$\ln (g+n+\delta)$；$\ln y$、$\ln z$、$\ln k$、$\ln h$、$\ln (g+n+\delta)$；$\ln y$、$\ln z$ 共三组变量分别进行协整检验。其中，Kao 检验和 Westerlund 检验采用的是同质检验，而 Pedroni

检验采用的是异质检验。零假设是"不存在协整关系"，若拒绝则说明所有个体存在协整关系。

根据表4-3可知，三组变量均通过协整检验，除了组合（2）的 Phillips-Perron t 统计量通过了10%的显著水平，其余所有变量均通过了5%的显著水平。拒绝零假设，说明三组变量间均存在长期稳定的关系。

表4-3 协整检验结果

协整检验方法	统计量	（1）	（2）	（3）
Kao 检验	Augmented Dickey-Fulle t	−1.794** (0.036)	−1.846** (0.032)	2.107** (0.017)
Pedroni 检验	Modified Phillips-Perron t	5.440*** (0.000)	5.452*** (0.000)	4.991*** (0.000)
	Phillips-Perron t	1.645** (0.049)	1.445* (0.074)	4.879*** (0.000)
	Augmented Dickey-Fuller t	2.009** (0.022)	2.156** (0.015)	5.954*** (0.000)
Westerlund 检验	Variance Ratio	7.428*** (0.000)	7.226*** (0.000)	4.835*** (0.000)

注：括号中的数值为 p 值，*、**、*** 分别表示在10%、5%、1%的显著水平。第（1）列表示对变量组合 $\ln y$、$\ln l$、$\ln k$、$\ln h$ 和 $\ln(g+n+\delta)$ 进行面板协整检验，第（2）列表示对变量组合 $\ln y$、$\ln z$、$\ln k$、$\ln h$ 和 $\ln(g+n+\delta)$ 进行面板协整检验，第（3）列表示对变量组合 $\ln y$ 和 $\ln z$ 进行面板协整检验。

4.4.6 模型估计及解释

4.4.6.1 静态面板模型估计

本书使用的是大 N 小 T 的数据，采用式（4-1）静态面板模型估计，静态面板模型主要包含混合效应模型、随机效应模型和固定效用模型。

本章采用多数文献较为常用的检验结果作为模型选择的依据，采用面板设定的 F 检验、Breusch-Pagan LM 检验和 Hausman 检验对模型进行选择。首先，面板设定 F 检验的结果拒绝个体效应不显著的零假设，因此固定效应模型比混合效应模型更加适合作为模型设定形式。其次，Breusch-Pagan LM 检验的结果表明，随机效应模型比混合效应模型更适合作为模型设定形式。最后，由 Hausman 检验的结果表明，应该选择固定效应模型。综合以上检验结果，最终模型设定应为固定效应模型。

由表4-4模型（2）可知，劳动力对人均产出具有正向影响，但是并不显著。实物资本存量、人力资本存量对人均产出产生积极影响，并通过了1%的显著性水平检验。技术进步率、折旧率以及人口自然增长率之和对人均产出产生积极影响，但是并不显著。

模型（6）的回归结果显示，在5%的显著性水平下，人口老龄化程度对人均产出产生负面影响。在1%的显著性水平下，实物资本存量、人力资本存量对人均产出产生积极影响。技术进步率、折旧率以及人口自然增长率之和对人均产出产生积极影响，但是并不显著。

模型（2）和模型（6）的回归结果中，人口老龄化程度、实物资本存量、人力资本存量对经济增长的影响与理论推导模型预期结果相符，且通过显著性检验。但是，技术进步率、折旧率以及人口自然增长率之和对经济增长的影响的相关结论与理论推导模型预期结果并不相符。考虑到静态面板模型的估计结果中重要变量对经济增长的影响与实际情况不一致，因此下一步将选择较为合适的动态面板模型进行估计。

4.4.6.2 动态面板模型估计

基于上述分析，本节考虑静态面板无法很好地解释各变量对经济增长的长期影响。式（4-2）右边包含了被解释变量的滞后一期，其作为解释变量时，可能会出现内生性问题，致使回归结果有偏或非一致。为了降低结果的偏误，本节选择 Arellano 和 Bover（1995）以及 Blundell 和 Bond（1998）提出的系统 GMM 估计方法来对内生问题进行控制。系统 GMM 方法利用了水平变化和差分变化，能够较好克服内生性和弱工具变量的相关问题。表4-4列出了混合效应模型（Pool OLS）、固定效应模型（FE）、随机效应模型（RE）以及系统 GMM 的估计结果。其中，本章的回归分析主要建立在系统 GMM 估计方法上。

表4-4给出了工具变量的有效性检验结果，主要是自回归（AR）检验和 Sargan 检验。其中，自回归（AR）检验主要检验在差分回归和差分—水平回归中残差项 μ_{it} 是否存在序列相关；Sargan 检验主要检查使用的矩条件工具变量是否总体有效。自回归（AR）检验的原假设不存在序列相关；Sargan 检验的原假设是工具变量有效。从结果得出，模型的 Sargan 与 AR（2）检验值概率均在 0.05 以上，表明采用的工具变量是有效的。同时，由表4-4结果可知，在对残差的单位根进行检验后，对应模型的残差序列是平稳的，并且通过了1%的显著性水平检验。

表 4-4 人口老龄化对经济增长的影响回归结果

模型	混合效应模型（1）Pool OLS	固定效应模型（2）FE	随机效应模型（3）RE	系统 GMM（4）	混合效应模型（5）Pool OLS	固定效应模型（6）FE	随机效应模型（7）RE	系统 GMM（8）
L. $\ln pcgdp$				0.830 *** (0.007)				0.829 *** (0.007)
$\ln z$					−1.653 *** (0.101)	−0.083 ** (0.041)	−0.104 ** (0.042)	−0.112 *** (0.004)
$\ln l$	5.985 *** (0.383)	0.204 (0.154)	0.276 * (0.158)	0.452 *** (0.020)				
$\ln k$	0.288 *** (0.012)	0.457 *** (0.006)	0.453 *** (0.007)	0.065 (0.003)	0.295 *** (0.012)	0.456 *** (0.006)	0.452 *** (0.007)	0.066 (0.003)
$\ln h$	0.612 *** (0.121)	0.762 *** (0.087)	0.777 *** (0.088)	0.123 *** (0.013)	0.574 *** (0.120)	0.749 *** (0.086)	0.764 *** (0.087)	0.134 *** (0.013)
$\ln(g+n+\delta)$	0.434 (0.121)	0.087 (0.055)	0.083 (0.056)	−0.069 *** (0.008)	0.446 *** (0.119)	0.089 (0.054)	0.084 (0.055)	−0.086 *** (0.008)
Constant	−19.539 *** (1.691)	3.279 *** (0.630)	2.998 *** (0.649)	−0.699 *** (0.111)	10.738 *** (0.549)	4.444 *** (0.292)	4.532 *** (0.303)	1.580 *** (0.025)
面板设定 F 检验		[0.000]				[0.000]		
Breusch-Pagan LM 检验			[0.000]				[0.000]	
Hausman 检验		[0.000]				[0.000]		
Abond test for AR（1）				[0.022]				[0.025]
Abond test for AR（2）				[0.254]				[0.253]
Sargan test				[1.000]				[1.000]
残差的单位根检验				−2.854 *** [0.002]				−3.009 *** [0.001]
N	651	651	651	620	651	651	651	620
R^2	0.797	0.980			0.802	0.980		

注：（）内数值为标准误差；[]内数值表示相应统计量的 p 值；*、**、***分别表示在 10%、5%、1%的显著水平；折旧率和技术进步率各取 10%和 5%，残差的单位根检验采用 IPS 检验方法，检验形式均包含常数项、趋势项和滞后项。

对回归结果的分析：表4-4中模型（4）、模型（8）分别是对劳动力、人口老龄化程度进行系统GMM的估计结果，模型（4）、模型（8）的回归结果表明，上一期的人均产出对当期的人均产出产生积极影响，通过了1%的显著性水平检验。说明静态面板模型的回归结果没有考虑到上一期的人均产出对现期的影响程度，导致估计的结果出现偏差。可见，中国经济增长是一个动态演变的过程，是通过不断积累而逐渐发展起来的。因此，上一期的人均产出明显对现期的人均产出具有积极推动作用。当期实物资本存量对当期人均产出产生积极影响，并且通过了1%的显著性水平。符合理论模型推导的结果，说明实物资本的积累有助于促进地区的经济增长。当期人力资本存量对当期人均产出产生积极影响，并且通过了1%的显著性水平。中国人力资本存量积累已经对经济增长产生积极影响，也验证了理论推导的结果。与此同时，40多年来，中国实物资本对经济增长的边际效应越来越弱，随着人力资本存量的积累，人力资本存量对经济的贡献要大于实物资本存量，表明近年来中国实施"科教兴国"以及"创新驱动"战略取得了一定效果。当期技术进步率、折旧率以及人口自然增长率之和对当期人均产出产生负面影响，通过了1%的显著性水平检验。同时，当折旧率和技术进步率一定时，人口自然增长率的提高对人均产出产生负面影响，与理论推导的预期结果相同。模型（4）中，在1%的显著性水平下，当期劳动力对当期的人均产出产生积极影响；劳动人口变量对经济增长的影响与推导出的理论模型预期结果相同。中国改革开放40多年的时间，经济保持快速稳定的增长，离不开源源不断的劳动力供给。许多研究学者也有类似的观点（蔡昉，2004）。模型（8）中，在1%的显著性水平下，当期人口老龄化程度对当期人均产出产生负面影响。人口老龄化程度变量对经济增长的影响与理论推导模型预期结果相符。随着中国劳动力人口数量的下降，未来劳动力因素对于经济增长的积极促进作用将会慢慢减弱。虽然中国已经放宽生育政策，但是短时间难以促使劳动人口的迅速增加，还有可能会增加劳动人口的家庭经济压力。随着低出生率与低死亡率的现状继续发展，劳动力人口的逐渐减少，人口老龄化程度将会越来越严重。

综合上述检验分析，本章将表4-4系统GMM的回归结果作为基准回归。

4.4.7 区域差异估计

根据中国人口老龄化区域发展不平衡的现状特点，本节针对中国东部、中部和西部三个区域分别进行实证研究，观察区域实证检验的结论与理论模型的结论是否存在相同点。

表 4-5 中模型（9）和模型（10）分别代表东部地区对劳动力（l）、人口老龄化程度（z）进行系统 GMM 的估计结果；模型（11）和模型（12）分别代表中部地区对劳动力（l）、人口老龄化程度（z）进行系统 GMM 的估计结果；模型（13）和模型（14）分别代表西部地区对劳动力（l）、人口老龄化程度（z）进行系统 GMM 的估计结果。

表 4-5　各区域人口老龄化对经济增长的影响回归结果

模型	系统 GMM（9）	系统 GMM（10）	系统 GMM（11）	系统 GMM（12）	系统 GMM（13）	系统 GMM（14）
L. ln$pcgdp$	0.806***	0.804***	0.900***	0.895***	0.869***	0.899***
	(0.049)	(0.048)	(0.063)	(0.066)	(0.060)	(0.074)
ln$z$		−0.072***		−0.172***		−0.103**
		(0.023)		(0.060)		(0.041)
ln$l$	0.311***		0.644***		0.298**	
	(0.092)		(0.214)		(0.138)	
ln$k$	0.069***	0.071***	0.060**	0.062**	0.047*	0.033
	(0.020)	(0.019)	(0.028)	(0.030)	(0.024)	(0.034)
ln$h$	0.280***	0.285***	−0.035	−0.034	0.069	0.022
	(0.096)	(0.096)	(0.045)	(0.046)	(0.091)	(0.074)
ln（$g+n+\delta$）	0.074	0.063	−0.030	−0.044	−0.196	−0.133
	(0.081)	(0.081)	(0.105)	(0.105)	(0.167)	(0.093)
Constant	−0.665	0.896***	−1.918	1.389***	0.214	1.525***
	(0.416)	(0.160)	(1.415)	(0.468)	(1.069)	(0.525)
Abond test for AR（1）	0.964	0.932	0.511	0.546	0.096	0.118
Abond test for AR（2）	0.183	0.214	0.577	0.610	0.856	0.654
Sargan test	1.000	1.000	1.000	1.000	1.000	1.000
残差的单位根检验	−2.581***	−2.268**	−3.936***	−3.062***	−3.429***	−3.015***
	[0.004]	[0.011]	[0.000]	[0.001]	[0.000]	[0.001]
N	220	220	200	200	200	200

注：（）内数值为标准误差；［］内数值表示相应统计量的 p 值；*、**、*** 分别表示在 10%、5%、1% 的显著水平；折旧率和技术进步率各取 10% 和 5%，残差的单位根检验采用 IPS 检验方法，检验形式均包含常数项、趋势项和滞后项。

表 4-5 的实证结果中，中部和西部地区上一期的人均产出对当期人均产出的

影响要大于东部地区；东部地区对于实物资本存量的依赖程度要高于其他两个地区；东部地区人力资本存量对地区经济增长的推动作用要大于其他两个地区，东部地区的人力资本存量持续积累，在一定程度上能够缓解东部地区老龄化对地区经济增长产生的负面冲击，这也在表4-5中得到实证检验的支持。同时，东部地区人力资本存量对经济增长的贡献要大于实物资本存量，表明近年来中国实施"科教兴国"以及"创新驱动"战略取得了一定效果，东部地区逐步转变地区经济发展方式，经济增长从依靠劳动力数量逐步转移到依靠劳动力质量上来。而中部和西部地区的人力资本存量优势并不明显，在回归结果上也不显著，说明中部和西部地区促进经济发展方式转变的政策有待继续推进和强化。其中，模型（9）、模型（11）、模型（13）分别对东部、中部、西部地区的劳动力（l）进行系统 GMM 的估计。估计结果表明，中部地区的劳动力对地区经济增长的贡献程度大于其他两个地区。"一带一路"、京津冀协同发展和长江经济带三大战略的实施完善了现代产业体系，实现资本和劳动的良好匹配，进而促进产业转移和劳动力配置（安锦、薛继亮，2015）。中部地区属于承接产业转移区域，对于劳动力的需求较大，不断增加的就业机会使劳动力因素对当地的经济增长做出了重要的贡献。模型（10）、模型（12）、模型（14）分别对东部、中部、西部地区的人口老龄化程度（z）进行系统 GMM 的估计。估计结果表明，中部地区人口老龄化对经济增长产生的负面冲击大于其他两个地区。中部地区某些省份一直以来都是劳动力输出大省，长期的劳动力输出加剧了当地的人口老龄化。由于中部地区的经济增长受人口结构的影响比较大，人口因素对于中部地区的经济增长存在着两面性。一方面，丰富的劳动人口要素有助于该区域的经济增长；另一方面，随着第一次人口红利损耗殆尽，加上劳动力的外迁，人口老龄化的负面影响将越发凸显，将会阻碍地区经济增长。

4.4.8 稳健性检验

为了得到更加可靠的回归结果，本节对上述估计进行了稳健性检验。中国现阶段测算的资本折旧率处于 5%~17%，并没有统一的选取标准。表4-4 和表4-5选取了 10% 作为资本折旧率，这种选择可能与实际结果存在偏差，为了增加模型参数估计的可靠性，现将资本折旧率分别取 5% 和 15% 两种情况，来做进一步的研究。在前面的分析中，比较了混合效应模型（Pool OLS）、固定效应模型（FE）、随机效应模型（RE）以及系统 GMM 的估计结果后，将回归分析主要建立在系统 GMM 估计方法上。因此，本节稳健性检验采用系统 GMM 估计方法，

表 4-6 和表 4-7 中资本折旧率分别选取 5% 和 15%，其他变量与基准回归相同。同时，回归结果分别给出 AR（2）和 Sargan 的检验值，结果表明工具变量是有效的。

表 4-6 中，模型（15）和模型（16）代表资本折旧率取 5% 时，利用中国整体数据的回归结果。模型（17）和模型（18）代表资本折旧率取 5% 时，利用东部地区数据的回归结果。模型（19）和模型（20）代表资本折旧率取 5% 时，利用中部地区数据的回归结果。模型（21）和模型（22）代表资本折旧率取 5% 时，利用西部地区数据的回归结果。与表 4-5 相比，技术进步率、折旧率以及人口自然增长率之和对人均产出产生负面影响逐渐减少，说明资本折旧率的降低有利于推动经济增长。其他变量的回归结果与表 4-5 中对应变量的回归结果相比，基本保持不变。

表 4-6　资本折旧率为 5% 情况下的稳健性检验

模型	系统 GMM (15)	系统 GMM (16)	系统 GMM (17)	系统 GMM (18)	系统 GMM (19)	系统 GMM (20)	系统 GMM (21)	系统 GMM (22)
L. $\ln pcgdp$	0.827*** (0.009)	0.826*** (0.009)	0.809*** (0.048)	0.807*** (0.047)	0.900*** (0.063)	0.894*** (0.066)	0.868*** (0.061)	0.899*** (0.074)
$\ln z$		−0.112*** (0.006)		−0.071*** (0.022)		−0.173*** (0.060)		−0.102** (0.041)
$\ln l$	0.454*** (0.027)		0.306*** (0.089)		0.650*** (0.214)		0.295** (0.140)	
$\ln k$	0.067*** (0.004)	0.068*** (0.004)	0.068*** (0.020)	0.070*** (0.020)	0.060** (0.028)	0.062** (0.031)	0.047* (0.025)	0.034 (0.034)
$\ln h$	0.128*** (0.015)	0.138*** (0.015)	0.279*** (0.096)	0.283*** (0.096)	−0.034 (0.046)	−0.032 (0.046)	0.071 (0.092)	0.024 (0.074)
$\ln (g+n+\delta)$	−0.047*** (0.006)	−0.060*** (0.006)	0.053 (0.057)	0.045 (0.057)	−0.019 (0.079)	−0.028 (0.079)	−0.152 (0.130)	−0.104 (0.073)
Constant	−0.774*** (0.140)	1.497*** (0.021)	−0.569 (0.352)	0.944*** (0.190)	−1.983 (1.325)	1.338*** (0.390)	0.054 (0.970)	1.407*** (0.448)
Abond test for AR（1）	0.024	0.027	0.985	0.950	0.501	0.539	0.096	0.116
Abond test for AR（2）	0.269	0.266	0.175	0.207	0.582	0.618	0.881	0.679

续表

模型	系统 GMM（15）	系统 GMM（16）	系统 GMM（17）	系统 GMM（18）	系统 GMM（19）	系统 GMM（20）	系统 GMM（21）	系统 GMM（22）
Sargan 检验	1.000	1.000	1.000	1.000	1.000	1.000	1.000	1.000
残差的单位根检验	−2.984*** [0.001]	−3.010** [0.001]	−2.612*** [0.004]	−2.275** [0.011]	−3.974*** [0.000]	−3.083*** [0.001]	−3.469*** [0.003]	−3.061*** [0.001]
N	620	620	220	220	200	200	200	200

注：（）内数值为标准误差；［］内数值表示相应统计量的 p 值；*、**、***分别表示在10%、5%、1%的显著水平；折旧率和技术进步率各取5%和5%，残差的单位根检验采用 IPS 检验方法，检验形式均包含常数项、趋势项和滞后项。

表4-7中，模型（23）和模型（24）代表资本折旧率取15%时，利用中国整体数据的回归结果。模型（25）和模型（26）代表资本折旧率取15%时，利用东部地区数据的回归结果。模型（27）和模型（28）代表资本折旧率取15%时，利用中部地区数据的回归结果。模型（29）和模型（30）代表资本折旧率取15%时，利用西部地区数据的回归结果。与表4-5相比，技术进步率、折旧率以及人口自然增长率之和对人均产出产生负面影响逐渐增加，说明资本折旧率的提高意味着实物资本积累速度将会减缓，对经济增长显然是不利的。其他变量的回归结果与表4-5中对应变量的回归结果相比，基本维持不变。

表4-7　资本折旧率为15%情况下的稳健性检验

模型	系统 GMM（23）	系统 GMM（24）	系统 GMM（25）	系统 GMM（26）	系统 GMM（27）	系统 GMM（28）	系统 GMM（29）	系统 GMM（30）
L. $\ln pcgdp$	0.830*** (0.008)	0.830*** (0.007)	0.804*** (0.050)	0.803*** (0.048)	0.901*** (0.063)	0.895*** (0.066)	0.870*** (0.059)	0.900*** (0.074)
$\ln z$		−0.111*** (0.004)		−0.072*** (0.023)		−0.171*** (0.060)		−0.103** (0.041)
$\ln l$	0.449*** (0.020)		0.314*** (0.094)		0.641*** (0.213)		0.300** (0.138)	
$\ln k$	0.065*** (0.004)	0.065*** (0.003)	0.070*** (0.020)	0.071*** (0.019)	0.060** (0.028)	0.062** (0.030)	0.046* (0.024)	0.033 (0.034)
$\ln h$	0.125*** (0.016)	0.133*** (0.013)	0.282*** (0.096)	0.286*** (0.096)	−0.036 (0.045)	−0.034 (0.046)	0.068 (0.090)	0.021 (0.074)

续表

模型	系统 GMM (23)	系统 GMM (24)	系统 GMM (25)	系统 GMM (26)	系统 GMM (27)	系统 GMM (28)	系统 GMM (29)	系统 GMM (30)
ln ($g+n+\delta$)	-0.088***	-0.112***	0.096	0.080	-0.041	-0.058	-0.238	-0.162
	(0.020)	(0.011)	(0.105)	(0.105)	(0.131)	(0.131)	(0.203)	(0.113)
Constant	-0.614***	1.677***	-0.745	0.835***	-1.864	1.443**	0.387	1.648***
	(0.139)	(0.033)	(0.494)	(0.167)	(1.513)	(0.560)	(1.187)	(0.606)
Abond test for AR (1)	0.021	0.025	0.954	0.922	0.516	0.550	0.096	0.119
Abond test for AR (2)	0.255	0.248	0.189	0.218	0.576	0.607	0.841	0.640
Sargan 检验	1.000	1.000	1.000	1.000	1.000	1.000	1.000	1.000
残差的单位根检验	-2.931*** [0.001]	-3.010*** [0.001]	-2.524*** [0.005]	-2.263** [0.011]	-3.917*** [0.000]	-3.052*** [0.001]	-3.399*** [0.000]	-2.987*** [0.001]
N	620	620	220	220	200	200	200	200

注：（ ）内数值为标准误差；［ ］内数值表示相应统计量的 p 值；*、**、***分别表示在 10%、5%、1%的显著水平；折旧率和技术进步率各取 15%和 5%，残差的单位根检验采用 IPS 检验方法，检验形式均包含常数项、趋势项和滞后项。

根据表 4-6 和表 4-7 可知，当资本折旧率分别取 5%和 15%之后，系统 GMM 估计结果与前文基本一致，即劳动力、实物资本存量、人力资本存量对人均产出产生积极影响，人口老龄化程度与技术进步率、折旧率以及人口自然增长率之和对人均产出产生负面影响。因此，本章利用系统 GMM 方法估计的结果是稳健的。

4.5　本章小结与建议

基于中国人口老龄化现状、理论模型的分析，结合前面的实证研究结果，本节提出关于中国经济长期稳定增长的相关建议。

本章利用了省级层面统计数据，探讨了中国人口老龄化对于经济增长的影响，得出以下主要结论：

一是随着社会文明的发展和经济水平的提高，中国人口老龄化逐步加深。实证检验表明人口老龄化对于中国经济增长具有一定的负面冲击。与世界其他国家相比，中国人口老龄化将进一步加速发展，人口老龄化所引起的社会与经济矛盾将更加突出。未来中国人口老龄化加速发展的趋向短时间内难以改变，应提前做好相关准备应对人口老龄化。

二是充分发掘第二次人口红利，完善养老保障制度，充分释放老年人口的相对优势，延伸老年就业市场；适度延缓退休年龄，部分扩大劳动力供给，减轻社会养老负担。同时，健全现阶段的教育培训体系，提高和改善社会人力资本，特别应提高中西部的人力资本存量和改善农村地区的劳动力素质，为地区产业转移和升级提供必要的人才储备。制定相应的人口迁移政策，降低劳动力人口流动成本，延缓地区人口老龄化发展的进程，推动区域经济全面发展。

面对人口老龄化的严峻形势，应寻找推动经济发展的新动力，抓住第二次人口红利的机遇，在发展过程中解决人口老龄化问题。

4.5.1　发掘第二次人口红利

一是完善养老保障制度。针对中国老年人而言，现阶段主要依靠家庭或者个人的养老模式，若建立起一个统账结合的混合养老保障制度，可以利用劳动者的养老期望来增加储蓄动机以及资本市场的增值来保持高储蓄率，充足社会资本，从而引导进入经济增长领域，提供资金支持。与此同时，建立起完善的养老保障制度，老年人口优势可以得到充分的发挥，延伸老年就业市场，将有利于中国经济的增长。

二是适度延缓退休年龄。考虑到劳动力人口对经济增长产生积极影响，延缓退休年龄可以扩大劳动力供给，不仅有利于缓解社会养老负担，还能有效发挥老年人口的人力资本优势，将老年人口丰富的劳动经验和知识积累再次投入到生产领域，更好地推动经济发展。

4.5.2　增加社会人力资本存量

一是完善现阶段的教育培训体系。随着中国人口老龄化程度不断加深和经济增长方式的转变，中国在劳动力数量上的优势应逐步向提高劳动力质量上转变，增加和提升劳动力数量与质量是经济长期增长的保障。鉴于人力资本对经济增长存在正向的推动作用，切实提高社会人力资本存量，引导年轻人增加对自身人力资本的投资，这有利于提升中国人力资本的质量。因此，应该建立适合各个年龄段的教育培训体系，大力发展职业教育和终身教育，努力培育创新人才，增加社会的人力资本存量。

　　二是提高中西部地区的人才储备。现阶段，区域产业转型的方向取决于其所具备的要素禀赋的差异。具体来说，中国东部地区将进入制造业升级和现代服务业发展阶段，制造业产业向中部六省和西三角转移，西部资源带将成为中国的资源"大后方"。因此，在人口老龄化加速发展的背景下，面对着制造业的新发展以及承接的产业转移，中部和西部地区应提高劳动者的素质和技能，使之适应产业结构调整的要求，为地区产业转移和升级提供必要的人才储备，推动地区经济长期稳定增长。

　　三是提高农村地区的教育水平。随着产业结构的优化发展，社会经济发展需要更多较高素质的劳动力。而现阶段，农村地区劳动力存在平均受教育程度相对较低和劳动技能不熟练等问题。因此，如何解决好农村地区劳动力职业发展的相关问题以及切实提高人口素质，将对于新农村建设产生重大影响。人口老龄化加速发展直接导致了劳动力的供给相对减少，特别是在中国城乡二元结构的情况下，农村劳动力的减少更加凸显。与城镇地区相比，农村地区劳动力的人口素质以及劳动技能熟练度相对较低，提高农村地区劳动力人口的受教育程度以及劳动技能水平，建立终身的学习培训机制，将有利于农村劳动力的流动、农村产业转型以及新农村建设，从而在发展中克服农村老龄化的突出问题，有利于农村地区经济增长。

4.5.3　制定相应的人口迁移政策

　　人口老龄化区域发展不平衡现象已经显现，劳动力人口在地区分布不均衡，一方面与地区人口基数和出生率有关，另一方面与人口迁移有关。其中，劳动力的迁移将会很大程度影响到地区人口老龄化和经济的发展。目前，随着区域经济差距逐渐缩小，中国区域人口的迁移规模也将逐渐减小。

　　如何因地制宜地确定城市发展战略，选择相应的人口落户政策，对区域老龄化和经济产生重要影响。应制定较为完善的户籍政策和社会保障制度，降低人口流动的成本。同时，对于劳动力人口外迁规模较大的省份，应鼓励外出劳动力返城就业，提供相应的劳动技能培训。通过优惠的落户政策来吸引周边劳动力，为产业经济发展提供劳动力保障，促进地区经济增长。

第 5 章

中国人口老龄化对劳动力市场的影响研究

5.1 引言

  20 世纪以前，世界各国的人口年龄分布都比较平稳，在很长一段时间内，各国的人口结构都比较稳定。但是，在过去的数十年里，世界上几乎所有的发达国家都在经历着人口老龄化。第七次全国人口普查数据显示，中国 60 岁及以上人口为 2.6 亿，占比达到 18.7%，其中，65 岁及以上人口为 1.9 亿，占 13.5%。"十四五"期间，中国将从轻度老龄化迈入中度老龄化。人口老龄化对中国经济社会发展产生了广泛影响，其中，老龄化进程加快将对中国劳动力市场产生深远影响。根据联合国标准（60 岁及以上人口达到 10%，65 岁及以上人口占比达到 7%），中国已进入老龄社会，中国人口结构将面临老年人口规模快速攀升、高龄化程度不断提高、劳动年龄人口规模快速下行、中年成熟劳动力人口比例不断提高等发展态势。老龄化社会必然会产生较高的社会保障压力，这会对中国劳动力市场产生影响。首先，社会保障与企业劳动力需求产生矛盾。其次，社会保障压力衍生出延迟退休年龄政策。

  综上所述，本章重点讨论人口老龄化对中国劳动力市场产生的影响，并提出相应的对策，希望能够在人口老龄化背景下，解决有效供给不足、劳动力培育质量低下以及劳动力成本上升的问题。

5.2　文献综述

根据社会发展规律，不断提高的人口年龄结构不仅会使劳动人口的社会扶养率提高，还会使劳动人口的经济增长率降低，从而使劳动人口的有效供给下降。对此，国内外许多学者进行了大量的经验研究。Ransom 和 Sutch（1988）的研究表明，自 1887 年以来，美国的劳动参与程度出现了显著的降低，并呈现以退休人口增加为主要特点的劳动力短缺现象。Aarnoson 等（2006）的研究显示，人口老龄化对总体劳动参与度产生了显著的下降压力。Denton 和 Spencer（1973）在构建了一个经济—人口模型的基础上，仿真分析了加拿大人口老龄化对经济生产力以及劳动力参与程度的影响，结果表明，即使增加了 65 岁及以上老人的劳动力参与程度，其 GDP 增长速度也将难以得到进一步的提升。王欢和黄健元（2015）从个体生活的角度，对各个年龄阶段的劳动参与情况进行了细致的分析，结果表明，25 岁以前的劳动参与率是比较低的，25~44 岁，由于个体的体力、劳动能力的提高，他们的劳动参与率逐渐上升，而 45 岁之后，由于个体的体力、劳动能力的降低，他们很难满足社会的发展需要，所以他们的劳动参与率也就随之逐渐降低。周祝平和刘海斌（2016）对中国、巴西、法国、印度、日本、美国等国家的劳动参与率进行了对比分析，结果表明，中国老年人的劳动参与率显著低于发达国家。张鹏飞（2019）对中国劳动力供给趋势进行了测算，结果表明，在人口老龄化和其他因素影响下，中国未来的劳动力供应将会出现下滑，即使是"全面二孩"，其效果也将非常有限。人口的老龄化会对人才的素质造成负面影响。Pampel 和 Weiss（1983）的研究表明，在人口老龄化的情况下，年轻劳动者相对于年长劳动者更具竞争优势，而年长劳动者在到达退休年龄后就会被迫离开"劳动大军"。Rubinfeld（1977）认为，随着人口老龄化程度的加深，在投票决策人之中老龄人口的比例也在增加，这就导致了很多物质转移到与老年人相关的项目上，从而导致了政府财政对公共教育的支出减少。邹至庄（2005）指出，随着中国人口老龄化进程的加快，国家与家庭的养老压力将进一步增加，进而挤占了国家与家庭在自己与子孙后代上的教育投资，限制了人力资本的形成。郭熙保等（2013）认为，不断增长的人口老龄化将减缓劳动生产率的增长，从而使人们的创新积极性减弱，影响到科学技术的发展。Troha 和 Čepar（2015）指出，随着年龄增长，劳动力的生产力、灵活性下降，其人力资本质量（受教育程度、生产力等）与年青一代相比，仍然较低。人口老龄化将严重影响中国的经济发展与社会发展。Futagami 和 Nakajima（2001）以及杨道兵和陆杰华（2006）都指出，在 45 岁及以上人口比例不断增加的情况下，劳动人口的年龄结构将会严重影响生产力的提升，进而影响经济与社会的发展。Bloom 等（2010）在对 OECD 国家有关数据的计算中发现，人口老龄化的确造成了经济增长率的降低，但是这种降低是适度的，而不是灾难性的。姚东旻等（2015）认为，在个体、企业、地区、国家等多个层次上，人口老龄化对企业创新能力的影响呈"倒 U"形，人口老龄化对企业的创新能力产生不利影响。刘家强（2015）提出，人口老龄化会导致劳动力供给不足，劳动生产率下降，储蓄率下降，公共财政负担加重，从而制约经济增长，导致经济增长动力下降。汪伟（2016）的研究表明，当前中国的人口老龄化对家庭储蓄、人力资本投资和经济发展都造成了不利影响。卓乘风和邓峰（2018）使用中国省际面板数据进行实证研究，结果表明：人口老龄化对产业结构的提升有一定的抑制作用。

整体而言，人口老龄化会造成人口生产机能下降，进而影响劳务市场上的供需关系，不利于提高人才素质，也会影响经济和社会的发展。人口构成中"青年"的特征，能够为经济和社会的发展提供足够的劳动力，而"年迈"的特征，则会造成劳动力供需不平衡；与此同时，高龄职工更易受到市场歧视，从而导致了"隐性失业"，高龄职工的劳动参与率降低。在此基础上，结合中国劳动力市场的发展特征和劳动力供给的变动趋势，下面对其所带来的冲击进行分析。

5.3 人口老龄化对劳动力市场影响的实证分析

5.3.1 数据来源与变量选取

本节使用 2017 年中国综合社会调查（Chinese General Social Survey，CGSS）数据库的数据，该数据库收集有关家庭与个人的详细追踪数据，是中国最早的全国性、综合性、连续性学术调查项目。该数据库系统全面地收集了社会、社区、家庭、个人多个层次的数据，本节从中获取了居民的劳动参与率、年龄等方面的信息，经数据处理后剩余样本 12417 个。

本节的核心被解释变量是劳动参与率。劳动参与率是经济活动人口占劳动年龄人口的比率，人口的劳动参与率是衡量其就业状态的重要指标。CGSS 数据库中有问题"您上一周是否为了取得收入而从事了 1 小时以上的劳动（包括参军）？"设置回答有"未从事任何以获得经济收入为目的的工作""是""带薪休假，学习、临时停工或季节性歇业等""停薪休假，学习、临时停工或季节性歇业等"几种，本节借鉴已有研究的做法，将选择第一种回答的人群设置为未就业人群（即没有劳动参与），并赋值为"0"，将其余样本赋值为"1"。

本节还选取了社会保障作为被解释变量。人口老龄化对社会保障同样有一定的影响，社会保障负担的加大会引起社会保险缴费与企业劳动力需求的冲突，并且会影响到社会保险改革和劳动力供给。社会保障具有较为宽泛的内涵，各国社会保障的具体项目有所差异，推出的动机和时机亦各不相同，但随着社会进步和经济发展，其内容和功能趋于一致。作为社会保障制度的核心组成部分，社会保险是政府主办的项目，应对社会成员在养老、医疗、失业、工伤和生育等过程中遭遇的收入风险，本节将"（城市/农村基本养老保险）您目前是否参加了以下社会保障项目？"和"（城市/农村基本医疗保险）您目前是否参加了以下社会保障项目？"的回答设置为是否参加基本养老保险和基本医疗保险的虚拟变量。

本节的核心解释变量是年龄，CGSS 数据库中有每个样本的出生年龄，由此计算得出每个样本的实际年龄。根据已有文献的经验结论，年龄对劳动力市场的影响有可能是非线性的，因此本节同时将年龄的平方加入实证模型。

本节选取健康状况、受教育程度、收入、主观幸福感、政治面貌和民族作为控制变量。

CGSS 数据库中有"您个人去年（2016 年）全年总收入？"这一问题，将回答进行对数处理后作为收入的衡量指标。将"您觉得您目前的身体健康状况是？"的回答，"很不健康""比较不健康""一般""比较健康""很健康"依次赋值为"1"至"5"得到健康状况变量（值越大越健康）。将"您目前的最高教育程度是？"的回答"没有受过任何教育""私塾、扫盲班""小学""初中""职业高中""普通高中""中专""技校""大学专科（成人高等教育）""大学专科（正规高等教育）""大学本科（成人高等教育）""大学本科（正规高等教育）""研究生及以上"重新分类并依次赋值为"1"至"6"得到受教育程度变量（值越高受教育程度越高）。将"请给您目前的幸福感评分（最高 10 分，最低 0 分）"的回答重新分类并赋值，得到主观幸福感变量，赋值为"1"至"5"（值越高越幸福）。为避免方差太大而影响到估计的准确性，本节对收入做取对数处理。具体样本的描述性统计如表5-1所示。

表5-1 样本的描述性统计

变量	样本量	均值	标准差	最小值	最大值
劳动参与率	12417	0.527	0.499	0	1
基本养老保险	12417	0.713	0.452	0	1
基本医疗保险	12417	0.918	0.274	0	1
年龄	12417	51.226	16.768	18	103
健康自评	12417	3.457	1.105	1	5
受教育程度	12417	3.102	1.323	1	6
收入对数	10527	10.323	1.978	4.382	16.118
主观幸福感	11863	1.893	1.343	1	5
政治面貌	12417	1.465	2.895	1	4
民族	12417	1.358	1.383	1	8

5.3.2 模型设定

本节选取最小二乘法作为实证回归的基准模型，模型设定如下：

$$Labor = a_0 + a_1 X + a_2 control + prov + \mu \tag{5-1}$$

$$BEI = a_0 + a_1 X + a_2 control + prov + \mu \tag{5-2}$$

$$BMI = a_0 + a_1 X + a_2 control + prov + \mu \tag{5-3}$$

其中，$Labor$ 为劳动参与率，BEI 为基本养老保险，BMI 为基本医疗保险，a_0、a_1、a_2 为对应系数，X 为年龄，$control$ 为控制变量，$prov$ 为省份虚拟变量，μ 为误差项。

最小二乘法是实证研究中最常见也是最基本的计量分析方法。利用最小二乘法可以简便地求得未知的数据，并使这些计算所得的估计量与实际数据之间残差平方和最小，从而得到最优的系数估计值。本节使用 Stata 数据分析软件，运用最小二乘法进行人口老龄化对劳动参与率的影响研究。

5.3.3 基准回归

表5-2为年龄对劳动参与率以及社会保障影响的实证结果。模型（1）是没有添加任何其他控制变量，仅使用年龄和年龄的二次项对劳动参与率进行回归的结

果，"年龄"的系数为 0.00966，且在 1% 水平上显著，"年龄²"的系数为-0.000129，且在 1% 水平上显著；模型（2）是在模型（1）的基础上增加控制变量的回归结果，"年龄"的系数为 0.00935，且在 1% 水平上显著，"年龄²"的系数为-0.000122，且在 1% 水平上显著。模型（3）是没有添加任何其他控制变量，仅使用年龄和年龄的二次项对基本养老保险参与率进行回归的结果，"年龄"的系数为 0.0312，且在 1% 水平上显著，"年龄²"的系数为-0.000277，且在 1% 水平上显著；模型（4）是在模型（3）的基础上增加控制变量的回归结果，"年龄"的系数为 0.0315，且在 1% 水平上显著，"年龄²"的系数为-0.000248，且在 1% 水平上显著。模型（5）是没有添加任何其他控制变量，仅使用年龄和年龄的二次项对基本医疗保险参与率进行回归的结果，"年龄"的系数为 0.00937，且在 1% 水平上显著，"年龄²"的系数为-0.0000862，且在 1% 水平上显著；模型（6）是在模型（5）的基础上增加控制变量的回归结果，"年龄"的系数为 0.0103，且在 1% 水平上显著，"年龄²"的系数为-0.0000855，且在 1% 水平上显著。年龄对劳动参与呈现"倒 U"形关系，本节为计算极值点，对样本处理之后进行了重新估计，得到极值点为 33~34 岁。从其他控制变量看，"健康自评"变量在模型（2）中的系数为 0.00625，且在 5% 水平上显著，表明身体状况越好的个体越会增加劳动供给，而人口老龄化必然会导致整体人口的平均身体素质下降，从而降低全体劳动参与率。

表 5-2　基准回归结果

变量	模型（1） 劳动参与率	模型（2） 劳动参与率	模型（3） 基本养老率	模型（4） 基本养老率	模型（5） 基本医疗率	模型（6） 基本医疗率
年龄	0.00966 ***	0.00935 ***	0.0312 ***	0.0315 ***	0.00937 ***	0.0103 ***
	(7.42)	(6.92)	(10.13)	(10.02)	(4.66)	(4.90)
年龄²	-0.000129 ***	-0.000122 ***	-0.000277 ***	-0.000248 ***	-0.0000862 ***	-0.0000855 ***
	(-8.62)	(-7.90)	(-7.87)	(-6.93)	(-3.74)	(-3.57)
健康自评		0.00625 **		-0.00480		0.00129
		(2.00)		(-0.66)		(0.27)
受教育程度		0.00270		0.0997 ***		0.0348 ***
		(1.04)		(16.43)		(8.59)
Log 收入		-0.000891		0.00797 *		0.000384
		(-0.46)		(1.77)		(0.13)

变量	模型（1）劳动参与率	模型（2）劳动参与率	模型（3）基本养老率	模型（4）基本养老率	模型（5）基本医疗率	模型（6）基本医疗率
主观幸福感		0.00104		0.0114**		0.00273
		(0.53)		(2.49)		(0.89)
政治面貌		-0.0000885		-0.000791		-0.00348**
		(-0.09)		(-0.35)		(-2.31)
民族		-0.000718		-0.00921		-0.00941**
		(-0.29)		(-1.58)		(-2.42)
常数项	0.825***	0.797***	0.149**	-0.442***	0.724***	0.533***
	(29.08)	(20.32)	(2.22)	(-4.85)	(16.49)	(8.76)
省份虚拟变量	YES	YES	YES	YES	YES	YES
样本量	4675	4308	4675	4308	4675	4308

注：*、**、***分别代表在10%、5%、1%的显著性水平。

5.3.4 稳健性检验

表5-3是分居住地的回归结果。模型（7）是对城市样本进行回归，没有添加任何其他控制变量，仅使用年龄和年龄的二次项对劳动参与率进行回归的结果，"年龄"的系数为0.0113，且在1%水平上显著，"年龄^2"的系数为-0.000154，且在1%水平上显著；模型（8）是在模型（7）的基础上增加控制变量的回归结果，"年龄"的系数为0.0109，且在1%水平上显著，"年龄^2"的系数为-0.000147，且在1%水平上显著。模型（9）和模型（10）是对农村样本进行回归，"年龄和"年龄^2"的系数均不显著，说明人口老龄化对劳动参与率的影响主要集中在城市。国家统计局公布的数量显示，2020年中国常住人口城镇化率达到63.9%，绝大部分人口居住在城市，从总体上看人口老龄化对劳动力供给的负向影响是稳健的。

表5-3 分居住地回归结果

变量	模型（7）城市	模型（8）城市	模型（9）农村	模型（10）农村
	劳动参与率	劳动参与率	劳动参与率	劳动参与率
年龄	0.0113***	0.0109***	0.00403	0.00381
	(8.17)	(7.65)	(1.09)	(0.97)

续表

变量	模型（7）	模型（8）	模型（9）	模型（10）
	城市		农村	
	劳动参与率	劳动参与率	劳动参与率	劳动参与率
年龄^2	-0.000154***	-0.000147***	-0.0000426	-0.0000370
	(-9.69)	(-9.01)	(-1.04)	(-0.86)
健康自评		0.00444		0.0127
		(1.33)		(1.57)
受教育程度		0.000771		0.00837
		(0.28)		(0.97)
Log 收入		0.000872		-0.00744
		(0.43)		(-1.37)
主观幸福感		0.000780		0.00159
		(0.38)		(0.29)
政治面貌		-0.000244		0.0106
		(-0.26)		(1.15)
民族		-0.00166		-0.000478
		(-0.56)		(-0.08)
常数项	0.806***	0.778***	0.803***	0.813***
	(27.23)	(18.99)	(9.36)	(6.91)
省份虚拟变量	YES	YES	YES	YES
样本量	3823	3525	852	783

注：*、**、***分别代表在10%、5%、1%的显著性水平。

表5-4是分性别的回归结果。模型（11）是对男性样本进行回归，没有添加任何其他控制变量，仅使用年龄和年龄的二次项对劳动参与率进行回归的结果，"年龄"的系数为0.00653，且在1%水平上显著，"年龄^2"的系数为-0.0000909，且在1%水平上显著；模型（12）是在模型（11）的基础上增加控制变量的回归结果，"年龄"的系数为0.00687，且在1%水平上显著，"年龄^2"的系数为-0.0000916，且在1%水平上显著。模型（13）是对女性样本进行回归，没有添加任何其他控制变量，仅使用年龄和年龄的二次项对劳动参与率进行回归的结果，"年龄"的系数为0.0143，且在1%水平上显著，"年龄^2"的系数为-0.000188，且在1%水平上显著；模型（13）是在模型（14）的基础上增加控制变量的回归结果，"年

龄"的系数为0.0136，且在1%水平上显著，"年龄^2"的系数为-0.000178，且在1%水平上显著。从整体上看，回归结果与基准回归结果一致，证明了基准回归的稳健性。

表5-4　分性别回归结果

变量	模型（11）	模型（12）	模型（13）	模型（14）
	男		女	
	劳动参与率	劳动参与率	劳动参与率	劳动参与率
年龄	0.00653***	0.00687***	0.0143***	0.0136***
	(3.93)	(4.01)	(6.87)	(6.22)
年龄^2	-0.0000909***	-0.0000916***	-0.000188***	-0.000178***
	(-4.83)	(-4.74)	(-7.74)	(-6.97)
健康自评		0.00486		0.00905*
		(1.27)		(1.73)
受教育程度		0.00471		-0.000508
		(1.37)		(-0.12)
Log收入		-0.00288		0.000150
		(-1.11)		(0.05)
主观幸福感		0.00243		-0.000562
		(0.98)		(-0.18)
政治面貌		-0.000524		0.000102
		(-0.35)		(0.08)
民族		0.00170		-0.00299
		(0.50)		(-0.80)
常数项	0.882***	0.855***	0.746***	0.723***
	(24.12)	(17.19)	(16.68)	(11.46)
省份虚拟变量	YES	YES	YES	YES
样本量	2599	2410	2076	1898

注：*、**、***分别代表在10%、5%、1%的显著性水平。

表5-5是分受教育程度的回归结果。模型（15）是对受教育程度低样本进行回归，没有添加任何其他控制变量，仅使用年龄和年龄的二次项对劳动参与率进行回归的结果，"年龄"的系数为0.00978，且在1%水平上显著，"年龄^2"的

系数为-0.000126，且在1%水平上显著；模型（16）是在模型（15）的基础上增加控制变量的回归结果，"年龄"的系数为0.00939，且在1%水平上显著，"年龄^2"的系数为-0.000119，且在1%水平上显著。模型（17）是对受教育程度高样本进行回归，没有添加任何其他控制变量，仅使用年龄和年龄的二次项对劳动参与率进行回归的结果，"年龄"的系数为0.0104，且在1%水平上显著，"年龄^2"的系数为-0.000145，且在1%水平上显著；模型（18）是在模型（17）的基础上增加控制变量的回归结果，"年龄"的系数为0.00882，且在1%水平上显著，"年龄^2"的系数为-0.000125，且在1%水平上显著。从整体上看，回归结果与基准回归结果一致，证明了基准回归的稳健性。

表5-5　分受教育程度回归结果

变量	模型（15）	模型（16）	模型（17）	模型（18）
	受教育程度低		受教育程度高	
	劳动参与率	劳动参与率	劳动参与率	劳动参与率
年龄	0.00978 ***	0.00939 ***	0.0104 ***	0.00882 ***
	（5.64）	（5.20）	（5.29）	（4.33）
年龄^2	-0.000126 ***	-0.000119 ***	-0.000145 ***	-0.000125 ***
	（-6.51）	（-5.92）	（-6.12）	（-5.14）
健康自评		0.0109 **		0.00166
		（2.79）		（0.33）
Log 收入		-0.000410		0.00536 *
		（-0.17）		（1.84）
主观幸福感		0.00139		0.00212
		（0.52）		（0.75）
政治面貌		0.000210		-0.00208
		（0.20）		（-0.68）
民族		-0.00150		-0.00474
		（-0.52）		（-1.27）
常数项	0.794 ***	0.760 ***	0.803 ***	0.771 ***
	（21.27）	（15.47）	（20.61）	（14.56）
省份虚拟变量	YES	YES	YES	YES
样本量	2993	2746	1682	1562

注：*、**、*** 分别代表在10%、5%、1%的显著性水平。

5.4 进一步讨论

第一，人口红利逐步消失。5.1 节已经对中国人口老龄化情况有所论述，根据国际上公认的老龄化标准，中国已步入老龄化社会。2003~2022 年，中国的老年抚养比逐步上升，在 2018 年前后达到了 12%左右，是 1990 年的两倍之多（见图 5-1）。一般认为 2004 年中国达到刘易斯拐点，有学者认为中国的人口红利在 2010 年左右结束，中国在较短的时间内完成了人口结构从年轻到老年的转变。

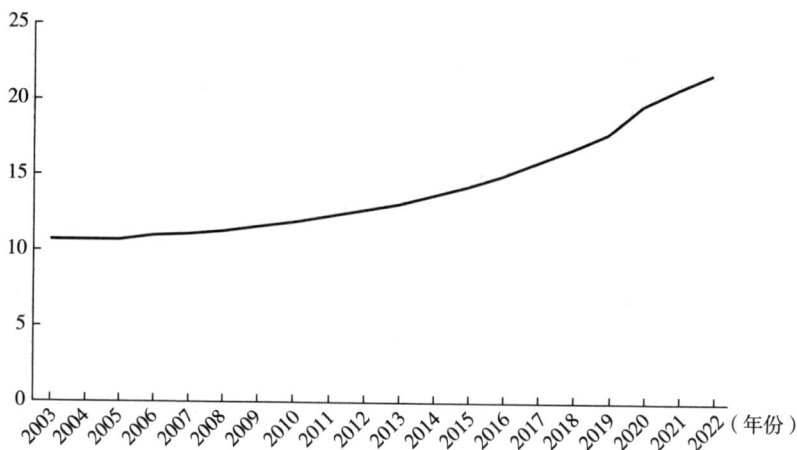

图 5-1　2003~2022 年中国老年抚养比

根据联合国预测，未来 40 年中，中国少儿抚养比基本上在 22~25 窄幅波动，而老年抚养比在 2060 年之前将一直保持上升状态，并在 2028 年左右超过少儿抚养比，成为决定总抚养比变化趋势的主导因素。

通过将中国 0~14 岁、15~64 岁和 65 岁及以上这三个年龄阶段的划分，可以对中国的人口结构进行分析。其一，由于近年来中国人口总和生育率不断下降，0~14 岁人口占比持续走低，未来劳动力供给数量不容乐观，亟须完善现有的生育支持体系，实现人口可持续增长。其二，劳动力供给数量不断下降，15~64 岁劳动年龄人口占比持续减少，中国人口红利逐步丧失。其三，人口老龄化程度不断加剧，65 岁及以上人口占比从 2005 年的 7.7% 上升至 2022 年的 14.9%（见表 5-6）。

表 5-6　2005~2022 年中国人口结构

年份	0~14 岁人口（万人）	占比（%）	15~64 岁人口（万人）	占比（%）	65 岁及以上人口（万人）	占比（%）
2005	26504	20.3	94197	72.0	10055	7.7
2006	25961	19.8	95068	72.3	10419	7.9
2007	25660	19.4	95833	72.5	10636	8.1
2008	25166	19.0	96680	72.7	10956	8.3
2009	24659	18.5	97484	73.0	11307	8.5
2010	22259	16.6	99938	74.5	11894	8.9
2011	22261	16.5	100378	74.4	12277	9.1
2012	22427	16.5	100718	74.1	12777	9.4
2013	22423	16.4	101041	73.9	13262	9.7
2014	22712	16.5	101032	73.4	13902	10.1
2015	22824	16.5	100978	73.0	14524	10.5
2016	23252	16.7	100943	72.5	15037	10.8
2017	23522	16.8	100528	71.8	15961	11.4
2018	23751	16.9	100065	71.2	16724	11.9
2019	23689	16.8	99552	70.6	17767	12.6
2020	25277	17.9	96871	68.6	19064	13.5
2021	24678	17.5	96526	68.3	20056	14.2
2022	23908	16.9	96289	68.2	20978	14.9

资料来源：《中国统计年鉴 2023》。

第二，参加工作的人数不断减少。劳动参与率是指有劳动能力的人与有工作能力的人的比例。一般来说，年龄在 15~24 岁的年轻人的劳动参与率是最低的，年龄在 25~54 岁的中年人的劳动参与率是最高的，年龄在 54 岁及以上的老年人的劳动参与率是最低的。从某些先进经济体系中得出的结论是，人口老龄化可能是劳动力参与率降低的原因之一。随着人口老龄化的不断深入，中国的劳动参与比例从 2005 年的 79.25% 降至 2022 年的 76.18%（见表 5-7）。当前，中国已步入"退休"高峰，劳动力供给模式已出现转型，且劳动力市场仍缺乏弹性，年龄较大、技能较差的劳动者就业不稳定，容易丧失工作岗位，导致出现"隐性失业""低参与度"等问题。

表5-7 2005~2022年人口劳动参与率变动情况

年份	劳动年龄人口（万人）	就业人员数（万人）	劳动参与率（%）
2005	94197	74647	79.25
2006	95068	74978	78.87
2007	95833	75321	78.60
2008	96680	75564	78.16
2009	97484	75828	77.79
2010	99938	76105	76.15
2011	100378	76196	75.91
2012	100718	76254	75.71
2013	101041	76301	75.51
2014	101032	76349	75.57
2015	100978	76320	75.58
2016	100943	76245	75.53
2017	100528	76058	75.66
2018	100065	75782	75.73
2019	99552	75447	75.79
2020	96871	75064	77.49
2021	96526	74652	77.34
2022	96289	73351	76.18

注：劳动参与率的计算公式设定为：劳动参与率=就业人员数/15~64岁人口。

资料来源：国家统计局。

第三，劳动力成本逐年上升。从中国城镇非私营单位就业人员年平均工资增长情况看，其增长水平一直高于中国的GDP增速。国家统计局公布的数据显示，2022年，全国城镇单位就业人员年平均工资114029元，较2021年的106837元增加了7192元，增速达6.7%。其他单位就业人员年平均工资109895元，较2021年的103182增加了6713元，增速达6.5%。而同期国内生产总值指数为103，表明2022年国内生产总值较2021年上升了3%，GDP增速远远低于工资增速。近年来，中国非农经济迅速发展，使非农经济领域的劳动力需求量越来越大，但劳动力的稀缺程度越来越高，从而进一步提高了劳动力的工资水平。与此同时,从中国就业形势看,"同工难""用工贵"等问题日趋严重,且与东部地区相比,中西部地区劳动力成本低廉的优势正在逐步丧失。

第四,人口老龄化在区域间和城乡间的分布是不均衡的。中国的老龄化进程呈现显著的区域差异。回顾2000年,中国东部及其他沿海城市的人口老龄化率达到了11.46%,而上海从1979年开始步入了人口老龄化。同时,大多数西方国家仍然是一个典型的年轻人口构成,他们的老龄人口不到5%。从中国东部、中部、西部三个地区的数据来看,2002~2009年,东部的人口密度明显高于中部、西部两个地区,平均大于13%,其次是中部地区,而西部地区的人口密度最小。2011年以后,各个地区的平均老年抚养比都在迅速增长,中部地区的老龄化程度接近于东部地区,而西部地区的增速却很慢,与东部和中部地区之间仍然有很大的差距①。李秀丽和王良健(2008)通过方差及分解等地区差异性研究,发现中国人口老龄化水平呈现"阶梯式"分布,东部地区为"高",中部地区为"中",西部地区为"低",而且全省整体差距还在拉大,特别是中部、西部地区。同时,由于农民进城打工的人数较多,导致了农村人口的老龄化程度较城镇人口多。钟睿(2019)指出,中国农村人口老龄化已成为一个较大的社会问题,其主要原因是农村劳动力转移到城市和农村"循环更新",并将继续存在。郭远智等(2019)采用了各种定量分析手段,得出了中国在2000~2010这一时期内,中国农村老年人口占总人口的比例较高。主要分布于胡焕庸线的东南面,其空间分布呈现"东北—西南"的特征,且东海岸的乡村人口年龄比西海岸的要大得多。而随着农民工进城率的不断提高,城乡人口老龄化程度的差距将持续到2040年。

5.5 本章小结与建议

中国的人口趋势是老龄化、高龄化和空巢化的加快发展。据联合国预计,到2041年,中国80岁及以上老人的比例将达5.15%,65岁及以上老人的比例将达24.9%,是一个典型的"老龄"与"老龄"并存的社会。

第一,人口老龄化是一个不容忽视的趋势,它将对劳动参与率产生显著的负

---

① 资料来源于《中国统计年鉴2019》。2005年与2015年为1%人口抽样调查样本数据,2010年数据缺失,其他年份为1‰人口变动调查样本数据。

面影响。国家统计局公布的数据显示，中国的人口增长率自 1987 年达到 1.67%后，便呈现持续的下滑趋势。到了 1998 年，该增长率已经低于 1.0%，到了 2006年更是降至 0.55% 以下。这一趋势清晰地反映了中国人口结构的变化，尤其是劳动年龄人口的变动。虽然 15～64 岁的劳动年龄人口数量与全国人口数量保持着一定的正比关系，但其增速却逐年放缓。特别是在 2014 年，这一增速甚至出现了负值，这标志着中国劳动力供给的拐点已经到来。展望未来，情况将更加严峻。根据人力资源和社会保障部的预测，从 2030 年开始，劳动年龄人口将会经历一个急剧的下降过程，每年大约减少 760 万人。这一趋势将持续到 2050 年，届时，工作年龄人口数量将从 2030 年的 8.3 亿降至约 7 亿。就业人口的减少将直接导致人力资源条件的恶化，同时，需要供养的人口（如老年人和儿童）数量却在急剧增长。这种趋势无疑会给社会带来巨大的负担，包括养老金支付压力、医疗保障需求增加以及公共服务资源的紧张等。因此，需要正视人口老龄化带来的挑战，并采取相应的政策措施来应对。

第二，人口老龄化将直接影响劳动力的供给和需求的大小。人口老龄化对中国劳动力供给产生了四点影响：一是随着年龄的增长，劳动力供给范围缩小；二是劳动参与率的下降，老年人的劳动参与率随年龄的增长而降低，导致整体的劳动参与率下降；三是由于老年群体的生理和心理功能发生了改变，大部分工作的工作强度都不能很好地适应，工作的供给质量开始下降；四是对老龄人力资本的发展产生了一定的影响。

第三，中国人口老龄化对劳动力市场产生了较大的影响。一是养老服务行业的就业机会增加，对医疗卫生等相关行业和专业人才的需求快速增加；二是人口老龄化推动和扩大了养老服务业的上下游产业链，提供了更多的工作机会；三是随着人口老龄化的不断深入，各产业的就业结构发生了变化。

第四，人口老龄化趋势不仅直接作用于劳动力市场，更在就业、收入、人力资本投入、劳动力流动以及地区分布等多个维度产生深远的影响。针对中国劳动力市场，人口老龄化所带来的直接冲击主要体现在三个方面：一是老年人口的增长导致赡养费用上升，进而影响了雇主雇佣劳动力的意愿。在微观层面，无论劳动年龄人口是在决定投入家庭还是企业的劳动时间时，都会权衡这两者的收益。随着老龄化程度的加深，越来越多的家庭需要在养老方面投入更多的时间，这无疑增加了适龄劳动力进入市场的成本。人们会权衡工作的经济效益与家庭照顾的需求，选择是否雇用他人照顾老人或亲自承担这一责任。这种权衡不仅影响行业间的工资差异，也关系到家庭在养老问题上的心理与经济利益，以及个人人力资本投资的回报率。二是人口老龄化也改变了家庭的消费模式与结构，进而影响了家庭的养老保障能力。老龄化对居民收入的初次分配、二次分配以及最终分配均产生了显著影响。根据莫迪利安尼的"生命周期假说"，老年人的收入与支出模式经历了两次主要转变。第一次是从生产型消费向纯消费型转变，表现为收入与储蓄的减少以及消费的增加。第二次转变则体现在社会层面，老龄化导致经济增长速度放缓，储蓄与投资减少，相关消费增加，社会保障支出增大，给社会经济带来压力。在中国当前的养老保障制度下，这些变化促使社会需要增加劳动力供给，并积累足够的基金以应对未来的养老需求。三是老龄化还影响了生产结构，进而影响了人力资本的结构。一个经济体的资源禀赋、要素市场化水平及价格关系共同决定了其投入结构，而老龄化正是这一结构中的重要变量之一。

土地、资本、劳动力、技术、管理和数据等生产要素均受到市场主体的考量，其数量依据各要素的稀缺性和市场价格的高低来决定。历史上，中国曾凭借劳动力资源的优势取得了显著的经济成就。然而，随着人口老龄化进程的加速，适龄劳动人口比例下降，劳动力市场供过于求，导致人工成本迅速上升。因此，市场主体倾向于减少对劳动力的投入，转而增加资本或技术的投入。这种资本和技术的深化过程进一步降低了对劳动力的需求，对剩余的岗位则要求更高的劳动力质量，这促使劳动者增加对人力资本的投资，提升自身的技能素质。人口老龄化还对劳动者的劳动报酬和劳动生产率产生显著影响，进而影响企业的劳动需求。众多研究揭示，企业的年龄与劳动生产率之间存在"倒U"形曲线关系，即随着员工年龄的增长，劳动生产率先增后减。同时，人口老龄化也对不同产业和岗位的收入产生影响，尽管可能暂时降低劳动生产率，但也会推动企业加速技术进步，从而提升全要素生产率。特别地，随着劳动力成本的持续上升和人工智能技术的快速发展，企业更倾向于使用机器替代人工，这一趋势可能会加速。此外，城乡人口年龄结构的不均衡对人口流动产生影响。城市老人通常拥有更好的健康状况和更多的资源，因此，城市老人的平均寿命往往高于农村老人。在中国新型工业化、城镇化和农业现代化的背景下，农村人口老龄化问题相较于城市更为严重。从需求角度看，现代服务业的集聚效应使大中城市对养老服务的需求远大于乡村，同时也为老年人提供了更多的就业机会。此外，人口老龄化的程度差异对劳动力的地域分布产生一定影响，如"胡焕庸线"所显示的那样，其东段人口密集、经济发达，人口老龄化水平也相对较高。

当前，中国正处于经济转型和社会变革的关键时刻。随着工业化、城镇化和现代化步伐的加速，城乡、区域及居民之间的收入差距日益凸显，而人口老龄化的负面影响对经济发展的制约越发显著。为了应对未来劳动力资源短缺和社会养老负担加重的双重压力，中国在 2015 年 10 月的党的十八届五中全会上提出了"全面二孩"政策，该政策于 2016 年 1 月 1 日正式实施，这一政策在一定程度上缓解了人口老龄化带来的部分压力。然而，中国的老年人口总量依然高居世界榜首，所面临的挑战和问题相比其他国家更为复杂和严峻。因此，中国应持续加大人力资本的投资力度，依托国家和地方各级政府的支持，从国家层面、行业层面和经济层面等多个维度进行系统性的改革和优化。通过这一系列的措施，促进中国经济持续增长、提升劳动力供给、推动产业结构升级，从而为中国经济的可持续发展奠定坚实基础。

第 6 章

中国人口老龄化对产业结构升级的影响研究

6.1 引言

人口老龄化是当前人类社会发展所面临的必然趋势。当一个国家或地区 60 岁及以上人口比例超过 10% 或 65 岁及以上人口比例超过 7%，则被判定为进入人口老龄化社会。中国第七次全国人口普查数据显示，总人口增长 5.38%，达到 14.43 亿人。除了人口总量增加外，人口结构也严重失衡。2020 年，中国 65 岁及以上人口占总人口的 13.50%，比 2010 年提高 4.6 个百分点。中国虽三度调整生育政策，但并没有从根本上消除人口老龄化带来的一些问题。未来，中国女性平均婚育年龄预计将呈上升趋势，女性生育意愿低下将进一步加剧人口老龄化问题。

1978 年以来，随着一系列相关政策的实施，中国进入了新发展阶段，深入推动了经济体制的调整及其结构性变化。得益于充足的劳动力和"世界生产工厂"的形成，中国经济取得显著成效并得以稳定发展。2013 年以来，中国人口结构发生了巨大变化，导致老年人口数量迅速增加，这与现行政策相悖。过去，"人口红利"有力支撑了中国的强劲发展，但 2013 年以来，这种支撑开始减弱，进入"刘易斯拐点"区域。劳动力有效供给和内部结构发生巨大变化，年轻劳动力供给减少，出生率和预期寿命偏低，导致人口结构逐渐老龄化。人口老龄化意味着人口红利减少、劳动力成本增加。劳动人口年龄变化引起劳动力比重变化，进一步促进经济结构调整。

在中国经济变革更新的过程中，传统的经济增长模式已经不能满足日益多样化的需求。因此，中国未来的产业结构亟待改变和完善。人口老龄化和产业结构失衡的双重压力，使中国未来的产业结构亟待变革和更新。党的二十大报告指出，要"建设现代化产业体系""实施产业基础再造工程和重大技术装备攻关工程"。中国经济发展模式必须从以往以生产要素和资本为主的经济发展模式转变为创新驱动型经济发展模式，才能实现经济高质量增长。人力资本是实施技术创新最根本、最重要的因素，是实施经济发展方式转变、产业结构优化更新的动力。随着当前人口老龄化趋势，劳动力相对优势不再持续，寻找人力资本效益、加大人力资本投入，将为推动高质量发展、构建新发展模式持续提供强劲动力。虽然中国老龄化时间不长，但人口老龄化对产业结构更新的影响尚未形成成熟的理论体系。因此，持续研究人口老龄化与产业结构改善间的关系，有助于相关部门制定应对人口老龄化挑战的发展战略，为促进产业结构的变革和完善奠定基础。

6.2　文献综述

随着经济的发展，人口老龄化现象越来越明显。关于人口老龄化与经济发展之间的关系，存在以下几种不同的观点：一种观点认为，人口老龄化与经济发展之间存在负相关关系。中国的人口老龄化对经济增长的潜在负面影响相对较大（郑伟等，2014）。胡鞍钢等（2012）通过索洛增长模型分析，人口老龄化不利于降低中国的储蓄率、人均 GDP 及其增长率。此外，苏剑（2021）认为，中国中期至长期的经济增长率会随着老年抚养比的递增而递减。另一种观点则认为，人口老龄化并未阻碍经济增长。都阳和封永刚（2021）基于跨国面板数据实证分析，不同的老龄化速度对经济增长的影响是不同的。Bloom 等（2010）经计算发现只有当老龄化速度超过一定阈值时，才会显著影响经济增长。此外，一些学者认为人口老龄化和人均 GDP 增长放缓之间并不存在负相关关系。Acemoglu 和 Restrepo（2017）认为与一系列基于人口统计学的长期停滞理论相反，人口老龄化和人均 GDP 增长放缓之间不存在负相关关系。还有一种观点认为，人口老龄化与经济发展的关系取决于不同力量的对比。谢雪燕和朱晓阳（2020）认为，中国人口老龄化会产生创新效应和劳动力效应两种相反的效应，综合这两种效应，决定了人口老龄化和经济增长之间的关系。符建华和曹晓晨（2021）从影响渠道来看，正向促进渠道通过增加人力资本积累、加快技术创新促进经济发展，而负向抑制渠道则通过减少劳动力供给阻碍经济发展。

经济增长与产业结构的变化密切相关。在探讨人口老龄化与经济增长的关系时，一些学者将焦点放在了人口老龄化对产业结构变动的影响上。从整体角度看，人口老龄化对产业结构优化升级具有积极的促进作用。汪伟等（2015）采用省际面板数据并构建多维产业指标来分析人口老龄化对产业结构升级的影响，结果显示这种促进效应是正向的，但在不同区域之间存在一定的异质性。刘玉飞和彭冬冬（2016）发现，人口老龄化和产业结构升级之间存在一种相互促进的关系，即前者会促使后者向更高级的方向转变。随着年龄的增长，患残疾或慢性病的可能性也会增加，对于公共医疗服务、养老保障服务等的需求不断增大。这不仅催生了老龄服务业的发展，同时也促进了与老龄产业相关的消费性服务业的成长。王欣亮和赵昕东（2020）在研究中发现，三次产业的比例调整受益于人口老龄化，且存在互动效应，即产业升级引发的技术创新又会进一步促进产业升级。刘成坤和赵昕东（2020）指出，在长期范围内，人口老龄化和产业结构之间存在双向促进效应。根据 Siliverstovs 等（2011）的研究，在控制其他因素的影响后，老龄化对就业份额仍具有显著影响，特别是对农业、制造业、建筑业、采矿业等行业产生了不利影响。然而，老年人比例的增加会对部分行业的就业产生积极影响，如社会和个人服务部门、金融部门等。

根据一些学者的观点，当全球年青一代增加时，乡村和都市的就业率会相应增加。然而，对于服务行业的就业率的影响尚未得到证实（张斌、李军，2013）。此外，一些学者还表示，全球年青一代的增长可能会导致乡村和都市的过剩劳工进入到更多的第三产业。研究表明，人口老龄化会导致产业结构的重大转型（钟若愚，2005）。Fougère 等（2007）采用了动态 CGE 代际重叠模式来深入研究这种转型，并得出了一些新的观点，即老龄人群增加消费需求可以改变产业结构。李杏等（2017）则采用了 SYS-GMM 模式来深入研究这种转型。根据蔡兴（2016）的研究，由于全球人口老龄化的加剧，劳动者的职位分配模式也出现了重大的改变。从产业结构内部的关系看，人口老龄化会对不同产业结构内部的变动趋势产生不同的影响。李光明和刘丹玉（2018）认为人口老龄化对东部地区的制造业升级产生了积极的作用，而对西部地区的作用效果并不显著。张帆（2019）利用固定效应模型和中介效应分析，探讨了人口老龄化与制造业转型之间的关系。研究结果显示，人口老龄化可以通过增加老年人医疗消费、提高劳动力人力资本积累等途径来促进制造业转型。然而，这个过程中出现的劳动力数量减少可能会抵消部分积极影响。张桂文等（2021）通过实证研究发现，从长期动态看，制造业转型升级指数随老龄化的提高而提高。除了对制造业升级产生影响外，人口老龄化的过程也伴随着服务业的转型升级，当前学界对于两者的关系并未形成广泛共识。部分学者持"正效应"观点：郭熙保等（2013）认为人口老龄化将通过改变社会需求结构、促进产品消费与服务消费此消彼长的方式促进服务业的发展。汪伟等（2015）基于中国的事实经验发现，人口老龄化会促进服务业内部结构的优化。部分学者持相反观点，即认为人口老龄化会抑制服务业转型升级。何凌霄等（2016）使用2003～2013年中国省级面板数据，以服务性消费为媒介来研究人口老龄化与第三产业发展的关系。研究结果表明，人口老龄化会抑制第三产业的发展，然而，通过提高服务性消费的比重，可以显著降低这种负面影响。吴飞飞和唐保庆（2018）的研究表明，在当前中国劳动力成本上升与养老保障体系不健全的双重影响之下，人口老龄化会对服务业发展起阻碍作用。也有学者认为两者的关系并不绝对，即老龄化在初期可能会通过消费路径推动服务业的发展，但中后期该促进作用可能随着劳动力供给约束的加强而降低（陈卫民、施美程，2014）。Lührmann（2005）研究发现，人口年龄结构的直接效应已经引发了显著的需求变化，健康和能源的需求份额会增加，家庭内部的结构也会随之发生变化。

除研究人口老龄化与产业结构的变动关系、人口老龄化对部门内部的影响外，人口老龄化对产业结构升级的影响具有区域差异性。杨雪和侯力（2011）从理论层面探讨了人口老龄化对经济的宏观和微观影响。研究发现，在短期内，人口老龄化所激发的老年需求将有助于推动现代服务业的发展，促进产业结构的协调发展。但由于普遍国情，中国农村发展还比较落后，城乡收入差距越来越突出。即使有农村劳动力向城镇转移，这部分劳动力整体素质仍然较低，无法适应知识技术型产业，只能从事传统的劳动密集型工作，这不仅会损害行业的创新发展，还会因农村青壮年劳动力的流失而加深农村人口的老龄化。聂高辉和黄明清（2015）认为，人口老龄化带动了东部地区产业结构的改善，这可能是由于第三产业发展和居民消费增加的"反作用力"所致。赵春燕（2018）指出，对于经济发达地区，人口老龄化对产业结构改善有正向影响，但对于经济不发达地区，人口老龄化对产业结构改善产生负向影响。卓乘风和邓峰（2018）强调，人口老龄化在不同地区表现出特定的演化特征，东部地区医疗水平提高、公共服务改善，减弱了人口老龄化对产业结构更新的负面影响，而对于西部地区来说，这种情况起到了障碍的作用。此外，以区域创新能力作为阈值变量，可以确定区域创新可以"抵消"人口老龄化的负面影响。

从产业结构出发，一些学者进一步关注劳动力市场，分析老龄化对劳动力市场工资和生产率的影响，来分析人口老龄化对三次产业就业结构变化的影响。Mahlberg 等（2013）的研究揭示，公司的生产力与雇用的年龄较大员工的比例并无负相关关系。同时，他们并未找到证据表明年龄较大的员工薪酬过高。此外，研究发现年轻员工比例与劳动生产率和工资之间存在负相关关系，这一现象在工业和建筑部门尤为普遍。Dostie（2011）的研究表明，总体上，工资和生产率之间并没有显著的偏离。然而，某些特定群体存在一些例外。例如，对于拥有本科学历以上的年长员工来说，工作效率会低于他们的工资水平；而对于年轻男性员工来说，情况则恰恰相反。根据 Börsch-Supan（2003）的研究结果表明，即使资本密集度较高，也无法完全抵消经济活动人口的减少。因此，为了弥补人口老龄化带来的国内生产负担，劳动生产率必须进一步提升。张瑞红和朱俊生（2021）根据多元回归结果发现，人口老龄化与劳动参与率负相关，即随着人口年龄结构加速老化，劳动力人口规模开始下降且由温和转为激烈。朱勤和魏涛远（2017）使用 CGE 模型进行深入分析，研究强调，在评估中国未来劳动供给变化对经济增长的影响时，如果只考虑到人口规模、劳动年龄人口和劳动力总量这些因素，而未能充分考虑不同年龄段劳动者在劳动效率上的差异，那么可能会对未来的经济增长和产业结构变化趋势产生错误认知。冯剑锋等（2018）的研究表明，人口老龄化与劳动参与率在空间分布上存在明显的正相关关系。从两者关联的程度看，本地人口老龄化对劳动参与率产生显著为负的影响，而其他相邻地区的人口老龄化对劳动参与率的溢出影响则显著为正。呼倩（2019）通过基于中国 1987~2017 年省际面板数据的实证分析，研究了人口老龄化对劳动供给的影响。结果表明，当人口老龄化程度加深一个百分点时，潜在劳动供给和真实劳动供给大约下降两个百分点。此外，人口老龄化显著提高了劳动熟练程度。郭瑜（2013）指出，尽管人口老龄化给中国劳动力市场造成了一定的负面影响，但由于这一变化的持续时间较长，它不会引发重大的经济冲击。

通过分析相关文献可以发现，当前研究主要集中在人口老龄化对整个产业结构以及对单一产业的影响上，并且对于产业结构升级指标的选取相对较为单一和片面。同时，由于中国各地区经济发展存在较大差异，因此很少有人从区域层面研究人口老龄化与产业结构升级之间的关系。因此，本章在前人研究的基础上，从以下两个方面进行拓展和完善：一是丰富产业结构升级指标体系，二是分区域进行异质性检验。这将有助于更深入地了解中国人口老龄化的发展趋势和产业结构演进的规律，从而更好地应对人口老龄化带来的机遇和挑战，促进中国经济的快速发展。

6.3 人口老龄化与产业结构现状分析

6.3.1 人口老龄化现状

人口年龄变化是经济社会发展的起点，而人口老龄化是在医疗能力增强和生育率降低等因素的影响下，老年人数量不断增加的动态过程。现在，衡量老龄化人口的常用指标主要有三个：老龄化程度（包括65岁及以上人口在总人口中的占比、65岁及以上人口和0~14岁人口的比值等）、老龄化增长速度以及老年抚养比。回顾中国人口老龄化的进程，可以发现2003~2022年主要表现出以下几个特点：

一是老年人口规模大、增速快。根据图6-1可知，2003年中国老龄人口（65岁及以上人口）占比已达到7.5%，已经步入了老龄化国家的行列。2022年，中国65岁及以上的老龄人口占比14.9%。据国家卫生健康委预测，到2035年，中国60岁及以上的老年人口将突破4亿，进入重度老龄化阶段。

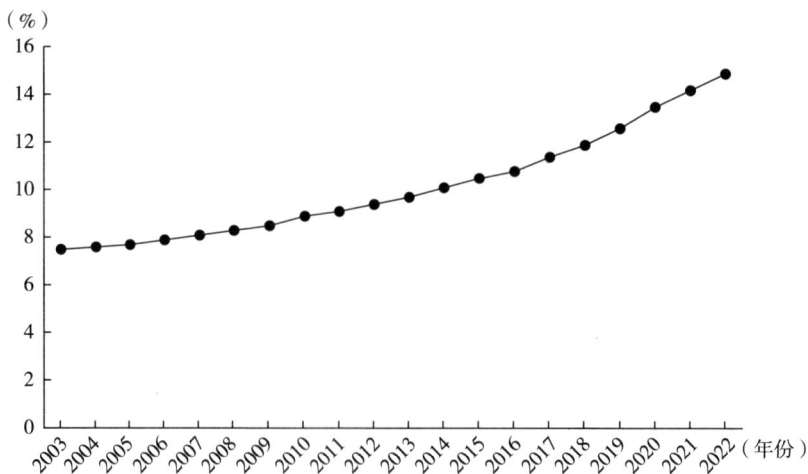

图6-1　2003~2022年中国65岁及以上人口所占比例

资料来源：国家统计局。

　　二是老年抚养比大，劳动人口的年龄不断上升。老年抚养比是指非劳动力老年人口占劳动年龄人口的比重，可以用来衡量劳动年龄人口所承担的抚养压力以及社会负担的程度。根据图 6-2 可知，自 2003 年起，中国老年抚养比一直处于上升趋势。2003 年，中国老年抚养比仅为 10.65%，到了 2013 年上升至13.13%，而到了 2022 年已高达 21.80%。

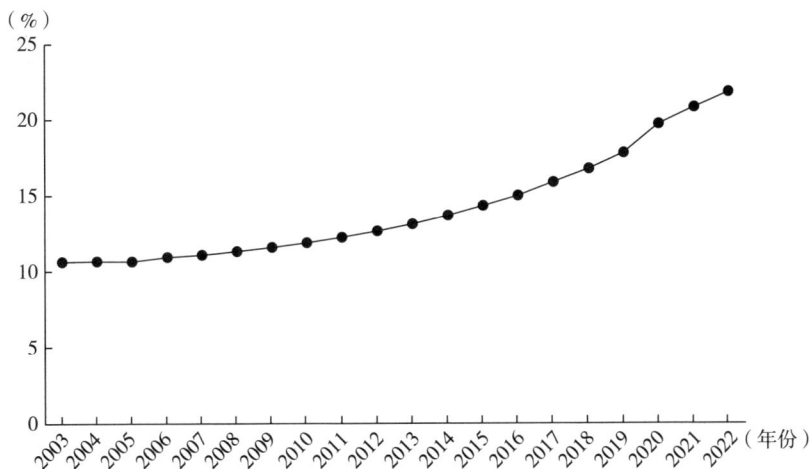

图 6-2　2003~2022 年中国老年抚养比

资料来源：国家统计局。

　　中国人口分为三个年龄阶段：0~14 岁、15~64 岁和 65 岁及以上。从表 6-1可以看出，2003~2022 年，0~14 岁人口比重下降幅度较大，由 2003 年的 22.1%下降至 2022 年的 16.9%，显示出中国已经转变为低生育率国家，进入严重少子化社会。国际上将 15~64 岁称为劳动年龄，中国劳动年龄人口占比由 2003 年的70.4%上升至 2010 年的 74.5%，之后又开始逐渐下降，到 2022 年劳动年龄人口占比为 68.2%。这表明中国的劳动力资源正在逐渐减少。

表 6-1　2003~2022 年中国人口年龄结构变动趋势

年份	0~14 岁占比（%）	15~64 岁占比（%）	65 岁及以上占比（%）
2003	22.1	70.4	7.5
2004	21.5	70.9	7.6
2005	20.3	72.0	7.7

年份	0~14岁占比（%）	15~64岁占比（%）	65岁及以上占比（%）
2006	19.8	72.3	7.9
2007	19.4	72.5	8.1
2008	19.0	72.7	8.3
2009	18.5	73.0	8.5
2010	16.6	74.5	8.9
2011	16.5	74.4	9.1
2012	16.5	74.1	9.4
2013	16.4	73.9	9.7
2014	16.5	73.4	10.1
2015	16.5	73.0	10.5
2016	16.7	72.5	10.8
2017	16.8	71.8	11.4
2018	16.9	71.2	11.9
2019	16.8	70.6	12.6
2020	17.9	68.6	13.5
2021	17.5	68.3	14.2
2022	16.9	68.2	14.9

资料来源：《中国统计年鉴2023》。

6.3.2　产业结构现状

产业结构调整是一个长期且具有动态性的过程，其演进具有内在的、可遵循的发展规律。产业结构会受到长期的社会需求、社会收入变动、政策制度变化的影响。常见的产业结构分类方法是三次产业分类法，其中第一产业是农业部门，第二产业是工业部门，第三产业是服务业部门。为了更好地反映中国现阶段产业结构的演变特征，本节展示了2003~2022年中国三次产业增加值结构发展趋势（见图6-3）和三次产业就业结构发展趋势（见图6-4）。

6.3.2.1　三次产业增加值结构发展趋势

近年来，国家统计局公布的数据显示，2003~2012年，中国三次产业的增加值分别为16970亿元、62695亿元和57757亿元，占GDP比重分别为12.35%、45.64%和42.02%。其中，第二产业具有突出优势，第三产业次之，第一产业不占优势。2003～2012 年，第二产业增加值占比总体稳定，第三产业增加值占比稳步上升，第一产业增加值占比逐渐下降（见图 6-3）。同时，第三产业中出现以旅游业、物流业、通信业、房地产业和金融业等现代服务产业为代表的新生力量。2012 年是中国产业结构变动的一个重要时间节点，第三产业增加值占比为45.46%，第二产业增加值占比为 45.43%，第三产业增加值占比首次超过第二产业，成为经济增长的主导产业。自 2012 年后，第三产业增加值占比持续上涨，第一产业增加值占比逐渐下降，同时第二产业增加值占比在经历大幅下降后趋于平稳。这符合中国产业结构转型调整期的发展特点。

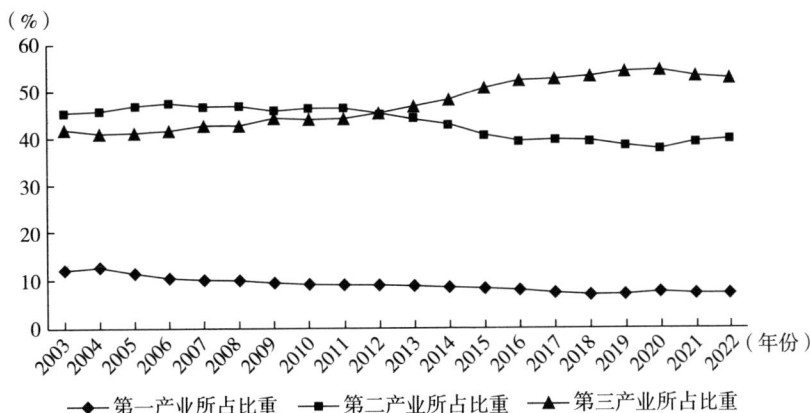

图 6-3　2003～2022 年中国三次产业增加值结构发展趋势

注：国内生产总值=100。

资料来源：国家统计局。

6.3.2.2　三次产业就业结构发展趋势

除了三次产业增加值结构，就业结构也可以反映出产业结构的变化。图 6-4展示了 2003～2022 年中国三次产业就业结构的发展趋势。对比发现，三次产业就业结构的变动趋势与增加值结构的变动情况大致相同。第一产业就业人数占比下降幅度较大，表明随着现代经济社会的发展，越来越多的农业劳动力转移到非农业部门，这符合一般经济规律。第二产业就业人口比重呈现先波动性上升再波动性下降的趋势。第三产业的平均就业人数比重始终保持上升趋势。2022 年，第三产业就业人数比例已高达 47.1%，但与发达国家相比，第一产业的就业人数比重仍然偏高，需要持续推进产业结构向上调整和优化升级。中国第三产业存在结构性失衡问题,传统服务性第三产业的比重较大,高端现代服务业刚刚起步,这为中国下一阶段的发展指明了方向。

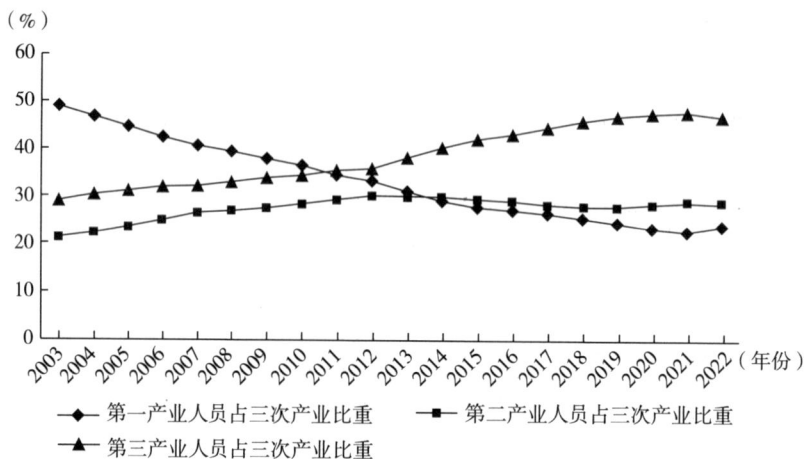

图 6-4 2003~2022 年中国三次产业就业结构发展趋势

资料来源:国家统计局。

6.4 中国人口老龄化对产业结构升级影响的实证分析

6.4.1 数据来源

本节首先从整体上探讨中国人口老龄化对产业结构升级的影响,其次针对中国东部、中部、西部三大区域,就人口老龄化与产业结构的区域差异进行研究。研究的时间范围为 2011~2020 年,共 10 年。其中,本节所使用的各省份相关数据来自中国知网统计数据库、历年的《中国统计年鉴》《中国劳动统计年鉴》和《中国人口和就业统计年鉴》。

6.4.2 变量选取

人口老龄化水平测度。目前,衡量人口老龄化的主要方法是单一指标法,通常采用65岁及以上人口比重、抚养比、平均年龄等指标。该方法的优点是能够直观地反映人口老龄化的本质，且数据采集相对容易。但其缺点是提供的信息不够全面。本节参考周榕等（2019）、张艾莉和尹梦兰（2019）等学者提出的基本人口老龄化制度，从发展程度和社会质量两个维度审视中国人口。人口老龄化速度与社会质量、老龄化格局变化息息相关。具体体系如表6-2所示。确定指标权重是计算过程中最重要的任务。加权方法的选择对计算结果具有决定性影响。本节采用熵值法对指标进行加权来衡量人口老龄化发展水平（万春、许莉，2020），使评价结果更加全面、准确。

表6-2　人口老龄化发展水平评价指标体系

系统	功能层	指标层	指标说明
人口老龄化发展水平综合测度体系	发展程度	X_{11}：老年人口占比	65岁及以上人口占总人口比重
		X_{12}：老少比	65岁及以上人口/0~14岁人口比重
	社会质量	X_{31}：总抚养比	（0~14岁人口+65岁及以上人口）/15~64岁人口
		X_{32}：老年抚养比	（65岁及以上人口）/15~64岁人口

产业结构升级水平测度。为了全面反映产业结构升级的内涵，本节用两种测量方法来衡量人口老龄化对产业结构升级的影响。产业结构升级指数（*upgrade*）借鉴徐德云（2008）的研究，将第一产业、第二产业、第三产业均包含在内来构建产业结构升级指数：

$$iuc = \sum_{i=1}^{3} i \times y_i = y_1 + 2y_2 + 3y_3 \qquad (6-1)$$

其中，*iuc* 为产业结构升级指数，y_i 为第 *i* 产业的产值占地区生产总值的比重。*iuc* 的值越大，表明产业结构升级程度越高；反之则越低。

此外，本节还分别基于第二产业和第三产业各细分行业的相关指标构建了产业结构内部升级指数。其中，第二产业升级指数（*sic*）在考虑数据可得性的基础上，参照褚敏和靳涛（2013）、邓沛能（2019）的研究，选用高技术产业的主营业务收入与GDP的比重来表示，反映产业结构不断向高技术化方向演变的趋势；第三产业升级指数（*tic*）选用服务业中房地产业、金融业和交通运输业、仓储和邮政业等产业的产值占比来近似表征第三产业内部的结构由生活型服务业向生产型服务业的转型升级，生活型服务业和生产型服务业的分类标准借鉴汪伟等（2015）的研究。

控制变量。本节在参考已有研究的基础上，选取了一些广泛应用的影响产业结构升级的变量。城镇化可以促进产业集聚，为产业结构升级提供动力。本节用各省城镇人口占总人口的比例来代表城镇化水平。提高对外开放程度可以优化进出口贸易结构，促进中国具有比较优势的产业发展，促进区域技术和工艺的改造和提高，从而促进产业现代化。本节选取外商直接投资来衡量中国的开放水平。据吴福象和沈浩平（2013）的研究，基础设施会在空间溢出效应之下促进产业结构升级，本节选取每平方千米的公路里程来衡量。魏福成等（2013）指出，阻碍产业结构现代化的一个重要因素是中国式的分散化，本节采用各省人均财政支出与中央人均财政支出的比率来衡量。不同的研究者采用不同的方法来衡量技术创新程度，包括专利申请数和专利授权数。由于申请的性质和类型不同，对产业结构优化和现代化的影响不同，本节采用发明专利授权数量来衡量技术创新程度。本节中所选变量均经过对数处理。这些变量的解释和描述性统计数据如表 6-3 和表 6-4 所示。

表 6-3 变量解释

变量类型	变量名称	变量符号	变量解释
被解释变量	产业结构升级	*upgrade*	产业结构层次系数
	第二产业内部结构	*manufac*	高技术产业的主营业务收入与 GDP 的比重
	第三产业内部结构	*service*	服务业中房地产业、金融业和交通运输业、仓储和邮政业等产业的产值占比
解释变量 控制变量	人口老龄化	*old*	人口老龄化发展水平评价指标体系测算
	城镇化水平	*urban*	各省城镇人口与各省总人口之比
	对外开放程度	*open*	外商直接投资
	基础设施建设	*inf*	每平方千米的公路里程
	分权化程度	*gov*	各省份人均财政支出占中央人均财政支出的比重
	技术创新程度	*tech*	发明专利授权数量

表 6-4 变量描述性统计

变量类型	变量名称	均值	标准差	最大值	最小值
被解释变量	*upgrade*	237.59	12.74	283.60	216.60
	manufac	0.12	0.11	0.48	0.01
	service	0.35	0.05	0.50	0.21

续表

变量类型	变量名称	均值	标准差	最大值	最小值
解释变量	old	0.10	0.02	0.16	0.05
控制变量	lnurban	4.06	2.57	4.50	3.13
	lnopen	6.55	1.53	10.22	1.95
	lninf	11.67	0.84	12.88	9.40
	lngov	1.04	0.56	0.37	2.16
	lntech	9.96	1.62	13.47	4.80

6.4.3　模型设定

在控制政府干预、基础设施水平、对外开放程度、技术进步等变量的基础上，本书以产业结构升级作为被解释变量，人口老龄化作为解释变量，首先构建基准回归模型，探讨人口老龄化对中国产业结构升级的影响：

$$upgrade_{it} = \alpha_0 + \beta_1 old_{it} + \delta X_{it} + \varepsilon_{it} \tag{6-2}$$

$$sic_{it} = \alpha_0 + \beta_1 old_{it} + \delta X_{it} + \varepsilon_{it} \tag{6-3}$$

$$tic_{it} = \alpha_0 + \beta_1 old_{it} + \delta X_{it} + \varepsilon_{it} \tag{6-4}$$

其中，i 代表地区，t 代表时间，$upgrade_{it}$ 代表产业结构升级，sic_{it} 代表第二产业结构升级、tic_{it} 代表第三产业结构升级，old_{it} 代表老龄化程度，X_{it} 代表一系列控制变量，ε_{it} 代表随机误差项。

6.4.4　基准回归

本节使用 Stata16 处理面板数据，选择混合 OLS 模型进行样本回归。回归结果如表 6-5 所示。模型（1）中被解释变量为产业结构升级，模型（2）中被解释变量为第二产业内部结构，模型（3）中被解释变量为第三产业内部结构。回归结果显示，模型（1）中，人口老龄化回归系数为正，且在 1% 水平上显著，这表明中国人口老龄化对产业结构现代化的总体影响为正。意味着老龄化将促进产业间的结构优化。这种促进效应可能是由于老龄化带来的劳动力成本上升迫使企业提高要素投入以及老龄化消费需求的强化效应等因素造成的。一方面，随着人口年龄结构的老龄化和生育意愿的下降，人口红利消失，产业密集型行业不再具备发展优势。在此过程中，老龄化间接支持产业结构从劳动密集型向资本技术密集型转变，从而推动产业结构优化和现代化。另一方面，老龄化的深入意味着更多的老年人进入消费市场，这代表着老年产业发展的消费基础增强。近年来，国家逐步落实相关政策和规划，第三产业获得发展动力，在一定程度上促进了劳动力从第一、第二产业向第三产业转移。发展促进了不同行业之间劳动力资源的合理配置，使就业结构和生产价值结构更加一致，从而更好地优化产业结构布局。模型（2）中，人口老龄化回归系数为正，在1%的水平上显著，表明人口老龄化有助于高新技术产业发展和第二产业内部转型和现代化。根据要素市场供需平衡分析，人口老龄化将减少劳动力供给，进一步影响劳动力要素价格，引起劳动力需求结构变化，导致劳动力供给有限。在此过程中，人口老龄化促进了第二产业中高新技术部门的发展。根据模型（3）分析，人口老龄化趋势随着年龄的增加呈正向变化，其回归系数在1%的水平上显著，表明可以改善第三产业内部结构。但从实际情况看，随着年龄的增长，各类产业结构的完善程度会存在一定的差距。深入分析可以看出，随着人口的增长，人类活动对产业结构特别是第二产业的转型，以及国家内部结构的优化和现代化发挥了至关重要的作用，对第三产业的积极作用较弱。但目前，由于科技支撑不足，当前产业结构仍处于落后状态，缺乏能够满足现代工商企业需求的高端装备。

表6-5　基准回归结果

变量名称	模型（1）	模型（2）	模型（3）
old	0.617 ***	0.064 ***	0.002 *
	(0.119)	(0.010)	(0.001)
lnurban	0.742 ***	0.036 ***	−0.002 **
	(0.093)	(0.008)	(0.001)
lnopen	0.437	0.033	−0.001
	(0.626)	(0.051)	(0.005)
lninf	0.183	0.112	−0.036 ***
	(1.535)	(0.128)	(0.011)
lngov	−9.224 ***	0.227	−0.007
	(1.922)	(0.159)	(0.620)
lntech	1.254	0.138 ***	0.020 ***
	(0.777)	(0.064)	(0.007)
样本数	310	310	310

注：* 、* * 、* * *分别表示在10%、5%、1%的水平上显著，下表同。

6.4.5　异质性分析

中国不同地区经济发展水平不同：东部沿海地区相对发达，而中西部地区发展缓慢。由于经济水平和区域资源的差异，东部、中部、西部地区的人口结构和经济结构也存在差异。为了考察老龄化对产业结构影响的地区差异，本节将31个省份划分为东部、中部、西部地区。回归结果表明，老龄化对不同地区经济结构的影响不同。表6-6的被解释变量为产业结构升级，表6-7的被解释变量为第二产业内部结构，表6-8的被解释变量为第三产业内部结构。从表6-6可以看出，老龄化对西部地区和东部地区产业结构升级具有显著的促进作用，其中西部地区的积极作用更大。随着老龄化程度加深，西部地区劳动密集型产业面临劳动力成本上升，迫使企业改变生产投入，逐步从劳动密集型产业转向资本密集型产业，以实现产业结构调整。此外，西部地区正处于城镇化快速发展阶段，老年人口比例增加促进老年产业发展，促进产业结构优化升级。老龄化除了对整体产业结构产生不同的影响外，对不同地区的产业结构升级也有不同的影响。特别是老龄化对东中部地区第二产业结构升级的促进作用显著（见表6-7），东部地区对第三产业结构升级的促进作用显著（见表6-8）。

表6-6　东部、中部、西部地区老龄化对产业结构升级的异质性分析

变量名称	模型（4）	模型（5）	模型（6）
	东部地区	中部地区	西部地区
old	0.470***	−0.436	0.725**
	(0.101)	(0.319)	(0.284)
$lnurban$	0.676***	1.358***	0.305**
	(0.094)	(0.247)	(0.148)
$lnopen$	1.003	0.155	1.516
	(0.574)	(1.644)	(1.260)
$lninf$	−0.299	20.705***	11.658***
	(2.086)	(5.944)	(3.523)
$lngov$	8.497***	21.293***	21.636***
	(1.920)	(7.543)	(3.452)
$lntech$	3.270***	1.408	0.354
	(0.896)	(1.810)	(1.153)
样本数	110	80	120

表 6-7　东部、中部、西部地区老龄化对第二产业结构升级的异质性分析

变量名称	模型（7）	模型（8）	模型（9）
	东部地区	中部地区	西部地区
old	0.123***	0.095***	0.001
	(0.026)	(0.036)	(0.027)
lnurban	0.003**	0.005***	0.002
	(0.001)	(0.002)	(0.001)
lnopen	-0.004	0.010	0.002
	(0.009)	(0.012)	(0.005)
lninf	0.022	0.051	0.050*
	(0.027)	(0.046)	(0.028)
lngov	0.077***	0.063	0.041
	(0.029)	(0.057)	(0.026)
lntech	0.002	0.009	0.001
	(0.014)	(0.014)	(0.007)
样本数	110	80	120

表 6-8　东部、中部、西部地区老龄化对第三产业结构升级的异质性分析

变量名称	模型（10）	模型（11）	模型（12）
	东部地区	中部地区	西部地区
old	0.002**	0.001	0.001
	(0.001)	(0.003)	(0.002)
lnurban	-0.005***	0.004*	0.002***
	(0.001)	(0.002)	(0.001)
lnopen	0.003	0.027*	0.021**
	(0.006)	(0.016)	(0.010)
lninf	0.051***	0.062	0.124***
	(0.015)	(0.053)	(0.018)
lngov	-0.028	0.124*	0.113***
	(0.018)	(0.065)	(0.021)
lntech	0.030***	0.040**	0.018**
	(0.009)	(0.014)	(0.008)
样本数	110	80	120

6.4.6　稳健性检验

为检验结果的稳健性，本节以"产业结构现代化"代替"产业结构升级"，进行混合 OLS 回归，其中产业结构现代化用第三产业产值和第二产业产值的比值来表示。回归结果显示（见表 6-9），人口老龄化回归系数为正，且在 1% 水平上显著，表明中国人口老龄化对产业结构现代化的总体影响为正，意味着老龄化将促进产业间的结构优化，同时也证明本节结果的稳健性。由于篇幅所限，不再一一列举稳健性检验的详细结果。

表 6-9　稳健性检验

变量名称	回归结果
old	0.050 ***
	（0.007）
ln*urban*	0.196 ***
	（0.035）
ln*open*	0.108 **
	（0.044）
ln*inf*	−0.274 ***
	（0.105）
ln*gov*	−0.684 ***
	（0.120）
ln*tech*	−0.005
	（0.005）
样本数	310

6.5　本章小结与建议

本章回顾国内外文献，考察社会老龄化与产业结构现代化的关系。以 2011~2020 年中国 31 个省份面板数据为研究对象，构建了人口老龄化测算体系。从产业和区域层面分析人口老龄化对产业结构现代化的影响。研究结果表明：在国家层面，人口老龄化可能有利于产业结构现代化，这是老龄化带来的劳动力成本增加、企业效率要素投资增加以及老龄化消费需求刺激的结果。从产业角度看，会促进二、三产业转型升级。从区域角度看，不同地区产业结构改善人口老龄化效应存在差异，东部地区影响大于中部、西部地区。研究表明，中国人口老龄化可能有利于产业结构现代化。

为充分发挥这一积极作用，本章提出以下建议：

一是顺应人口结构变化趋势，加快老年产业发展。未来几十年，中国将逐步进入严重老龄化社会阶段，要抓住这一机遇，完善社会保障体系，激发老年人的消费潜力，充分利用老年人口的需求侧影响。围绕消费老龄化，促进老年产业繁荣发展。

二是要关注产业结构和年龄结构的地区差异，制定适宜的产业政策。东部地区工业现代化效应更大，应全力支持东部地区老工业发展。中部地区产业结构现代化主要体现在资本密集型和技术性产业转型上，产业结构转型要通过提高资本和技术水平等活动逐步实施。西部地区正在经历快速城镇化，加之东部地区产业转移，产业结构现代化效应显著，但与东部地区相比仍有一定差距，国家应重点扶持其产业发展。

三是建立健全老年人养老、医疗保健体系，营造健康老龄化的社会氛围。如果老年人能够保持健康，医疗费用可能不会上升得那么快。世界卫生组织提出了积极老龄化政策框架，其主要目标是改善老年人的健康。如果医疗保健、劳动力市场、就业、教育和社会支持积极老龄化，将有助于改善老年人的生活质量。因此，有必要建立全民养老、健康保险制度，建立健全完善的公共卫生、医疗保健体系，保障人民健康，维护社会稳定和谐发展，促进经济发展，实现产业结构优化和现代化。

第 7 章

中国人口老龄化对数字经济发展的影响研究

7.1 引言

人口与经济社会发展息息相关。人口红利在经济水平不断提高的过程中发挥至关重要的作用。随着新一轮科技革命带来的数字经济领域的蓬勃发展，人口红利逐渐消失，老龄化程度加深，人口年龄结构的老化直接冲击劳动供给，造成劳动力投入要素减少，影响资本形成、技术创新等过程，进而影响经济增长和国际竞争力。第七次全国人口普查结果显示，2020 年中国 60 岁及以上人口达 2.64 亿，占总人口比重为 18.7%。65 岁及以上人口为 1.91 亿，占比达 13.5%。联合国定义："当一个国家或地区 65 岁及以上老年人口数量占总人口比例超过 7% 时，则意味这个国家或地区进入老龄化。"中国远超联合国制定的老龄化社会标准。国家统计局公布的数据显示，2021 年中国 65 岁及以上人口为 2.01 亿，占比达 14.2%。

近年来，老年人口规模增大、人口老龄化速度加快成为中国人口发展的一个显著特征。按照目前老龄化发展趋势，中国将步入中度老龄化时期。人口生育率的下降以及预期寿命的延长成为加快人口老龄化趋势的关键因素。与此同时，以数据作为核心生产要素的数字经济的兴起，为中国带来巨大的经济技术红利的同时，也为解决社会发展中的结构性问题提供了前所未有的机遇。中国数字经济的蓬勃发展，在刺激消费需求、推动创新引领等方面发挥举足轻重的作用。2021年《中国数字经济发展白皮书》的数据显示，中国数字经济规模已达 39.2 万亿元，较 2020 年增加了 6.3 万亿元，占 GDP 比重为 38.6%。2022 年，中国数字经济规模达 50.2 万亿元，占 GDP 比重提升至约 40%。由此可见，中国数字经济的发展取得了显著成效，数字经济的高速运行为经济增长增添动力，已然成为中国经济高质量发展的新引擎，有助于实现从传统经济向数字创新驱动模式的转变。数字经济作为一种新兴的经济业态，发展规模逐步扩大，国家高度重视数字经济与实体经济的协调发展。当前数字化与老龄化趋势并行的时代，数字信息化的发展成果已惠及老年人群体。根据第 51 次《中国互联网络发展状况统计报告》，截至 2022 年，中国 60 岁以上老年网民规模已达 1.52 亿。然而老年人群体由于数字信息观念的落后，数字鸿沟已成为当前数字老龄化社会面临的重要挑战。为切实保障老年群体在数字经济社会中的福利，帮助老年群体跨越"数字鸿沟"，把握数字化与老龄化共同推进的机遇，因此厘清人口老龄化与数字经济两者之间的关系，探究人口老龄化对数字经济的影响效应，为数字经济快速发展的背景下积极应对老龄化提供政策建议，对促进人口高质量发展，加快数字化创新引领具有重要意义。

7.2　文献综述

7.2.1　人口老龄化相关研究

近年来，国内外学者关于人口老龄化的研究涉及多方面，当前关于人口老龄化的研究已取得丰硕成果，研究的侧重点主要是人口老龄化对经济发展的影响等方面，根据目前得出的结论具体可分为积极影响和消极影响两方面。

许多研究认为人口老龄化导致劳动年龄人口老化，降低劳动生产率，进而影响经济的发展。汪伟等（2019）探讨了劳动人口年龄结构与劳动生产率两者之间的关系，得出中青年的边际劳动生产率最高、中老年劳动者的劳动生产率最低的结论。李竞博（2019）指出人口老龄化对劳动生产率的影响呈现明显的动态特征，人口老龄化与劳动生产率之间存在着明显的"倒 U"形关系。消费水平作为影响经济发展的关键因素，人口老龄化趋势的加剧使整体消费水平下降。梁雅楠和张成（2022）利用中国省级面板数据构建三部门理论模型，认为人口老龄化对中国产业结构的优化升级产生抑制作用。宋佳莹等（2022）基于中国省级面板数据的实证研究发现，人口老龄化与经济发展之间存在负向关系。Leibfritz 和 Roeger（2008）探讨了人口老龄化对劳动力供给的增长速度的影响，随着老龄化程度的加深，劳动供给增速放缓，劳动生产率降低。Aigner-Walder 和 Döring（2012）在生命周期理论的基础上研究人口老龄化对储蓄的影响，认为人口老龄化降低个人储蓄率。

从人口老龄化产生的积极影响来看，有学者认为，人口老龄化意味着劳动力具备更成熟的专业技能，劳动生产力水平较高，显著地促进经济发展水平的提高（王云多，2014）。

还有学者从劳动供给视角出发，验证了老龄化程度的加深能够促进劳动生产率的提高，加快实现经济的提速增长（冯剑锋、陈卫民，2017）。基于储蓄率视角，部分学者认为不同年龄层次对居民储蓄率的影响存在差异（刘祖源、庞丽华，2020），老年抚养比对储蓄率的影响显著为正（王树、吕昭河，2019），人口老龄化程度的加深会引起储蓄率的提升（刘红梅等，2018）。从老年群体自身需求角度出发，老年人口规模的增大显著加快了老年产业的壮大，针对养老等健康医疗需求逐渐增多，推动国民经济的发展进步（李重燕，2020）。还有学者从环境保护的视角出发，认为老年群体的环保意识优于青年人，因此对环境治理起到积极的促进作用，进而对经济高质量发展产生正向效应（杜雯翠、张平淡，2019）。从人力资本积累角度看，老龄化程度的加深使政府加大对公共教育的投资，即人口老龄化对公共部门人力资本投资起到积极的促进作用（Van Zon and Muysken，2001）。老年人相较于年轻人拥有更高的人力资本水平，因此其创新的可能性较高，进而促进技术创新和经济发展（Matthews et al.，2011）。

7.2.2　数字经济相关研究

数字经济的概念最早是由 Tapscott（1996）提出的，这一概念一经提出就得到了学术界的广泛关注。根据《中国数字经济发展与就业白皮书（2019 年）》中对数字经济的定义，数字经济是以数字化的要素和数字技术的驱动重构经济发展的一种新型经济形态。有关数字经济的文献研究，主要集中在宏观和微观两大层面。

从宏观角度看，赵涛等（2020）认为数字经济依其共享数据等优势，能够解决当前经济面临的要素供需矛盾以及兼顾效率公平等问题。胡西娟等（2022）研究了数字经济对壮大实体经济的作用机制，得出数字经济通过技术创新等间接促进中国经济发展的结论。袁惠爱等（2022）则在共同富裕的背景下研究发现，数字经济与共同富裕之间存在显著的空间溢出效应。詹晓宁和欧阳永福（2018）认为数字经济的发展能够推动与传统产业的融合发展，实现产业结构的优化升级，提升国际竞争力，能够实现数字经济的就业创造效应。刘翠花（2022）深入探讨了数字经济与产业结构的影响，发现数字经济的发展显著促进了产业升级与技术创新，激发劳动力市场的创业创新活力。杨慧梅和江璐（2021）立足数字产业化和产业数字化两大维度，测度中国数字经济发展水平，认为数字经济对全要素生产率的提高起到积极的促进作用。此外，从屹和俞伯阳（2020）从资本—劳动力结构角度出发，探究数字经济优化资源配置的路径。Autor（2015）从数字经济促进社会生产效率的角度研究发现，数字经济推动社会生产力的发展，增加了劳动者的劳动报酬，提升了就业水平。Acemoglu 和 Restrepo（2018）指出数字经济显著影响劳动力的就业水平，低技能劳动力因受到市场供求的影响而不断加强技能水平，促进就业率提升。

具体从微观角度来说，以降低企业成本为出发点，数字经济能够加快制造业的创新驱动，带动企业创新（董香书等，2022），考虑到消费者的需求，数字经济能够加快企业增加研发投入，抢占市场先机的速度，提升企业的创新能力（马嫣然等，2023）。从企业投资的角度分析数字经济促进企业投资的作用机制可以发现，数字经济的发展通过人力资本积累以及提升企业价值等路径影响企业投资（邓波，2022）。而企业价值作为企业在劳动力市场环境中占据市场优势的关键因素，企业可以通过塑造数字化环境而获得企业价值的升华（Koch and Windsperger，2017）。然而，在企业创新驱动和数字转型的这一过程中，企业需面临数字经济安全等问题，大数据、云计算等都面临重大的风险挑战，因此，解决企业面临的数字安全问题成为促进企业数字化转型升级过程中的关键问题（Schwertner，2017）。

7.2.3　有关老龄化与数字经济的研究

目前有关人口老龄化与数字经济的相关研究多聚焦于跨越"数字鸿沟"，积极应对人口老龄化的路径。黄晨熹（2020）提出在积极老龄化背景下，应当加快发展"乐龄科技"，打造年龄友好型信息结构，实现老年群体与科技的共生发展。有学者认为，当前中国老龄人口的数字鸿沟呈现由东部地区向中西部地区扩大的趋势（彭继增等，2019），这种趋势进一步加剧了收入差距和贫富分化程度（程名望、张家平，2019）。张晨霞和李荣林（2022）从人口老龄化和数字经济两者之间的关系建立计量模型，通过实证研究发现，数字经济对人口老龄化促进经济高质量发展的过程中产生正向的调节效应。梁雅楠和张成（2022）研究表明，数字经济在人口老龄化促进经济发展的作用中起到正向的调节作用，能够削弱老龄化对经济发展带来的负面效果。然而，机遇和挑战并存，老年群体接收新知识能力较弱，难以在短期内跨越"数字鸿沟"，因此加强老年人教育尤为重要。马玥（2022）从中国当前人口老龄化现状出发，分析得出银发经济与数字经济融合发展的过程中面临一系列问题，认为应当推动需求侧和供给侧改革的协调发展，助力银发群体跨越"数字鸿沟"。朱荟（2022）认为，在当前老龄化与数字化并行的时代，老龄化所面临的社会问题越发凸显，中国数字老龄化在国家战略和社会治理的双重推动下具有巨大的发展潜力。也有学者具体从农村老年群体数字意愿角度出发，探究农村老年人融入数字经济的问题，认为应当通过积极调动老年人的学习主动性，满足现实的数字化需求等多措并举的方式促进老年群体融入数字化生活。韩永辉等（2023）从产业政策优化角度探讨了释放老年群体数字红利的路径，认为要推动老年群体跨越"数字鸿沟"，应打造完备的产业政策体系，提升产业政策的助力效力。孙明雨等（2022）从加剧"数字鸿沟"现象的影响因素角度分析得出，老年人身体、思想等自身因素对数字生活难以融入，同时数字环境中缺乏适合老年人的内容等环境因素均是制约数字经济发展的关键因素。Friemel（2016）认为，教育对于老年群体跨越"数字鸿沟"具有重要作用。Castilla 等（2016）指出老龄人口相较于年轻人缺乏对智能设备技术的掌握，使其面临的"数字鸿沟"的影响更为显著。

7.2.4　文献述评

国内外学者从多个层面对人口老龄化和数字经济展开丰富研究，并从人口老龄化对数字经济的影响方面进行深入探讨。从前文的文献梳理可知，学术界研究的侧重点在于人口老龄化的宏观经济影响，然而人口老龄化对社会经济发展产生的影响研究并未得出一致的结论。同时，有关数字经济的研究主要从数字经济的内涵特征，以及从宏观和微观角度分析数字经济对国民经济的整体运行等方面展开讨论。目前鲜有文献从人口老龄化与数字经济两者之间的关系进行研究，多侧重于数字化背景下积极应对老龄化的路径探讨。因此，本章在已有学者丰富的理论和实践研究的基础上，将人口老龄化与数字经济纳入模型中进行更深的研究，尤其是近几年人口老龄化程度不断加深。有关人口老龄化与数字经济之间的关系分析因地区经济发展的差异性而导致产生的效应存在不同，并非一概而论，应利用具体方法验证已有结论的真实性。

7.3 数字经济发展指数测度

7.3.1 指标体系构建

为了确保本章对数字经济研究的科学性和规范性，构建数字经济指标体系时应当遵循科学性、全面性、实践性以及有效性原则。具体而言：第一，科学性原则，即数字经济发展指标体系的建立能充分反映数字经济的基本特征和理论基础，指标的选取应体现出数字经济的本质内涵，即数字化基础设施、数字化网络应用、数字产业化发展等；第二，全面性原则，即在指标选取过程中，指标的衡量角度广泛，内容具体，尽可能地保证各个指标的系统完备且具有一定的内在联系，能从多维度反映数字经济的丰富内涵，但是要避免含义相近、内容相似的指标，所选取的下级指标要尽可能准确地说明上一级指标；第三，实践性原则，即构成数字经济发展指数体系的各指标应当满足易获取、可计算的条件，数据不可得的指标不应纳入体系中，旨在保证后文指标测度过程的顺利进行；第四，有效性原则，即每一级的指标在确保能充分刻画上一级指标内容的基础上避免重复，并且构建的指标体系能够为衡量数字经济发展水平提供有效的依据。

现有学者对数字经济指标的测度方法众多，主要包括单一指标法和综合指标法。本节参照薛静娴（2023）和李蕾（2022）的方法，基于数据的可得性，从数字化基础设施、数字化网络应用以及数字化产业发展三个维度构建数字经济指标体系。具体指标体系如表7-1所示。

表7-1 中国数字经济发展指标体系

一级指标	二级指标	属性	权重
数字基础设施	互联网域名数（万个）	+	1/9
	互联网宽带接入口（万个）	+	1/9
	互联网宽带接入口（万个）	+	1/9
数字化网络应用	移动电话普及率（部/百人）	+	1/6
	移动互联网用户数（户）	+	1/6

一级指标	二级指标	属性	权重
数字化产业发展	专利授权数（件）	+	1/6
	软件业务收入（亿元）	+	1/6

7.3.2 研究方法与指标测算

为了消除各指标之间不同量纲的影响，对数据进行标准化处理，然后对各指标进行赋权，最终计算得出数字经济发展水平指数。具体步骤如下：

7.3.2.1 数据标准化

正向指标和负向指标的计算方法如下：

$$X_{ij} = \frac{x_{ij} - x_{ij\min}}{x_{ij\max} - x_{ij\min}} \tag{7-1}$$

$$X_{ij} = \frac{x_{ij\max} - x_{ij}}{x_{ij\max} - x_{ij\min}} \tag{7-2}$$

数字经济指标体系包含数字基础设施、数字化网络应用和数字化产业发展三个一级指标以及七个二级指标。因此，各项指标权重的确定是数字经济综合评价研究的基础。目前关于指标权重的确定方法主要包括主观赋权法、客观赋权法、组合赋权法以及等权重法，综合考量已有权重确定的方法的优缺点之后，本节选择等权重法对各指标进行赋权。等权重法指的是构成指标体系测度的各项分层指标的重要性相等。

确定权数的方法具体为：根据各级指标对上一级指标的综合评价贡献值相等的原则，即一级指标对数字经济综合指数的评价贡献值相等，二级指标对一级指标的评价贡献值相等。

数学表达式为：

$$W_i \times N_i (i = 1, 2, \cdots), \quad \sum W_i \times N_i = 1$$

其中，W_i 表示第 i 个一级指标中所包含的每一个二级指标的权数，N_i 表示第 i 个一级指标所包含的二级指标的个数（见表7-1）。

7.3.2.2 计算综合得分

$$Z_i = \sum_{j=1}^{m} (w_j \times X_{ij}) \tag{7-3}$$

其中，Z_i 表示 i 省份的数字经济发展水平指数，X_{ij} 表示第 i 省份或自治区 j

指标值的标准化数值，w_j 表示第 j 项指标的权重。

根据上述计算方法得到 2014~2021 年中国各省份数字经济发展指数。从表 7-2 中可以看出，中国整体的数字经济发展水平基本呈增长态势，各区域的数字经济发展水平存在差异。以 2021 年为例，包括广东、江苏、北京、浙江等在内的东部沿海地区的数字经济发展指数较高，其中，广东凭借数字经济发展潜力优势，充分发挥着全国"领头羊"的作用，数字经济发展处于领先地位，远高于其他省份。山东、上海、四川的数字经济发展较好，仅次于广东等沿海地区。而青海、宁夏、广西等西部内陆地区的数字经济发展水平较落后。

表 7-2　2014~2021 年中国各省份数字经济发展指数

年份 省份	2014	2015	2016	2017	2018	2019	2020	2021
北京	0.517	0.547	0.576	0.526	0.508	0.538	0.531	0.561
天津	0.103	0.108	0.120	0.116	0.102	0.112	0.138	0.142
河北	0.187	0.242	0.273	0.265	0.244	0.262	0.267	0.275
山西	0.117	0.129	0.131	0.138	0.137	0.131	0.151	0.151
内蒙古	0.106	0.106	0.112	0.124	0.117	0.115	0.122	0.128
辽宁	0.266	0.288	0.249	0.241	0.202	0.210	0.203	0.194
吉林	0.207	0.109	0.124	0.133	0.111	0.103	0.124	0.124
黑龙江	0.136	0.133	0.132	0.129	0.108	0.113	0.141	0.134
上海	0.316	0.340	0.329	0.323	0.306	0.337	0.361	0.363
江苏	0.638	0.702	0.680	0.639	0.586	0.604	0.586	0.563
浙江	0.542	0.649	0.621	0.562	0.486	0.553	0.508	0.484
安徽	0.151	0.197	0.197	0.185	0.176	0.194	0.208	0.211
福建	0.273	0.327	0.363	0.372	0.356	0.351	0.283	0.294
江西	0.102	0.121	0.129	0.116	0.118	0.139	0.142	0.138
山东	0.379	0.487	0.480	0.450	0.425	0.450	0.442	0.456
河南	0.229	0.295	0.308	0.295	0.282	0.317	0.327	0.306
湖北	0.178	0.227	0.215	0.199	0.193	0.222	0.220	0.211
湖南	0.155	0.182	0.197	0.186	0.275	0.216	0.225	0.214
广东	0.852	0.872	0.913	0.869	0.817	0.912	0.870	0.850

续表

年份 省份	2014	2015	2016	2017	2018	2019	2020	2021
广西	0.110	0.131	0.137	0.144	0.170	0.170	0.182	0.180
海南	0.063	0.069	0.069	0.078	0.072	0.082	0.063	0.063
重庆	0.134	0.158	0.173	0.179	0.157	0.181	0.173	0.174
四川	0.297	0.353	0.354	0.342	0.351	0.366	0.368	0.345
贵州	0.095	0.111	0.121	0.142	0.113	0.155	0.142	0.180
云南	0.112	0.131	0.143	0.136	0.124	0.143	0.149	0.149
陕西	0.177	0.254	0.222	0.212	0.207	0.221	0.209	0.157
甘肃	0.064	0.076	0.083	0.094	0.088	0.088	0.091	0.111
青海	0.039	0.033	0.036	0.436	0.045	0.037	0.034	0.043
宁夏	0.058	0.043	0.063	0.431	0.075	0.057	0.050	0.057

资料来源：笔者自制。

数字经济通过网络、移动终端等数字渠道实现商品生产、消费的智能化和信息化，提高要素配置率，汇集更多劳动力资源，无疑对劳动者技能素质提出更高的要求。数字经济的发展影响社会经济生活的发展，一方面以数字化形式渗透到各个行业中，推动产业数字化发展；另一方面以刺激消费、带动就业的形式成为国民经济增长的新动能。

东部沿海地区依托其经济、政治充分发挥优势，经济实力处于全国前列，同时重视技术与管理在经济发展中的重要作用，产业数字化水平较高，加之数字化的基础设施条件优越以及完备的高新技术人才体系推动东部沿海地区的数字化水平提升。然而，对于地处内陆的西部地区而言，由于自然禀赋和地理条件处于劣势地位，数字化基础设施薄弱，经济增速落后于发达地区，致使整体数字化水平发展滞后，数字红利有待进一步释放。可见，地理位置对数字经济的发展具有重要影响。除西部地区外，包括黑龙江、吉林、辽宁等省份在内的东北地区的数字经济发展指数也较低，究其原因可能是东北地区重视第一产业和第二产业的发展，造成大量劳动力的流失，吸引人才能力减弱，数字化发展的基础条件落后以及数字创新驱动的环境欠佳等因素制约着东北地区的数字经济的发展。

7.4　中国人口老龄化对数字经济发展水平影响的实证分析

7.4.1　数据来源

鉴于数据的可得性和完整性，本节选取 2014~2021 年涵盖中国 29 个省份（将港澳台、新疆、西藏等数据缺失的地区剔除）代表数字经济发展水平的数据以及人口老龄化数据。所有统计数据来源于国家统计局官网、各地区编撰的统计年鉴、《中国人口和就业统计年鉴》。

7.4.2　变量选取与模型构建

被解释变量：数字经济发展水平。利用前文计算得出的数字经济发展指数作为衡量数字经济发展水平的指标，记为 *YE*。

核心解释变量：人口老龄化程度。人口抚养比主要反映的是人口年龄结构对地区经济发展的影响程度，进入老龄化社会的一个显著特征是老年抚养比过高。因此，选取老年抚养比作为衡量人口老龄化的指标，计算公式：老年抚养比 ＝（65 岁及以上人口总数/劳动年龄人口总数）×100%，记为 *old*。

考虑到其他因素可能影响中国的数字经济发展水平，为了避免遗漏变量导致的估计偏差，本节选取以下几个控制变量：

经济发展水平。进入新常态发展阶段，经济的稳固运行刺激了以数字经济为代表的新兴产业的萌芽，数字经济作为一种技术密集型产业，不仅是促进经济持续向好的"新引擎"，还是复杂经济环境中稳定经济增长的关键动力。经济研究中通常用国内生产总值来衡量地区经济增长速度。而人均 GDP 能够代表一个地区的人民生活水平，因此本节选择人均国内生产总值表示经济发展水平，为了数据的平稳性，避免实证过程中出现异方差波动，并作对数处理，记为 ln*pgdp*。

对外贸易开放程度。对外开放作为中国的一项基本国策，以高水平的对外开放带动经济高质量发展，促进国家或地区之间的合作交流，进一步推动全球经济一体化发展，一个地区的对外开放程度反映了地区的经济发展水平。开放的环境下，各地区之间的贸易活动频繁、贸易往来更加自由化。数字经济的发展带来的数字红利释放，向全世界呈现了科技领域的巨大潜力。因此，本节选择进出口贸易交易总额占地区 GDP 比重来衡量，记为 *tra*。

政府行为。政府行为反映一个地区政府对于市场的干预程度。政府作为行政主体，通过财政政策和货币政策手段调控市场行为，为地区宏观经济的平稳运行奠定基础。考虑到中国各地区的数字经济发展水平不一，数字化基础设施存在较大差异，政府对公共资源的合理分配与调控将直接影响地区的经济发展速度。因此，本节选用地方性一般公共预算支出占地区生产总值的比重来衡量，记为 *gov*。表7-3 报告了变量的描述性统计结果，其中包括变量的名称、样本量、平均值、标准差、最小值以及最大值。

表7-3 变量的描述性统计结果

变量	样本量	平均值	标准差	最小值	最大值
YE	232	0.249	0.191	0.033	0.913
old	232	0.164	0.040	0.092	0.267
ln*pgdp*	232	10.97	0.429	9.270	12.12
tra	232	0.196	0.231	0.010	1.050
gov	232	0.248	0.101	0.110	0.640

从表7-3 变量的描述性统计结果看，2014~2021 年中国的数字经济发展指数的平均值为 0.249，最小值为 0.033，最大值为 0.913，最小值与最大值差距较大，说明各地区间数字经济发展增速不一，存在着数字经济发展不平衡的问题。人口老龄化程度的平均值为 0.164，说明中国人口老龄化总体程度加深。人均GDP 的标准差较大，这可能是由于中国在经济快速发展的同时，各地区间发展不平衡导致的。对外贸易开放程度的平均值为 0.196，最小值为 0.010，最大值为 1.050，各区域的开放程度不同，差距较大。政府行为的平均值为 0.248，最小值为 0.110，最大值为 0.640，两者之间较大的差距说明中国不同地区之间政府对市场的干预程度存在差异。

本节构建了包含被解释变量数字经济、核心解释变量人口老龄化以及人均GDP、对外贸易开放程度和政府行为控制变量的面板计量模型，具体模型设计如下：

$$YE_{i,t} = \alpha_0 + \alpha_1 old_{i,t} + X_{i,t} + u_i + \lambda_t + \delta_{i,t} \quad (7\text{-}4)$$

其中，$YE_{i,t}$ 表示数字经济发展水平，$old_{i,t}$ 表示人口老龄化水平，$X_{i,t}$ 表示包含经济发展水平、对外贸易开放程度以及政府行为在内的其他控制变量，i 和 t 分别代表省份和时间；u_i 和 λ_t 分别表示省份和时间的固定效应；$\delta_{i,t}$ 表示随机扰动项。

7.4.3 模型估计及解释

本节通过对模型进行 F 检验和 Hausman 检验，F 检验和 Hausman 检验均拒绝原假设，因此选择固定效应模型进行基准回归。表 7-4 展示了人口老龄化程度对中国数字经济发展水平的影响的基准回归结果。首先，模型（1）仅考察了人口老龄化与数字经济之间的关系；其次，在模型（1）的基础上，逐步加入控制变量得到模型（2）~模型（4）的回归结果。具体来看，控制变量的加入并没有影响人口老龄化程度与数字经济发展水平两者之间的负相关关系，即人口老龄化程度的加深会抑制中国数字经济的发展进程。未引入控制变量之前，人口老龄化程度的加深对数字经济发展水平的影响显著为负，并在 10% 的统计水平显著，人口老龄化直接造成了老年抚养比例的上升，增大了社会养老、医疗等公共资源的支出，导致社会投资减少，抑制了整体宏观经济增速。观察模型（4）的回归结果，人口老龄化程度每提高 1 个单位，数字经济发展水平降低 0.373 个单位，并且在 5% 的统计水平上显著。说明老年人口数量占劳动年龄人口比重的增加对数字经济带来负担，老年人口数量规模的扩大，不可避免地造成劳动供给减少以及技术进步放缓等问题，进而对数字经济发展形成阻碍。究其原因，老年群体相较于年轻人，身体素质和心理能力处于劣势地位，缺乏使用智能设备的基本数字素养，在数字设备的使用以及数字化软件的操作等方面面临着数字困境，这不仅影响着中国构建数字化、智能化的社会治理格局，同时对释放数字红利以实现全民共享提出挑战。

表 7-4 基准回归结果

变量	模型（1）	模型（2）	模型（3）	模型（4）
old	−0.395 *	−0.226	−0.345 *	−0.373 **
	（−1.88）	（−1.14）	（−1.95）	（−2.13）
$\ln pgdp$		0.042 ***	0.039 ***	0.028 **
		（3.36）	（3.39）	（2.30）

续表

变量	模型（1）	模型（2）	模型（3）	模型（4）
tra			0.150 ***	0.146 ***
			（7.49）	（7.37）
gov				0.167 **
				（2.48）
_cons	0.172 ***	−0.303 **	−0.259 **	−0.098
	（6.04）	（−2.17）	（−2.04）	（−0.70）
省份	控制	控制	控制	控制
时间	控制	控制	控制	控制
观测值	232	232	232	232

注：*、**、***分别代表在10%、5%和1%的显著性水平，括号内为标准误。

进一步分析其他控制变量可以看出，人均 GDP 对数字经济发展水平的影响显著为正，即宏观经济增长速度影响数字经济的发展。随着人均地区国内生产总值的增加，能够有效推动数字经济发展水平的提升。数字经济的发展规模和速度与地区整体的经济发展水平息息相关，数字经济发展所需的智能化设备与技术条件取决于当地的经济发展状况，侧面印证了东部沿海地区的经济发展水平要优于西部地区。模型（4）中对外贸易的开放程度的回归系数为 0.146，并且显著为正，表明对外开放程度与数字经济之间呈正相关关系，对外贸易开放程度越大，越有利于数字经济的发展。数字经济的蓬勃发展离不开各区域间经贸往来与技术交流，在一定程度上推动了资本、技术等要素的自由流动，促进了各区域间的信息共享，推动数字化发展。政府行为对数字经济的作用方向为正，且作用效果显著，说明政府主体对于市场行为的调控能在一定程度上促进数字经济的进程。政府通过货币政策、财政政策等宏观调控手段，干预市场行为，调控市场供需以追求市场均衡，通过对新兴技术产业的资金支持，推动高新技术产业的优化调整，有利于促进数字经济发展水平的提升。

7.4.4　稳健性检验

通过前文人口老龄化对数字经济的实证分析，初步验证了人口老龄化与数字经济之间存在显著的负相关关系。为了验证实证检验结果是否稳健，确保得出的结论真实可靠，需要进一步对实证分析的回归结果进行稳健性检验。本节通过更换核心解释变量进行稳健性检验。用老年人口占比（用 *old*1 表示），即 65 岁及以上人口占总人口的比重替换老年抚养比，来衡量人口老龄化程度。稳健性检验结果如表 7-5 所示。

表 7-5　稳健性检验结果

变量	模型（1）
old1	-0.014
	(-0.32)
lnpgdp	0.031 **
	(2.55)
tra	0.143 ***
	(7.17)
gov	0.158 **
	(2.34)
_cons	-0.183
	(-1.34)
省份	控制
时间	控制
观测值	232
R^2	0.872

注：*、**、***分别代表在 10%、5%和 1%的显著性水平，括号内为标准误。

根据稳健性检验的结果，更换核心解释变量之后，人口老龄化对数字经济的负向抑制作用仍然存在，两者之间的负向关系并未改变。从控制变量的结果看，与前文得出的结论保持一致，说明本章得出的实证分析结果具有说服力，人口老龄化对数字经济发展的影响为负这一结论具有稳健性。

7.5　本章小结与建议

当前，中国老年人口数量与日俱增，"十四五"将成为中国应对人口老龄化的重要窗口期。对于当前人口的干预，依托人口与其他要素的协调发展，才能有效提升人口质量红利。中国经济处于高质量发展阶段，面临沉重的养老负担，同时，数字经济的发展与人口老龄化的加速带来的"数字鸿沟"问题凸显。因此，实施积极应对人口老龄化战略尤为重要。如何在经济形势严峻和人口老龄化程度加深的双重压力下，推动数字经济发展进程的加快将直接关系到中国现代化进程的实现。为了明确人口老龄化与数字经济两者之间的关系，本章在梳理现有文献的基础上，利用中国 2014～2021 年各省份数据构建数字经济指标体系，测算得出中国各省份的数字经济发展指数。根据测算结果，中国整体数字经济发展水平呈现逐年上涨的趋势，但是各区域间由于地理条件、自然禀赋的不同，致使数字经济发展水平增速不一，存在较大差异。然后，基于测算出的数字经济发展指数以及各省份老年抚养比构建面板计量模型，探讨人口老龄化对数字经济发展水平的影响，得到的主要结论如下：

第一，中国数字经济发展水平整体呈逐年向好的态势，但是各区域的数字经济发展水平差异显著。以 2021 年为例，包括广东、江苏、北京、浙江等在内的东部沿海地区的数字经济发展指数较高，其中，广东凭借数字经济发展潜力优势，数字经济发展水平处于领先地位，远高于其他省份。山东、上海、四川等省份的数字经济发展较好，仅次于广东等沿海地区。而青海、宁夏、广西等西部内陆地区的数字经济发展水平较落后。各省份的数字经济发展水平呈现不同程度的增长趋势，这可能是由于地方政府对数字化建设的重视程度不同。数字经济发展水平呈现东西部发展不均衡的特点，西部不发达地区数字化基础设施薄弱，仍存在较大的发展空间和发展潜力。

第二，人口老龄化程度与数字经济发展水平存在显著的负相关关系，即人口老龄化抑制中国数字经济发展水平的提升。一方面，人口老龄化给经济发展带来巨大挑战，社会公共资源在代际之间的不平衡分配导致年轻人面临的养老负担加重；另一方面，数字经济在前沿领域的发展忽视了老年群体的数字化需求，导致老年群体面临的"数字鸿沟"问题日益凸显。人口老龄化从宏观角度不仅影响国民经济的平稳运行，还影响技术创新驱动，进而影响整体数字经济发展水平。从人均地区生产总值看，人均 GDP 对数字经济发展水平的影响显著为正。随着人均地区国内生产总值的增加，能够有效推动数字化经济发展水平的提升。对外贸易的开放程度的回归系数显著为正，表明对外贸易开放程度越大，越有利于数字经济的发展。政府行为对数字经济的作用方向为正，且作用效果显著，说明政府主体对于市场行为的调控能在一定程度上促进数字经济的发展进程。政府通过货币政策、财政政策等宏观调控手段，干预市场行为，有利于促进数字经济发展水平的提升。通过更换核心解释变量进行进一步的稳健性检验可知，人口老龄化对数字经济发展产生负向影响这一结论依然保持稳健。

数字经济的发展已然成为当前新一轮技术变革的新动能，能够有效加速推动技术进步，刺激消费需求，为人民带来巨大的技术红利，进而带动整体国民经济的发展。然而，当前中国人口老龄化快速深化的形势，对中国宏观经济的持续健康运行产生了深远影响。老年群体由于受数字基础知识薄弱和数字教育理念落后等因素的影响，致使数字经济对老年群体的冲击相较于年青一代影响更深，难以凭借自身力量跨越"数字鸿沟"。如何在当前人口结构调整以及数字化经济高速运行的背景下，正确认识人口老龄化带来的问题，加强推进人口老龄化重点任务，尤其是帮助老年群体跨越"数字鸿沟"，释放老年群体的数字红利，发展数字化为人口老龄化带来的新机遇，探索出积极应对人口老龄化的路径显得尤为重要。因此，本章在前文实证分析得出的结论基础之上，结合中国实际情况提出以下几点建议：

第一，积极应对人口老龄化，缓解老龄化"减速效应"。人口老龄化日益深化，对劳动密集型产业的冲击较大。劳动力供给的缺乏导致社会生产力下降，制约经济发展速度。随着科技的进步和居民受教育年限的增加，新兴科技产业的发展促进了社会经济发展，对劳动者技能素质提出更高的要求。因此，应推进人力资本的投资，扩大人口红利，充分发挥老年群体的技术和经验优势，并且配套提升居民整体教育水平作为主要的政策方向。从提高生育率角度而言，提高生育率也是解决人口老龄化问题的路径之一。育龄妇女生育意愿较低的原因来自外部经济压力以及自身职业发展的制约。因此，完善孕产妇的生育福利补贴制度，从根本上保障育龄妇女的合法权益，能够缓解女性生育压力，减轻年轻父母的育儿负担，促进生育率的优质提升。加强并推进托幼服务机构的建设，形成一套制度完善、保障措施丰富的完备的托幼服务体系。从老年人群体自身出发，延迟退休能够充分发挥老年人力资源的积极作用，从而有利于缓解养老压力。应当制定弹性的退休制度，针对不同行业和不同劳动力性质区别考虑，分阶段延迟退休，支持高技能素质的老年群体以返聘的形式继续投入工作，鼓励退休人员再就业。此外，保障老年人的基本生活需求同样重要，切实保障基本养老制度的全面覆盖，完善社会养老保险体系。考虑到中国地域辽阔，各地区、城乡之间经济发展速度不一的情况，应当重视社会公共资源的合理分配，针对不同地区制定不同方案，能够满足老年群体的多元化需求。

第二，因地制宜推动数字经济发展。由于各地区自然禀赋和地理位置的不同，数字经济的发展水平呈现东西部不均衡的态势，应当制定并实施差异化的发展战略。对于数字化基础设施薄弱、数字经济发展水平落后的地区，要加大财政政策的支持力度，鼓励社会各界资本对中西部地区数字化发展投资，促进区域数字经济均衡发展。要充分发挥地区优势产业的带动效应，发挥辐射带头作用，打造独具地方特色的数字经济产业链。创新是引领发展的第一动力，应鼓励围绕高新技术产业的创新驱动，结合各地具体的经济条件和发展基础等因素，加大科技投入力度，鼓励企业提高创新能力，不断推动新兴产业的蓬勃发展。为了加快实现中国经济发展模式由传统经济增长向创新驱动模式的转变，完善的法律体系、创新奖励机制以及高质量的高新技术人才队伍建设都应纳入政策考虑范围之内，注重技术创新的同时加强人才的培养，能够更高水平地推动数字经济的加速发展。

第三，数字化经济赋能银发经济，助力两者融合发展。老年人口比例的上升加大了人们对健康、医疗等公共资源的需求，以养老服务领域为核心的产业日渐显现，庞大的老年群体或将成为推动银发经济的产生与发展的重要动力。从养老照护角度看，数字经济能够提供数字化和智能化的信息平台，依托数字信息对接医疗资源，大大节约了养老照护的信息成本，有助于建立更高效、更完善的医疗照护体系。从养老医疗角度看，数字化平台能够简化就医流程、改善医疗环境，为老年患者提供更便利的服务渠道。同时，数字化技术不仅能够实时监测老年人的身体状态，准确研判老年群体罹患疾病的发生率，还能够提出针对性的治疗方案。养老资源需求的增加势必带来财政资金的倾斜，因此，应充分调动社会各界资本支持银发经济与数字经济的融合发展，为养老服务领域的蓬勃发展提供强有力的保障。为满足老年群体的数字消费需求，应当开发更适合老年人使用的软件和功能，重视老年关怀，并且紧抓老年群体的消费特征和消费心理，在日常生活、养老医疗等方面不断提升数字化服务质量。"数字鸿沟"产生的根本原因在于老年人数字观念的落后，因此应加强老年人数字化教育，提高老年群体的数字经济素养，要重视年青一代对老年群体的关怀与帮助，有助于帮助老年人克服对数字技术的焦虑感，并且能够增强老年人的互联网防范意识，保障财产安全。推动数字经济与银发经济的融合发展为中国实体经济与数字经济融合发展提供新的培育增长点，为经济增长提供有力支撑。

第 8 章

中国人口老龄化对网络消费的影响研究

8.1 引言

随着科技的进步和市场化进程的增加，互联网和数字化技术飞速发展。互联网在便利人们生活的同时深刻影响着社会零售业的发展，21 世纪网络零售业迅速崛起，人们可以足不出户查询和购买世界各国的产品。一方面，信息技术的发展使线上零售业获得了新的发展机会，企业想在市场中获得竞争优势，需要迅速准确地对革新技术和现代社会人口趋势的变化进行有效反应。另一方面，全球范围内人均寿命不断增加、劳动力市场女性占比逐年增加，导致生育率下降，从而引发人口结构老龄化。在这样的背景下，人口老龄化对网络消费产生多重影响，老年人口的消费缺乏弹性及认知能力的下降使网络购物减少，而老年人闲暇时间、消费需求以及支付能力较高可促使网络零售规模扩大。因此，研究老龄化对网络消费的影响效应及其路径对于促进网络零售业持续发展具有重要意义。

8.2 文献综述

学者对于网络消费的研究起步较晚，少有学者从人口学角度研究老龄化对网络消费的影响，但相关研究可以给予人们启发。针对其他因素对网络消费的影响，学界主要从基础设施建设的角度研究其对网络消费的影响：通信基础设施建设对于产业发展的影响在于将网络与信息技术变为推动产业发展方式变化的重要力量。

从供给方面看，移动互联网技术的应用实现了企业间的数字化联系和顾客间的直接互动，对中国产业进步尤其是网络零售业的进步有显著促进效应（罗珉、李亮宇，2015）。基于搜寻理论的微观基础构建了具有价格黏性的动态一般均衡模型，可以发现通过提高消费的边际效用和产品的竞争程度两条机制，可以有效提升产品的市场竞争力，电子商务市场的发展促进了消费，电子商务市场的发展初期主要是对传统市场的替代，其成长期才是新市场创造的过程（方福前、邢炜，2015）。此外，零售商可以更大程度地掌握消费者偏好，推动流通渠道从制造商控制向零售商逆向整合供应链改变，使零售企业从生产流通环节的末端逐步走到了供应链整合的前端（李坤，2017）。有零售商组织实现的一体化是利用互联网平台获取更完善的消费者信息，通过提高消费者对场景的黏性来实现供应链的重塑整合（王福、王科唯，2020）。学者们从不同的时间共同论证了通信基础设施的改善所引发的网络条件的进步对于零售交易方式的发展起到了促进作用。依据生命周期理论，有学者将中国网络零售业发展过程划分为萌芽期、兴起期、爆发期、整合期四个阶段，发现当前网络零售已处于由高速增长向平稳增长转变的阶段（王宝义，2019）。新零售的模式有多维型、赋能型、智慧型、攀升型、微缩型等六种，这一概括是基于企业在经营实践中的案例，对经营规模和市场地位不同的企业所采取的创新方式进行了总结（周勇，2017）。有学者认为新零售是以顾客体验为中心的零售本质的回归，是线上、线下加现代物流全渠道建设，融合大数据、云计算等新兴技术，融合新金融、新资源等多产业生态链来提高零售效率和用户体验的零售新模式，电商企业与实体零售企业走出困境的最佳路径就是进行战略合作、协同发展，利用资源优势互补、融合升级共同推进"新零售"发展，呈现合作、协同、共享、共赢的零售新局面（徐苗，2018）。实际上网络零售与实体商业的双向学习引发了新的商业模式，为消费者提供了更为丰富的服务种类（李晓华，2018）。

从需求方面看，学界也从发展的角度研究网络消费。未来网络零售会进一步取代闲暇实体零售商，只有大型的线下零售商可以存活下来（Hortaçsu and Syverson，2015）。Hoffman 等（1995）对网购的消费者进行抽样发现，经常运用互联网进行购物的人群主要是受教育水平较高且收入水平较高的群体。Gallino 和 Moreno（2014）分析了 O2O 模式对零售产业的影响，线上购买且线下提货可以将部分线上消费者引入实体店消费，增加实体店的销量，实现交叉销售。新零售是在互联网快速发展的背景下，将大数据、云计算、人工智能等一系列高新技术运用到商品生产和流通的环节，通过打通线上和线下优化物流环节，形成"线上+线下+物流"的全新模式（杨洋，2017）。新零售是运用大数据分析消费者的多维需求，将云计算等元素融入到商品的物流中，从而使消费者与零售企业效益最大化的一种零售方式（杨坚争等，2018）。姚洁（2017）认为，新零售的发展呈现五种特征：一是线上线下高度融合；二是融合社交与体验；三是以高新技术为基础；四是更加开放透明；五是与新金融融合。黄艳姗（2017）认为，新零售发展的趋势有以下三种：一是更加注重客户需求；二是更加强调产品级服务的差异性；三是深入挖掘行业价值。张枝军（2011）分析了电商的长处对中国传统零售业的影响，指出传统零售业转型电子商务应该建立供应链管理体系。O2O 模式是传统零售业发展电子商务的模式，线上线下同时发展成为新趋势（景万强、李文新，2020）。王刚（2018）对网络平台运营现状及存在的问题进行了研究，认为利润率偏低、网络平台线下发展压力大阻碍了网络零售平台的发展，并提出电商平台只有改善客户体验、整合产业链、注重社会化媒体传播方式才能实现创新发展。

通过梳理文献可以发现，目前鲜有直接探讨人口老龄化对网络消费的影响的文献，更鲜有研究采用规范的因果推断方法来实证检验两者的关系及内在机理，同时考虑内生性问题，从而提高估计结果的科学性与准确性。因此，本章采用2013~2019 年中国省级面板数据，借助于网络消费快速发展壮大的经验事实，利用中介效应模型，系统讨论人口老龄化对于网络消费的影响效应及其路径，同时考虑内生性问题并进行稳健性检验。与以往的研究相比，本章具有以下创新及贡献：首先，通过评估在数字化的背景下人口老龄化对中国网络消费的影响，验证老年经济主体是否对网络消费产生积极影响并阐明其作用机制，从微观层面讨论了人口老龄化对于网络消费的影响；其次，借助中介效应模型探究人口老龄化对于网络消费的影响；最后，利用广义矩估计法减轻回归模型中存在的内生性问题，并进行稳健性检验以获取更加科学的结论。

8.3　动态分析与研究假设

8.3.1　人口老龄化与网络消费的相关性分析

根据 20 世纪 80 年代以来观测的数据可知，人口老龄化主要是由两种趋势造成的：生育率不断下降和平均预期寿命增长。随着中国国民经济不断增强，人均教育机会逐年增加、妇女劳动参与率大幅提高，但生育机会成本增加导致生育率下降；同时，人们生活条件的提升和社会保障体系的完善导致老年人预期寿命增加，使社会老年抚养比增加。得益于互联网技术的发展及信息技术的完善，线上购物拥有便利性、多样性的特点，因此受到社会大众的欢迎。在零售行业，生产者积极地将新技术应用到销售中，如大数据、人工智能、区块链等为人们提供更全面的新零售服务，因此网络消费额不断增加。

将各个地区老年抚养比及网络消费额的数据联系起来，提供了网络消费规模与人口老龄化之间关系的初步证据。图 8-1 显示网络消费规模与人口老龄化之间存在正相关关系，为进一步验证网络消费规模与人口老龄化之间的关系，后文利用 2013~2019 年中国省级面板数据展开论证。

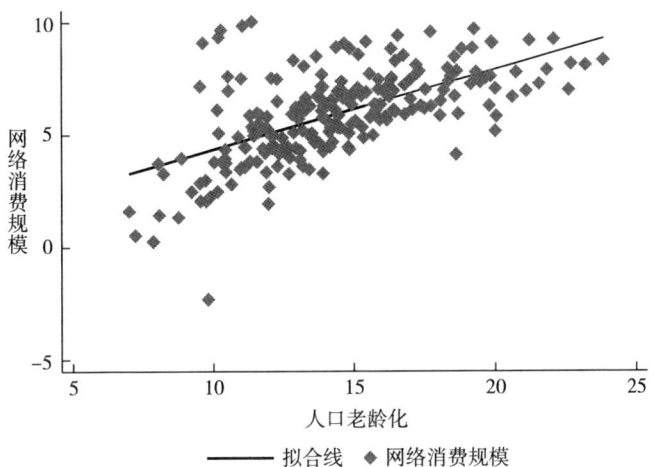

图 8-1　网络消费规模与人口老龄化

资料来源：EPS 数据库。

8.3.2　研究假设

本章在研究老龄化对网络消费规模影响的基础上，通过产业结构升级和居民消费意愿两个中介变量来进一步验证两者之间的关系，具体研究假设如下：

8.3.2.1　人口老龄化影响网络消费发展

人口老龄化直接影响网络消费的发展规模。一方面，预期寿命的增加可改变经济主体的风险行为、消费习惯、财务决策和创业战略，老龄化不仅阻碍了个体的认知和处理能力，还会增加个体对风险的厌恶程度因而改变消费决策，降低经济主体从事新行业的动机。随着个体年龄的增长，老年人在消费习惯上变得更加保守，更愿意将自己的消费选择限制在由过往经验所界定的范围之内。与之相反的是，年轻的个体则更愿意改变他们的偏好来适应产品和潮流的更新，从而导致不稳定的消费模式。人口老龄化使从事经济活动的人群中 65 岁及以上人口的占比增加，而在使用信息技术的人员中，65 岁及以上人口的占比下降，老年人不擅长网络购物的习惯阻碍了网络贸易的扩张。

另一方面，在数字化背景的今天，网络购物给人们社会生活带来极大的便利，老年人属于既有消费需求又有支付能力的群体，他们拥有充足的闲暇时间以及对美好生活的憧憬，他们对文化及娱乐等方面的消费需求较高。第 47 次《中国互联网络发展状况统计报告》显示，中国中老年网民规模不断扩大，50 岁及以上网民比例由 2020 年的 16.9% 上升至 2023 年的 29.9%。"十四五"期间，《"十四五"国家老龄事业发展和养老服务体系规划》提出了"老年用品制造业和服务业加快转型升级，科技化水平显著提升"。这一规划强调了教育培训、文化娱乐、健康养生、旅居养老等融合发展的新业态不断涌现的重要性。此外，该文件还特别提到了深入实施"智慧助老"行动，提升老年人使用智能产品的能力，通过不断提升养老服务领域信息化、数字化、智能化水平，让养老服务更贴心、更便利、更放心。

因此，人口老龄化会对网络消费规模产生影响。据此，本章提出假设 1：人口老龄化对网络消费规模产生正向影响。

8.3.2.2　人口老龄化、产业结构转型升级与网络消费规模

人口老龄化视角下产业结构转型升级的观点：一是人口结构老龄化促进产业结构转型升级。老年人的消费习惯随着个人年龄的增长而发生变化，人口老龄化使社会对休闲活动、老年援助和医疗保健的需求增加对住房和交通的需求下降。老年人口消费习惯的转变导致服务业增长速度快于制造业，从而促进产业结构的优化升级。此外，人口老龄化加重使人口红利逐渐消失，倒逼企业用资本、技术等其他生产要素代替劳动力以促进产业结构转型升级。二是人口老龄化抑制产业结构转型升级。老年人口增加会降低劳动生产率、增加社会养老负担和福利支出，不利于产业结构转型升级。三是人口老龄化与产业结构转型升级的关系非线性。如果老年人口数量超过城镇化水平规定的"门槛"，老龄化将促进产业结构转型升级；如果未超过则会抑制产业结构转型升级。

产业升级的动因包括需求拉动和供给推动两个方面，其中需求推动主要由于人们对服务业的需求随着收入的增加而增加，技术创新的扩散速度影响供给推动。基于此，产业升级的动因能够促进网络消费的发展，一方面，从需求推动的角度而言，为了使消费者在消费过程中的体验更加舒适，零售将传统零售转变为体验零售，从而更好地适应与满足当今消费者个性化的需求以促进消费；另一方面，新零售正是基于信息技术的创新与发展而提高。信息技术的进步可以促进区域经济的发展和产业结构优化升级从而萌生新产业，网络消费的发展对其有明显的路径依赖。

人口老龄化对产业结构转型升级产生影响，在当前经济高质量发展阶段，人口老龄化存在倒逼机制促进企业转型升级，产业结构升级产生中介效应，最终促进网络消费的发展。据此，本章提出假设2：人口老龄化通过产业结构升级产生中介效应进而促进新零售发展（网络消费规模）。

8.3.2.3　人口老龄化、居民消费需求与网络消费规模

人口老龄化与居民消费倾向的观点有以下几个方面：一方面，人口老龄化促进居民消费。老年抚养比和儿童抚养比对农村居民消费影响显著，即老年抚养比提高促进农村居民消费，儿童抚养比提高抑制农村居民消费。老年人口比例越高社会消费水平越高。此外，有研究发现农村人口老龄化率和农村老年赡养比对农村居民消费具有促进作用。另一方面，人口老龄化抑制居民消费。人口老龄化与城镇家庭人均消费支出呈负相关关系，相关关系随分位数的提高呈现"U"形变动特征。有研究显示，人口老龄化对城镇居民消费的抑制作用大于农村；随着人口老龄化程度加深，农村居民消费水平先下降后上升，且收入提高可以促进老龄化背景下农村居民消费率的提升。

消费结构升级促进零售业态变迁，类别升级显著影响网络消费者与电商，品牌升级能够有效促进便利店、专卖店业态发展，品质升级虽然对线下实体零售业有促进作用但也会抑制网络消费的发展。消费升级是新零售发展的重要推力，消费升级促进消费需求反馈到生产环节，可助推新零售产业和技术的升级，提供更高的供给效率和消费效率以促进新零售行业经济良性循环。新零售的发展通过居民消费数量和消费质量的提升而提升，体现了新零售业的发展满足居民多样化的消费需求。

人口老龄化会对居民消费需求产生影响，而积极的居民消费需求促进网络消费的发展。据此，本章提出假设3：人口老龄化通过消费需求产生中介效应进而促进新零售发展（网络消费规模）。

8.4 中国人口老龄化对网络消费规模影响的实证分析

8.4.1 计量模型构建

本节通过实证检验，研究人口老龄化与网络消费规模之间的关系。为了分析人口老龄化对网络消费规模的影响，在控制其他除人口老龄化之外的影响因素的基础上，构建了中介效应模型，选取产业结构升级和消费需求作为中介变量构建如下模型：

$$\ln ORS_{it} = \alpha_0 + \alpha_1 \ln OLD_{it} + \alpha_2 CV_{it} + \mu_{1i} + \varepsilon_{1it} \tag{8-1}$$

$$UIS_{it} = \beta_0 + \beta_1 \ln OLD_{it} + \beta_2 CV_{it} + \mu_{2i} + \varepsilon_{2it} \tag{8-2}$$

$$\ln ORS_{it} = \lambda_0 + \lambda_1 \ln OLD_{it} + \lambda_2 UIS_{it} + \lambda_3 CV_{it} + \mu_{3i} + \varepsilon_{3it} \tag{8-3}$$

$$CONS_{it} = \delta_0 + \delta_1 \ln OLD_{it} + \delta_2 CV_{it} + \mu_{4i} + \varepsilon_{4it} \tag{8-4}$$

$$\ln ORS_{it} = \theta_0 + \theta_1 \ln OLD_{it} + \theta_2 CONS_{it} + \theta_3 CV_{it} + \mu_{5i} + \varepsilon_{5it} \tag{8-5}$$

其中，i 表示中国各省、市、自治区，t 表示年份；ORS_{it} 表示网络消费规模；OLD_{it} 表示人口老龄化水平；UIS_{it} 表示产业结构升级；$CONS_{it}$ 表示消费需求；CV_{it} 表示控制变量，具体包括物流状况、经济发展水平、互联网建设、居民消费价格指数、城镇化水平、教育水平；μ_i 表示地区不可观测效应；ε_{it} 表示随机误差项；α_1 表示人口老龄化对网络消费规模发展的总效应；λ_1 及 θ_1 表示人口老龄化对网络消费规模发展的直接效应；$\beta_1 \times \lambda_2$ 表示通过产业结构升级传导的中介效应；$\delta_1 \times \theta_2$ 表示通过消费需求传导的中介效应。

8.4.2 指标选取及数据来源

被解释变量：用网络消费规模作为被解释变量。由于网络消费为新型产业，缺乏较早年间的统计数据，因此本节选取 2013～2019 年各地区网络消费销售额作为计量数据。

解释变量：人口老龄化用老年人口抚养比衡量。

中介变量包括产业结构升级和消费需求，参照穆怀中和裴凯程（2020）的度量方式进行如下测算：①产业结构升级采用第三产业增加值占总产业生产值的比重进行度量；②消费需求采用居民消费额占 GDP 比重作为消费指标。

本节选取的控制变量包括：①物流情况。物流是网购活动中买卖双方之间的重要桥梁，强大的现代物流业可以为电子商务的发展需要做支撑，现代化物流运营模式能促进电子商务的健康平稳发展，因此选取全国货运量作为量化物流状况的指标。②经济发展水平。各个地区的经济发展状况会直接影响消费支出，用人均 GDP 作为衡量指标。③互联网建设。较为发达的互联网建设水平为居民网上购物提供便利条件，选取域名数来反映各个省份互联网域名资源的配置情况，进而作为互联网建设衡量指标。④居民消费价格指数。居民消费价格指数是反映居民普遍购买的消费品和服务价格变动的宏观经济指标。⑤城镇化水平。城镇化水平高的地区，网络消费条件充沛，采用城镇人口占总人口比重来衡量。⑥教育水平。利用各地区拥有大专及以上文化程度人数比本地区总人数的百分比衡量。

数据来源于历年的《中国统计年鉴》，选取 2013～2019 年中国面板数据作为研究样本，由于港澳台的数据缺失故未纳入实证分析，因此一共选取 31 个省份、7 年共计 217 个观测值。变量的描述性统计如表 8-1 所示。

表 8-1　变量的描述性统计结果

变量类型	变量名称	变量代码	衡量指标	均值	最小值	最大值
被解释变量	网络消费规模	$\ln ORS$	网络消费销售额（亿元）	5.955	-2.303	11.877
核心解释变量	人口老龄化	$\ln OLD$	老年人口数除以劳动年龄人口数乘以100%	2.282	1.816	2.999
中介变量	产业结构升级	UIS	第三产业增加值占 GDP 的比重	0.479	0.004	0.835
中介变量	消费需求	CONS	居民消费额占 GDP 的比重	1.397	0.007	8.093
控制变量	物流状况	$\ln LOG$	货运量（万吨）	11.504	7.523	12.981
控制变量	经济发展水平	$\ln PGDP$	人均 GDP（万元）	10.888	10.037	15.369
控制变量	互联网建设	$\ln DN$	域名数（万个）	3.701	-0.693	6.783
控制变量	居民消费价格指数	$\ln CPI$	居民消费价格指数（%）	4.626	4.611	4.643
控制变量	城镇化水平	$\ln Town$	城镇人口比重（%）	4.032	3.166	4.495
控制变量	教育水平	EDU	各地区拥有大专及以上文化程度人数占本地区总人数的比重（%）	3.250	0.214	68.162

8.4.3　人口老龄化对网络消费规模的影响

本节旨在分析人口老龄化对网络消费产生的影响，运用 2013～2019 年 31 个省份的面板数据进行分析。由于以省份作为分析对象导致个体量少，因此将个体效应作为固定效应，本节所有回归均采用固定效应模型，实证结果如表 8-2 所示。

表 8-2　人口老龄化对网络消费规模发展影响的估计结果

变量	模型（1）	模型（2）	模型（3）	模型（4）	模型（5）
	lnORS	UIS	lnORS	CONS	lnORS
lnOLD	0.1838 ***	0.0173 **	0.1830 ***	0.0116 ***	0.1137 ***
	(0.047)	(0.008)	(0.041)	(0.002)	(0.038)
UIS			0.4030 **		
			(0.167)		
CONS					7.7973 ***
					(1.800)
lnLOG	−0.0236	−0.5356 ***	0.4852 **	−0.0724 ***	0.5760 ***
	(0.164)	(0.178)	(0.212)	(0.014)	(0.203)
lnPGDP	0.4200	−0.1716 ***	0.3934 **	−0.0828 ***	1.0348 ***
	(0.260)	(0.037)	(0.200)	(0.009)	(0.209)
lnDN	0.7722 ***	0.0139	0.8109 ***	0.0263 ***	0.5393 ***
	(0.124)	(0.021)	(0.124)	(0.007)	(0.109)
lnCPI	−23.7273 **	−2.2505	−22.1880 **	−0.6511	−18.9068 *
	(11.171)	(1.712)	(10.528)	(0.512)	(10.371)
lnTown	1.5553 **	0.7632 **	1.8121 ***	0.3370 ***	−0.8675
	(0.714)	(0.300)	(0.641)	(0.085)	(0.661)
EDU	0.0088	−0.0016	0.0123	−0.0006 ***	0.0125
	(0.015)	(0.001)	(0.014)	(0.000)	(0.014)
Constant	99.6005 *	16.4648 *	85.1752 *	3.6040	71.6003
	(52.800)	(9.339)	(48.985)	(2.264)	(49.026)

注：*、**、*** 分别表示在 10%、5%、1% 的水平上显著，下表同。

8.4.3.1　人口老龄化、产业结构升级、居民消费与网络消费规模的基准回归结果

表 8-2 的实证结果分析如下：首先，模型（1）表明人口老龄化对网络消费规模发展具有显著正效应，随着人口结构逐渐老化，网络消费规模在不断扩大，

验证本章假设1。老年人属于既有消费需求又有支付能力的群体，随着互联网使用群体中中老年群体的不断扩大以及政府对通信服务、电子商务等老年用品供给的增加，人口老龄化对网络消费规模发展具有促进作用。其次，模型（2）和模型（4）报告了人口老龄化对中介变量的回归结果，回归系数都显著为正，表明人口老龄化对产业结构升级和消费需求都产生促进作用。最后，模型（3）和模型（5）分别表明产业结构升级和消费需求均在一定程度上促进了网络消费规模的发展，产业结构升级促进网络消费销售量的增加，消费意愿过高必然导致消费行为的产生，从而扩大网络消费规模。

8.4.3.2 人口老龄化与网络消费规模的中介效应检验

根据中介效应检验方法，模型（1）、模型（2）和模型（3）是以产业结构升级为中介变量的估计结果，模型（1）、模型（4）和模型（5）是以消费需求为中介变量的估计结果，两部分的系数均通过显著性检验表明存在部分中介效应。具体而言，模型（1）显示人口老龄化对网络消费规模的总效应为正，模型（2）显示人口老龄化对产业结构升级的效应为正，模型（3）显示人口老龄化对网络消费的效应为正，这意味着人口老龄化通过对产业结构升级的正向中介效应从而促进了网络消费的发展，验证了本章假设2。类似地，模型（4）显示人口老龄化对消费需求有正向促进效应，模型（5）显示人口老龄化对网络消费规模的效应为正，这意味着人口老龄化通过对居民消费需求的正向中介效应从而促进了网络消费的发展，验证了本章假设3。可以看出，当前人口老龄化在对网络消费发展产生促进作用的同时，通过促进产业结构升级和消费需求这两个中介变量进一步解释了该正向作用。结果表明，人口老龄化对中国居民消费及产业结构升级产生积极影响，从而促进中国网络消费规模的壮大。

8.4.3.3 相关控制变量对网络消费规模的影响

相关控制变量对网络消费规模的影响结果以模型（3）为主，其中物流状况与网络消费规模有显著正相关关系，与事实相符。物流产业的良好发展给予消费者更好的网购体验，促进网络消费的发展。经济发展水平与网络消费规模存在显著正相关关系。随着中国经济的发展居民生活质量不断提升，人们的购物方式发生转变，与此同时零售业正经历重大变革，零售商更依赖电子商务技术以及大数据在渠道决策中的作用，经济发展水平更高的地区其网络消费发展得更好。互联网建设水平与网络消费规模呈显著正相关关系，表明互联网建设的提高有利于新零售的发展，中国互联网的建设水平普遍提高，5G技术的快速发展使人们享受到互联网所带来的便利。居民消费价格指数与网络消费规模呈显著负相关关系，表明各地区居民购买的消费品以及服务项目价格变动程度越小（即价格变动在温和区间）越有利于网络消费规模的扩大。城镇化水平与网络消费规模呈显著正相关关系，城镇化水平高的地区为网络消费提供了条件，促进网络消费规模的扩大。教育水平与网络消费规模呈正相关关系，表明教育程度越高的消费者越容易转变自己的消费方式，如利用网络媒介进行购物。但教育水平与网络消费规模的相关性不显著，可能是随着中国九年义务教育的普及，人均教育水平提高，人均受教育程度差距缩小导致网络购物差距不显著。

8.4.4 分区域人口老龄化对网络消费规模的影响

中国地区经济发展不平衡，人口老龄化和网络消费规模因地区差异而产生不同的特点。为了检验人口老龄化对网络消费规模影响的地区差异，本节将观测值分为东部地区与中西部地区两个区域并分别进行回归。选取的计量模型以及估计方法和上文一致，回归的结果如表8-3和表8-4所示。

表8-3 东部地区人口老龄化对网络消费规模影响的估计结果

变量	模型（6）	模型（7）	模型（8）	模型（9）	模型（10）
	$\ln ORS$	UIS	$\ln ORS$	$CONS$	$\ln ORS$
$\ln OLD$	0.1672***	0.0084***	0.0713	0.0233***	0.1342***
	（0.046）	（0.002）	（0.044）	（0.009）	（0.038）
UIS			11.4136***		
			（2.651）		
$CONS$					1.5033***
					（0.506）
$\ln LOG$	0.4051	0.0322	−0.4729	−0.6089**	1.6911***
	（0.348）	（0.021）	（0.845）	（0.261）	（0.561）
$\ln PGDP$	1.4013**	0.0256	1.3825**	−0.5487***	2.2640***
	（0.614）	（0.034）	（0.622）	（0.204）	（0.659）
$\ln DN$	0.7330***	0.0245***	0.1596	0.0222	0.6761***
	（0.193）	（0.009）	（0.167）	（0.040）	（0.173）
$\ln CPI$	−0.1986	−0.9413	−6.6784	0.6373	−6.7694
	（11.836）	（0.706）	（12.364）	（2.030）	（12.169）

续表

变量	模型（6）	模型（7）	模型（8）	模型（9）	模型（10）
	ln*ORS*	UIS	ln*ORS*	CONS	ln*ORS*
ln*Town*	2.1810	0.3235**	8.2168***	1.1667*	2.5376**
	(1.756)	(0.132)	(2.892)	(0.614)	(1.268)
EDU	0.0278**	−0.0003	0.0328***	−0.0018	0.0325***
	(0.011)	(0.000)	(0.008)	(0.001)	(0.009)
Constant	−27.5283	2.6124	−11.8109	5.9661	−24.1209
	(48.935)	(3.511)	(56.554)	(12.063)	(50.375)

表 8-4　中西部地区人口老龄化对网络消费规模影响的估计结果

变量	模型（11）	模型（12）	模型（13）	模型（14）	模型（15）
	ln*ORS*	UIS	ln*ORS*	CONS	ln*ORS*
ln*OLD*	0.1663**	0.0097**	0.2033***	0.0283**	0.1749**
	(0.078)	(0.004)	(0.064)	(0.012)	(0.077)
UIS			3.5267***		
			(1.301)		
CONS					0.2327**
					(0.098)
ln*LOG*	0.0217	−0.0335*	1.1502*	−0.5118***	0.3518*
	(0.169)	(0.018)	(0.677)	(0.180)	(0.196)
ln*PGDP*	0.3947*	0.0124***	0.0300	−0.1567***	0.3565**
	(0.223)	(0.004)	(0.149)	(0.022)	(0.168)
ln*DN*	0.7517***	0.0026	0.1108	0.0243	0.7936***
	(0.219)	(0.007)	(0.155)	(0.024)	(0.203)
ln*CPI*	−46.8847***	−0.4139	−26.1799**	−4.1829**	−45.6428***
	(13.422)	(0.480)	(10.380)	(1.721)	(13.190)
ln*Town*	−0.0758	0.3401***	8.7720***	0.3812	−0.1213
	(0.779)	(0.110)	(2.386)	(0.375)	(0.740)
EDU	−0.0421***	−0.0001	0.0001	−0.0037**	−0.0391***
	(0.012)	(0.001)	(0.017)	(0.002)	(0.012)
Constant	213.2799***	1.1690	81.4396	26.5080***	203.7233***
	(62.784)	(2.376)	(51.591)	(8.857)	(61.420)

　　基于回归结果发现，人口老龄化对网络消费规模存在正向影响，但对两区域的影响程度不同。具体而言，表8-3、表8-4模型（6）与模型（11）表明人口老龄化对东部地区产生的正向影响高于中西部地区，但加入产业结构升级变量和消费需求变量后，两模型均表明人口老龄化对中西部地区产生的影响更大。对于中介效应而言，加入产业结构升级变量后，人口老龄化对东部地区的网络消费规模影响为正但并不显著，存在完全中介效应，人口老龄化对中西部地区的网络消费规模的回归系数通过了1%的显著性检验，因此存在部分中介效应，表明人口老龄化通过促进产业结构升级影响网络消费规模的发展。加入消费需求变量后，人口老龄化对中西部地区的网络消费规模回归系数通过了5%的显著性检验，表明存在显著的部分中介效应，且中西部地区消费需求的中介效应高于东部地区，人口老龄化通过提高居民消费需求来促进网络消费规模的发展。对比模型（10）和模型（15）中居民消费需求的系数可以发现，消费需求对东部地区网络消费规模发展的驱动作用明显高于中西部地区。

　　控制变量的回归结果显示：①在表8-3、表8-4模型（8）和模型（13）中，物流状况显著促进中西部地区网络消费规模的发展，而对东部地区的影响并不显著，原因在于中西部地区地域辽阔、人口居住分散，交通物流成本较大，基础设施相对于东部地区较为落后，因此中西部地区发展潜力较大可有效推动网络消费的发展；人均GDP水平与网络消费规模正相关，但在东部地区显著而在中西部地区不显著，可能的原因在于东部地区的经济发展水平高于中西部地区，而拥有更高经济发展水平的地区其网络消费发展更为积极；城市化水平显著促进了中国新零售的发展水平，较高的城市化水平为网络消费提供了条件，促进了网络消费规模的扩大。②在模型（10）和模型（15）中，互联网建设水平能促进网络消费规模的发展，并且都显著。③在模型（6）和模型（11）中，教育水平显著提升了东部地区的网络消费规模，但中西部地区的教育力度还需要加大。

8.4.5　内生性分析

　　模型中会存在内生性问题，且模型中可能会存在遗漏变量等问题，使模型结果出现偏差，为解决这一问题，本节引入广义矩估计（GMM）。由于本章的研究时间跨度较小，因此利用两步差分广义矩估计（DIFF-GMM）进行动态短面板数据分析。

　　表8-5是人口老龄化对网络消费规模影响的差分GMM模型估计结果，为使回归结果更加可靠，对模型的合理性和工具变量的有效性进行检验，表8-5的回

归结果显示，扰动项的差分项存在一阶自相关，但不存在二阶自相关，故接受扰动项无自相关的假设；Sargan 检验对应的 p 值均大于 0.5，表明回归没有过度识别。实证结果显示，在减轻内生性的影响下，模型的回归更加显著，且均没改变模型的基本回归结果。模型 (16)、模型 (18) 和模型 (19) 表明人口老龄化对网络消费规模具有显著正效应；模型 (18) 和模型 (20) 表明人口老龄化在对网络消费规模产生促进作用的同时，通过促进产业结构升级和消费需求这两个中介变量进一步解释了该正向作用。

表 8-5　人口老龄化对网络消费规模影响的 DIFF-GMM 模型估计结果

变量	模型 (16)	模型 (17)	模型 (18)	模型 (19)	模型 (20)
	lnORS	UIS	lnORS	CONS	lnORS
lnOLD	0.1359***	0.0077***	0.1337***	0.0060***	0.1136***
	(0.013)	(0.000)	(0.014)	(0.001)	(0.019)
UIS			−1.5656**		
			(0.792)		
CONS					0.3064***
					(0.042)
lnLOG	−0.1419***	−0.0467***	−0.2465***	−0.0622***	0.2739**
	(0.047)	(0.002)	(0.074)	(0.008)	(0.120)
lnPGDP	0.1707***	−0.0901***	0.0377	−0.2226***	0.1028
	(0.029)	(0.002)	(0.074)	(0.001)	(0.064)
lnDN	0.0389	0.0132***	0.0310	0.0494***	0.2144***
	(0.056)	(0.002)	(0.059)	(0.005)	(0.035)
lnCPI	−27.3059***	0.9774***	−26.5229***	0.7865*	−30.5147***
	(2.111)	(0.147)	(2.192)	(0.461)	(2.796)
lnTown	1.6733***	0.4156***	2.2133***	−0.1233***	2.1026***
	(0.234)	(0.024)	(0.379)	(0.028)	(0.289)
EDU	0.0241***	−0.0002***	0.0242***	0.0000	0.0219***
	(0.003)	(0.000)	(0.003)	(0.000)	(0.003)
Constant	120.0872***	−4.4172***	117.4960***	−0.2506	128.7330***
	(10.284)	(0.703)	(10.641)	(2.181)	(13.767)
lnORS (−1)	0.5604***		0.6088***		0.4935***
	(0.029)		(0.044)		(0.026)

续表

变量	模型（16）	模型（17）	模型（18）	模型（19）	模型（20）
	lnORS	UIS	lnORS	CONS	lnORS
UIS（-1）		0.1419*** (0.026)			
CONS（-1）				0.9951*** (0.005)	
AR（1）检验	0.0079	0.5353	0.0060	0.5098	0.0156
AR（2）检验	0.5101	0.4976	0.5755	0.3584	0.3171
Sargan 检验	0.5638	0.5872	0.6563	0.6254	0.5583

8.4.6　稳健性分析

上述回归结果验证了本章的理论假设，即人口老龄化通过产业结构升级和居民消费需求的中介效应，促进了网络消费规模的发展。为了检验回归结果的稳健性，本节改变了测量方法。系统广义矩估计（SYS-GMM）比差分广义矩估计（DIFF-GMM）有更好的有限样本性质，可以大大减小差分广义矩估计（DIFF-GMM）带来的偏误。模型（21）～模型（25）显示，改变解释变量的测度指标和替代估计的方法后，主要解释变量的基本估计结果不变：人口老龄化对网络消费规模的效应显著为正，对产业结构升级和居民消费需求存在促进作用，中介效应显著，上述估计结果具有较强的稳健性（见表8-6）。

表8-6　人口老龄化对网络消费规模影响的 SYS-GMM 模型估计结果

变量	模型（21）	模型（22）	模型（23）	模型（24）	模型（25）
	lnORS	UIS	lnORS	CONS	lnORS
lnOLD	0.1570*** (0.019)	0.0064*** (0.001)	0.1081*** (0.022)	0.0168*** (0.002)	0.1266*** (0.027)
UIS			6.1432*** (0.718)		
CONS					0.7332*** (0.120)

续表

变量	模型（21）	模型（22）	模型（23）	模型（24）	模型（25）
	lnORS	UIS	lnORS	CONS	lnORS
$\ln LOG$	1.7380***	0.0558***	1.5028***	−0.0742**	1.6702***
	(0.135)	(0.013)	(0.208)	(0.031)	(0.223)
$\ln PGDP$	0.0145**	−0.0996***	0.5954***	−0.1944***	0.1498***
	(0.007)	(0.002)	(0.075)	(0.003)	(0.018)
$\ln DN$	−0.4084***	0.0101***	−0.4454***	0.0332***	−0.4498***
	(0.050)	(0.002)	(0.049)	(0.004)	(0.044)
$\ln CPI$	25.9043***	0.7949***	21.0064***	1.1160**	28.0211***
	(3.781)	(0.134)	(3.497)	(0.456)	(3.315)
$\ln Town$	3.7039***	0.2453***	1.1993	−0.1935**	3.5938***
	(0.717)	(0.082)	(0.847)	(0.097)	(0.660)
EDU	0.0353***	−0.0004***	0.0388***	−0.0002	0.0347***
	(0.001)	(0.000)	(0.001)	(0.000)	(0.001)
Constant	−155.2063***	−3.9689***	−128.2467***	−0.9521	−165.6744***
	(16.486)	(0.689)	(15.238)	(1.930)	(15.325)
$\ln ORS(-1)$	−0.4526***		−0.4330***		−0.1675***
	(0.007)		(0.015)		(0.009)
$UIS(-1)$		0.1005**			
		(0.043)			
$CONS(-1)$				0.3748***	
				(0.020)	
$\ln ORS(-2)$	−0.0779***		−0.0563**		−0.0607***
	(0.020)		(0.026)		(0.019)
$UIS(-2)$		0.1425***			
		(0.044)			
$CONS(-2)$				−0.0919***	
				(0.017)	
AR（1）检验	0.3235	0.8797	0.3184	0.7964	0.3207
AR（2）检验	0.3938	0.9965	0.3737	0.5795	0.4068
Sargan 检验	0.6854	0.7147	0.6237	0.8142	0.6499

8.5　本章小结与建议

本章采用 2013～2019 年中国省级面板数据，借助网络消费快速发展的经验事实，系统讨论了人口老龄化对网络消费规模的影响。本章研究发现，人口老龄化对网络消费规模具有显著的正向效应。老年人属于既有消费需求又有支付能力的群体，随着互联网使用群体中中老年群体不断扩大以及政府对通信服务、电子商务等老年用品供给增加，人口老龄化对网络消费规模发展具有促进作用。人口老龄化对居民的产业结构升级的影响为正，表明人口结构老龄化促进产业结构的优化升级。人口老龄化促进了居民的消费需求，产业结构升级和消费需求的系数均通过了显著性检验，表明存在显著的部分中介效应。可以发现人口老龄化在对网络消费规模产生促进作用的同时，通过促使产业结构升级和消费需求这两个中介变量，进一步解释了该正向作用。结果表明，人口老龄化对中国居民消费及产业结构升级产生积极影响，从而促进中国网络消费规模的扩大。从区域的视角看，人口老龄化对东部地区和中西部地区的网络消费规模存在正向影响但程度不同。为使中国零售业能够应对人口结构的变化，本章提出以下几点建议：

一是积极应对人口老龄化。及时发现并探索老年员工身上的闪光点，他们拥有丰富的经验和较高的职业素质，可在贸易数字化条件下利用其未发挥的潜力，老一辈劳动者可以作为专业顾问和导师向新员工传授工作的经验和技巧，充分发挥自身的劳动潜力。同时，随着年龄的增长，老一辈人对所从事工作有较强的信念感，能较好地应对工作中所遇到的困难。这种价值结构使企业的老一代员工能够发挥自己的劳动潜力，成为专业的顾问，成为新一代人学习的榜样。老年人可以参与专业经验价值高的活动，年长的员工扮演导师的角色，将自己的经验传授给年轻的同事，不同代际工人之间的互动可以加速人力资本的提升和企业的发展。

二是挖掘老年人口的消费潜力，揭示经济发展的"新机遇"。目前，中国 60岁及以上人口接近发达国家劳动力总量。老年群体的重要性毋庸置疑，应该打破现有的文化及社会认知偏见，重视老员工在工作中的作用，必须继续深入分析长寿人口的特定消费项目，重新采纳公共政策建议，为企业创造新的机会，为未来几年不断涌现的充满活力的人群服务。这些也是今后有待研究的重要议题。

　　三是加快产业转型升级，明确区域发展差异，对不同区域指定不同产业政策，推动产业结构升级政策的落地实施。本章研究表明产业结构转型升级可以促进网络消费规模的发展，缓解由人口老龄化所带来的正面影响。因此，在人口结构不断趋于老龄化的情况下，要坚持利用新能源、新产业来带动经济绿色持续发展，同时要结合不同地区的不同特色实施扶持产业发展政策，推动中国向更高水平、更高质量、更协调、更安全、更文明的方向发展，有效推动中国区域协调发展进入新阶段，逐步解决区域发展不平衡、不充分的现实问题，最终提高区域协调发展的水平和质量。

第 9 章

中国老年人力资本现状研究

9.1 引言

进入 21 世纪以来，全球面临着一个重大的社会经济挑战——人口老龄化。中国人口老龄化的趋势主要由两个因素造成：一是生育率的下降，特别是一胎化政策的实施和鼓励少生优生导致了新生儿数量的大幅度减少；二是人口寿命的延长，随着医疗技术的进步和生活条件的改善，人们的平均寿命已经显著提高，根据 2020 年全国人口普查数据，中国人口平均预期寿命为 77.93 岁，这种人口老龄化的趋势对中国的社会和经济发展带来了重大挑战，其对经济的影响已日益凸显，在中国实行市场经济体制以来，经济社会迅速发展，中国始终保持高速的经济增长，但是近几年中国经济增速明显放缓，并且人口老龄化对社会和经济的影响是深远的。首先，随着老年人口比例的增加，劳动年龄人口的比例将会下降，这可能会对中国的劳动力供应和经济增长产生影响；其次，人口老龄化也会增加对养老保障和医疗保健系统的压力，这需要政府进行更多的财政投入；最后，人口老龄化也会改变消费模式和市场需求，这将对中国的经济结构和发展模式产生影响。

为应对人口老龄化对社会的冲击，各国出台了一系列措施，其中在老年人力资本开发上做了许多积极尝试。例如，德国和韩国积极开发老年人的就业前景，为其提供适合的工作岗位；日本出台有关保障老年人接受教育学习的法规，增加老年人的知识技术资本；英国根据女性寿命逐渐延长的现状而提高女性退休年龄。中国也逐渐重视老年人力资本的利用，习近平总书记在 2016 年 5 月的中共中央政治局第三十二次集体学习时指出，要着力发挥老年人积极作用，着力健全老龄工作体制机制；《"十三五"国家老龄事业发展和养老体系建设规划》提出"扩大老年人社会参与"，具体有发展老年志愿服务、加强老年人力资源开发、引导基层老年社会组织规范发展等举措；《中共中央关于制定国民经济和社会发展第十四个五年规划和二〇三五年远景目标的建议》提出，积极开发老龄人力资源，发展银发经济。这表明在人口老龄化的背景下，老年人力资本的开发与利用是缓解社会负担加重的有力举措，得到了各国的认可，因此研究中国老年人力资本现状对老年人力资本开发具有重要意义。首先，对人口老龄化和老年人力资本的背景进行简单概述，梳理已有的相关研究成果；其次，利用国家统计局数据分析中国人口老龄化现状，通过 CGSS 数据测算中国老年人力资本现状；最后，得出结论，并针对中国的人口老龄化和老年人力资本现状提出相关的建议。

9.2　文献综述

人口老龄化是一个复杂的社会现象，它涉及许多方面，包括经济增长、创新、人力资本投资、居民收入差距、就业、产业结构升级等，近年来，许多学者对中国的人口老龄化现象进行了深入研究，揭示了其对各个方面的影响，并积极探索解决措施。姚玉祥（2021）通过对中国省级面板数据的实证研究发现，人口老龄化从整体上显著恶化了中国城乡收入不平等，通过加剧城乡人力资本差异、强化对低技能劳动力的替代效应以及提高居民预防性储蓄动机等途径扩大城乡收入不平等的机制成立，为下一阶段科学应对人口老龄化、改善城乡收入分配格局提供了政策启示。张卫（2021）通过分析日本人口老龄化的发展态势和技术进步的总体图景，研究了日本为缓解人口老龄化和促进技术进步所采取的应对策略，包括提高创新和研发支出、加强教育和人力资本投资、加速发展人工智能和自动化等措施，为中国提供了重要参考，可以借鉴日本的经验，积极应对人口老龄化的挑战，实现创新驱动型发展。顾洪明等（2023）通过实证检验中国城市面板数据，研究了人口老龄化对经济高质量发展的抑制作用及其作用机制，提出了相应的政策建议。刘聪和张祎（2023）通过分析人口老龄化、储蓄和经济增长的关系，发现人口老龄化会对经济增长产生负向影响，而储蓄能够减弱这种负向影响，并研究了它们对经济增长的作用机制。

作为缓解人口老龄化不良影响的重要举措之一，提高人力资本成为学者研究的重点。西奥多·舒尔茨（Theodore W. Schultz）认为，人力资本是经过先天与后天共同开发所积累起来的知识、技能和能力，随后，他提出人在工作过程中所展现的技术和能力需要后天的培养，即人所拥有的知识与技能都是投资的产物。加里·贝克尔（Gary Becker）认为，人力资本投资是一种通过加大对人自身的投资来增加将来收入的活动，这些投资有多种形式，包括学校专业教育、职场培训、医疗保健等。逯进和苏妍（2017）在全国 31 个省份的面板数据上应用半参数可加模型，探讨人力资本与经济增长的线性和非线性关系，发现脑力素质对经济增长呈正相关，身体素质对经济增长呈负相关，呈现"正 U 型"和"倒 U 型"非线性影响，建议注重人力资本的综合发展，促进经济增长。杨胜利和邵盼盼（2021）通过构建反映人力资本和经济发展水平的指标系统，并采用系统耦合模型和柯布—道格拉斯生产函数，研究了中国人力资本与经济发展的协调度及其对经济增长的贡献率，研究发现，人力资本对经济发展具有重要作用，而人力资本与经济发展的协调程度直接影响其作用的发挥，促进人力资本与经济协调发展不仅可以提升人力资本的效能，还能推动中国经济的可持续发展。徐瑾和陈慧琳（2022）从人力资本视角检验了人口老龄化对经济增长的影响，发现教育和健康投资可以缓解人口老龄化的负面影响，并提出了加速人力资本积累以支持经济高质量发展的政策建议。张鸿帅等（2022）通过分析 2000~2019 年 31 个省份的面板数据，并采用面板固定效应模型，研究了教育人力资本与健康人力资本对经济高质量发展的影响，并探究了其区域异质性问题。其研究结果表明，在全国层面，教育人力资本和健康人力资本对经济高质量发展都具有积极影响，且教育人力资本的作用更为显著；在区域差异方面，只有教育人力资本对经济高质量发展的影响存在区域差异，尤其在东部地区和西部地区有显著促进作用，其中对西部地区的影响更为显著。

老年人力资本作为人力资本的一部分，在应对老龄化带来的社会和经济问题方面发挥着不可忽视的作用。王林（2006）从动态的视角考察了中国未来人口老龄化过程中的人力资本变迁，发现年龄结构是影响人力资本增长的重要因素，对不同老龄化程度下人力资本的影响有差异。金光照等（2020）通过构建老年人力资本综合指数分析 2010~2015 年数据，发现中国老年人力资本的健康资本、知识技术资本和心理素质资本存量有所增长，老年人力资本综合指数稳中有增，但存在开发规模不足、层次低、结构不合理等问题，需要继续探索多样化的老年人力资本开发途径，让有意愿、有能力的老年人继续发挥潜力。

穆怀中和裴凯程（2020）使用 DEA 方法测算中国装备制造业全要素生产率，并以 2001~2018 年的省级面板数据为样本，结果表明人口老龄化对装备制造业全要素生产率有正向影响，需要从完善社保体系、发展银发产业、加强职业技术教育等方面发挥人口老龄化的积极作用。人口老龄化是中国未来人口发展的重要特征，对经济社会发展带来机遇和挑战。陶涛（2020）系统描绘了中国人口老龄化的演进轨迹和未来趋势，并重点探讨了有助于应对老龄化的老年人力资本开发议题。刘克豫（2020）通过分析中国的人力资本转型和老龄化给中国带来的新优势，论证了新的人口红利正在崭露头角，研究得出，长期应对人口红利消失的途径是对人力资本的大力投资、提高劳动力的质量、促进科学技术的发展，短期应对人口红利消失的途径是开发新的老龄化产业，从而促进新的产业发展。庞一凡（2023）研究了中国老年人力资本的现状及开发可行性，发现老年人力资本开发对应对人口老龄化的国家战略具有重要意义，并提出了相关政策建议。

通过对文献的梳理可知，现有文献侧重于研究人口老龄化与人力资本的关系，而对老年人力资本的研究较少，且大多停留在理论层面，对于中国老年人力资本的现状分析缺乏具体的测算衡量，因此本章旨在建立老年人力资本的衡量指标，以弥补研究的不足。

9.3　中国老年人力资本现状分析

9.3.1　中国老年人力资本测算

9.3.1.1　数据来源

本节采用中国综合社会调查（CGSS）数据库的数据对中国老年人力资本进行测算。CGSS 采用多阶段分层概率抽样设计，系统、全面地收集社会、社区、家庭、个人多个层次的数据，总结社会变迁的趋势，是研究中国社会最主要的数据来源之一。本书选用中国综合社会调查 2012 年、2015 年、2018 年、2021 年的数据对中国 65 岁及以上老年人力资本进行测量，排除缺失关键变量的样本后，4 个年份最终获得有效数据分别为 2109 个、2346 个、3188 个、2193 个。

9.3.1.2　变量选取

人力资本指的是个体或一群人在教育、培训、经验、健康等方面的投资，以提高其生产效率和创造能力。人力资本不仅包括技能和知识，还包括个体的社交能力、批判思维和问题解决能力等各方面的素质。人力资本的衡量通常包括教育水平（如学历、学年数）、技能和经验（如工作经验、专业技能）以及健康状况（如身体健康、精神健康）。本节借鉴人力资本的基本概念与一般形态，结合老年人口自身的特点，从健康资本、知识技术资本两个维度测算老年人力资本。其中，良好的身体健康状况是老年人参与劳动的基本条件，老年人的身体健康状况对其劳动参与率有正向影响，因此本节选取问卷中"您觉得您目前的身体健康状况"和"在过去的四周中由于健康问题影响到您的工作或其他日常活动的频繁程度"两个问题，即自评身体健康和健康问题影响工作与生活的频率两个变量来衡量健康资本。掌握更多的文化知识和具备更强的技术能力的老年人更有可能获得工作机会，同时考虑到老年人随着年龄增大，其身体机能退化，同时其表达沟通能力可能下降，进而影响工作效率，因此本节选取问卷中"您目前的最高教育程度""您觉得自己听普通话的能力是什么水平"以及"您觉得自己说普通话的能力是什么水平"三个问题，即受教育年限、普通话（听）以及普通话（说）三个变量来衡量知识技术资本。

9.3.1.3　测算方法

为了更加直观地表示中国老年人力资本的现状，本节参照金光照等（2020）的方法，即借鉴联合国开发计划署构造的人类发展指数（UNDP，2010），基于上述老年人力资本指标，构建老年人力资本综合指数，老年人力资本综合指数由两个维度指数和五个指标构成，如表9-1所示。

表9-1　老年人力资本综合指数构成

维度指数	维度权重	指标	指标权重	指标描述	指标阈值
健康资本指数	1/2	自评身体健康	1/2	很不健康=1；比较不健康=2；一般=3；比较健康=4；非常健康=5	[1，5]
		健康问题影响工作与生活的频率	1/2	总是=1；经常=2；有时=3；很少=4；从不=5	[1，5]

续表

维度指数	维度权重	指标	指标权重	指标描述	指标阈值
知识技术资本指数	1/2	受教育年限	1/3	没有受过任何教育=0；小学=6；初中=9；普通高中/职业高中/中专=12；大学本科（成人高等教育）/大学本科（正规高等教育）/大学专科（成人高等教育）/大学专科（正规高等教育）=16；研究生及以上=18	[0，18]
		普通话（听）	1/3	完全听不懂=1；比较差=2；一般=3；比较好=4；很好=5	[1，5]
		普通话（说）	1/3	完全不能说=1；比较差=2；一般=3；比较好=4；很好=5	[1，5]

首先，根据问卷调查结果设定五个指标的最大值和最小值，用最大值与最小值对各个指标的观测值进行无量纲化，由于最终使用几何平均数计算老年人力资本综合指数，各个指标的最大值并不影响不同时期的对比，而最小值会影响比较，因而将"自然的"零值作为最小值（UNDP，2010）。各个指标无量纲化的公式为：

$$M_{ij} = \frac{\alpha_{ij} - \mathrm{Min}\beta_{ij}}{\mathrm{Max}\beta_{ij} - \mathrm{Min}\beta_{ij}} \times 100 \qquad (9-1)$$

其中，M_{ij}表示指标（$i=1，2；j=1，2，3$）无量纲化后的标准值，α_{ij}表示观测到的实际值，$\mathrm{Min}\beta_{ij}$表示最小值，$\mathrm{Max}\beta_{ij}$表示最大值，无量纲化后的指标取值范围为[0，100]。

其次，根据各个指标的权重对无量纲化后的指标进行加权几何平均，然后再次进行无量纲化得到维度指数。各个维度指数的阈值为[0，100]。维度指数构成的公式为：

$$N_i = \frac{\prod_1^J M_{ij}^x - 0}{100 - 0} \times 100 \qquad (9-2)$$

其中，$N_i(i=1，2)$表示维度指数，x表示指标权重。维度指数的取值范围为[0，100]。

最后，对各个维度指数进行几何平均得到老年人力资本综合指数，公式如下：

$$老年人力资本综合指数 = \prod_1^j N_i^{1/3} \qquad (9-3)$$

由于在当前研究中尚未明确哪一维度对界定老年人力资本更加重要，也无法确定各维度内哪一指标对该维度更加重要，虽然各个维度（指标）的重要性程度不一定完全相同，但也没有显著差异（Atkinson et al.，2002），因此本章采取等权重法。

9.3.2 中国老年人力资本现状

根据问卷结果和前文的指标描述，对 2012 年、2015 年、2018 年以及 2021 年五个指标的观测值进行平均值和标准差的计算，计算结果如表 9-2 所示。

表 9-2 中国老年人力资本指标观测值

维度	指标	2012 年	2015 年	2018 年	2021 年
健康资本	自评身体健康	2.95 (1.06)	3.11 (1.08)	3.06 (1.06)	3.03 (1.12)
	健康问题影响工作与生活的频率	3.34 (1.21)	3.39 (1.13)	3.52 (1.21)	3.47 (1.36)
知识技术资本	受教育年限	5.97 (5.24)	5.84 (4.76)	6.19 (4.79)	6.50 (4.35)
	普通话（听）	3.25 (1.10)	3.29 (1.09)	3.36 (1.10)	3.42 (1.07)
	普通话（说）	2.51 (1.21)	2.62 (1.20)	2.70 (1.25)	2.48 (1.17)

从健康资本维度看，自评身体健康整体呈先升后降的趋势，但与 2012 年相比，2021 年自评身体健康的分数有小幅度增加，好于"一般"状态，原因在于医疗技术水平和医疗保障制度越发完善，为老年人的身体健康提供了保障；健康问题影响工作与生活的频率呈先升后降的趋势，由"有时"向"很少"转变，表明老年人具备参与社会经济活动的基本身体素质，且两个指标的标准差数值较小，变动不明显，表明在被调查者中自评身体健康水平相近，健康问题影响工作与生活的频率也相近。从知识技术资本维度看，受教育年限整体呈上升趋势，由 2012 年的 5.97 分增加到 2021 年的 6.50 分，即小幅度向"初中"教育程度迈进，随着老年人受教育年限的增长，其积攒的知识和技能水平也将增加，同时接受新知识学习新技能的能力也将增强，因此老年人获得就业机会的可能性将增加；普

通话沟通能力较为稳定，其中普通话（听）的能力有所增长，逐渐向"比较好"的程度进步；而普通话（说）的能力变动较小，甚至出现了小幅度下降，原因可能是在普通话的大力推广下，老年人接触普通话的机会增加，因此具有较好的听普通话的能力，但由于长期使用方言，难以短期内改变语言习惯，无法较好地利用普通话进行沟通，这可能影响老年人在工作中与年轻人沟通交流。

根据前文测算方法，本节得出 2012 年、2015 年、2018 年以及 2021 年中国老年人力资本各指标测算结果，如表 9-3 所示。

表 9-3　中国老年人力资本各指标测算结果

指标	2012 年	2015 年	2018 年	2021 年
自评身体健康	54.57	56.66	56.83	55.69
健康问题影响工作与生活的频率	61.60	61.93	65.11	62.69
受教育年限	46.23	42.74	45.58	44.61
普通话（听）	60.70	59.71	62.01	64.41
普通话（说）	44.09	43.15	47.17	43.93

从自评身体健康指标和健康问题影响工作与生活的频率看，与 2012 年分值相比，2015 年和 2018 年持续稳定增长，在 2021 年有小幅度下降，但总体上分值增加，即老年人身体健康素质有所提高，具备就业的基本身体素质；从受教育年限看，分值呈波动变化，但有所下降，原因可能是当时的民众生活艰辛，还未能解决温饱问题，因此当时的学龄儿童上学权益难以保障；普通话（听）的分值有所上升，原因可能是中国大力推广使用普通话，使老年人在工作和生活中接触普通话的机会增加，可以更好地听懂和理解普通话；但普通话（说）的分值变动较小，且分值较低，表明距离老年人能完全使用普通话交流的目标还有一定差距。

由前文各维度测算方法得出 2012 年、2015 年、2018 年以及 2021 年中国老年人力资本各维度测算结果，并在对各维度赋权后最终计算出以上四年中国老年人力资本综合指数，如表 9-4 所示。

表 9-4　中国老年人力资本维度指数和综合指数

指数	2012 年	2015 年	2018 年	2021 年
健康资本指数	58.09	59.30	60.97	59.19

指数	2012 年	2015 年	2018 年	2021 年
知识技术资本指数	50.34	48.53	51.59	50.98
老年人力资本综合指数	54.22	53.92	56.28	55.09

从整体看，各维度指数保持稳中有增的态势，但增长幅度较小，在 2018 年各维度达到最大值，以 2012 年为参照，健康资本指数增加幅度大于知识技术资本指数，而老年人力资本综合指数呈现波动上升的趋势，表明中国老年人力资本有所增加，同时健康资本指数始终高于知识技术资本指数，表明在老年人力资本中知识技术资本还有待增加，特别是受教育年限分值较低，这会导致老年人力资本开发水平较低，只能从事务农或低层次的服务业。

9.4 本章小结与建议

人口既是社会发展的主体，也是重要的经济资源。人口老龄化意味着人口年龄结构发生变化，将会对经济运行产生重大的系统性影响。目前，中国在向共同富裕迈进的同时，也迎来了人口老龄化快速增长的阶段，这一问题已经明显地成为约束中国经济发展的一个重要因素。本章得出的结论如下：第一，中国 65 岁及以上人口占总人口的比重在 2014 年突破 10%，步入深度老龄化阶段，在 2021 年达到 14.20%，步入了"老龄社会"。第二，中国老年人力资本综合指数呈现波动上升的趋势，由 2012 年的 54.22 增长至 2021 年的 55.09，表明中国老年人力资本有所增加，为中国老年人力资本开发提供依据。第三，中国老年人受教育年限较短，导致老年人力资本开发水平较低。

针对中国人口老龄化现状，本章提出如下建议：

一是提高教育和培训。教育和培训是提高人力资本的关键手段，对于老年人力资本的提高同样适用，特别是随着老年人受教育年限逐渐增加，其接受和学习新事物能力也随之提升。从短期看，政府和社会组织可以提供各种形式的再教育机会，如社区大学、在线课程等，根据老年人的实际情况设立培训课程，以使老年人能够更好地适应社会和经济的变化，并积极参与社会生活，帮助老年人再就业。从长远看，政府可以通过增加教育投入，提高教育质量，扩大教育覆盖面，以提高全民的知识水平和技能，这可能涉及对课程内容的改革、提高教师素质、投资教育基础设施以及与社区和行业合作；同时，对于老年人推行终身学习的理念尤为关键，不仅可以提高他们的就业率和生产率，还可以促进社交联系和心理健康。通过这些措施，可以建立一个更包容、更有活力的社会，使老年人能充分发挥其潜力。

二是健康促进和疾病预防。健康是人力资本的重要组成部分，良好的身体状况是老年人参与社会经济活动的基础，尽管当前中国医疗保障制度越发完善，但还是存在城乡差距过大、医疗资源分配不平衡的问题，而农村老年人通过务农和隔代照料的方式参与老年人力资本的利用，因此改善农村医疗条件对保障农村老年人劳动参与率具有重要作用。同时，要加强疾病的预防和对身体状况的重视，政府可以通过提供更好的医疗保健服务，包括预防性医疗和健康促进活动，来提高人们的健康状况。例如，可以推广健康生活方式，提供定期的健康检查，提高公众对疾病预防和健康管理的知识。

三是灵活的退休政策。灵活的退休政策可以鼓励老年人继续工作，从而利用其人力资本。例如，可以提供部分退休的选项，让老年人可以选择减少工作时间而不是完全退休，这有助于保持他们的职业技能和社交联系，同时减轻了劳动力市场的压力；也可以提供灵活的工作时间和工作方式，如远程工作，以适应老年人的身体状况和生活需求。然而，实施这些措施可能需要克服一些挑战，如与现有的劳动法规相协调，或确保老年人有适当的技能和支持进行远程工作。政府和企业可以通过法规改革、培训和支持服务来促进灵活退休的实施，通过这样的政策，不仅可以促进老年人的福利和满足他们的需求，还可以为整个社会和经济做出积极贡献。

四是社会包容和参与。社会参与可以帮助老年人保持活跃，提高他们的生活质量和社会贡献，通过参与社区活动和志愿者项目，老年人可以保持社交联系，维持心理和生理健康，并利用他们的经验和知识为社区做出贡献，政府和社区可以提供更多的社会参与机会，如参与环保项目、教育辅导、社区艺术和文化活动等。此外，鼓励老年人与年青一代合作和交流，如通过导师计划或共享技能项目，可以促进跨代理解和共同学习，这样的社会包容和参与不仅有助于老年人的福利和自我实现，还可以增强社区的凝聚力和多样性。

第 10 章

人口老龄化主观福利效应的影响因素分析

10.1 引言

随着生育率的下降和人口寿命的延长，人口老龄化已经成为不可避免和难以逆转的趋势。《中华人民共和国 2023 年国民经济和社会发展统计公报》显示，2023 年末全国人口 140967 万，比上年末减少 208 万。其中，65 岁及以上人口 21676 万，占全国人口的 15.4%。国际上通常看法是，当一个国家或地区 60 岁及以上老年人口占人口总数的 10% 以上，或 65 岁及以上老年人口占人口总数的 7% 以上，即意味着这个国家或地区的人口处于老龄化社会。依据这个标准，中国已明显进入老龄化社会。2022 年全国人口经历了 1961 年以来的首次总人口负增长和自然负增长，如何保障老年人的晚年福利备受社会各界普遍关注。主观和客观福利是老年人晚年生活的主要组成部分。确保个人在年老时感到养老安全和得到社会支持，对于促进他们的客观福利至关重要。此外，还必须提高他们的主观福利指标，如心理健康和生活满意度，以确保他们整体的主观福祉。在评估老年人的主观福利是否有所改善时，有必要关注家庭成员分居趋势日益增长以及其生活条件的整体改善。因为主观福利相对容易被忽略，且从现实角度看，提高老年人的主观福利具有巨大的经济和社会价值。

主观福利是指个体基于自身感受和主观评价的幸福、满意度和福利水平。它反映了个体对生活质量、心理满足和主观幸福感的主观体验和评价。主观福利是一个相对主观和个体化的概念，因为不同的人可能对幸福、满意度和福利有不同的理解和评价标准。每个人根据其个人价值观、情感体验和需求来评估自己的主观福利水平。相比其他人群，老年群体最明显的特征是年龄较大、健康状况相对较差、日常活动范围较小，是社会中的相对弱势群体之一。因此，学者们在分析老年人主观福利的影响因素时，着重关注老年人的健康状况、居住安排、代际支持、社会保障拥有率等因素（Chyi and Mao，2012；Moreno et al.，2014；李静、王月金，2015；江克忠、陈友华，2017；方黎明，2016；张聪、慈勤英，2016；许琪、王金水，2019；郑振华、彭希哲，2019；王震、刘天琦，2021）。个体会根据这些方面的体验和感受，形成对自己福利程度的主观判断。

在这个新时代，主观福利已转变为评价生活品质的重要指标。对城市地区的老年人来说更多关注职工的退休，即退休是否影响老年人的主观福利；然而农村地区常住居民多为老年人，与此同时，参与新型农村合作医疗保险会对老年人的主观福利产生影响。随着中国人口老龄化进一步加剧，如何提高老年群体的生活幸福感和获得感，并进一步促进社会福祉成为一个极其重要的议题。新型农村合作医疗保险政策已在农村执行了很长时间，该政策的经济收益已受到学界的广泛关注与探讨。但是，关于此政策如何影响居民感受到的福利，相关研究相对较少。那么，针对退休和新农合医疗保险政策是否有助于提高城市和农村老年人群的主观福利的问题，本章对退休制度以及社会养老保险带来的主观福利影响进行探究，具有重大的现实重要性和实用性。

10.2　文献综述

10.2.1　主观福利效应的衡量指标

一个人的总体生存状况是由其总体生活水平来评估的，而总体生活水平是通过比较其个人生活状态与精神状况来确定的。Watkins 等（2013）的研究表明个人生活状态与精神状况可用来表示个人主观福利效应。现有的文献主要研究一项经济活动究竟是增加主观福利效应，还是降低主观福利效应。例如，凌珑（2022）在其研究中发现，高的就业质量可提高居民生活满意度与降低居民的抑郁程度，从而提高居民的主观福利效应；朱欢和王鑫（2019）研究发现，良好的生态环境不仅提高了居民生活满意度，也间接地带来了经济收益，从而使居民的主观福利效应提高；王依霖（2022）研究发现，环境污染感知通过影响居民的健康水平、医疗支出和心理健康状况来影响居民的主观福利效应，并使居民的主观福利效应显著下降；谢贞发和杨思雨（2022）研究发现，城乡居民基本养老保险一体化改革通过提高居民生活满意度与降低抑郁指数，从而显著提高居民的主观福利效应，而且他们还发现，城乡居民基本养老保险一体化改革可提高女性、受教育程度较低群体、原新农保参保群体、已经在领取养老金的群体与东部地区居民的主观福利效应。通过阅读大量的文献，笔者发现衡量主观福利效应的指标主要分为生活满意度和抑郁程度两个层面。居民生活满意度越高，居民主观福利效应就越高；居民抑郁程度越严重，居民主观福利效应就越低。

10.2.2　老年人主观福利效应的影响因素

现有的研究主要集中在特定的社会保险类型与健康对老年人主观福利效应的影响上，而特定的社会保险类型对老年人主观福利效应的影响又集中研究养老保险对老年人主观福利效应的影响，例如城乡居民养老保险可提高居民生活满意度、降低居民抑郁指数和提高居民的主观福利效应的效果。并通过异质性分析得出，城乡居民养老保险对女性、健康状况较差和低收入居民的主观福利效应具有显著影响（吴思铭，2021；任虹宇，2022）；郑晓冬和方向明（2018）研究发现，新型农村社会养老保险能够显著降低参保老年人的抑郁程度并提高生活满意度，且对女性、低龄和留守老人的主观福利效应具有显著影响。在影响机制方面，他们发现，相对收入效应在新农保提高农村老年人主观福利效应中发挥了主要作用，这也说明了新型农村社会养老保险在提高农村老年人的主观福利效应中不仅是在物资方面为农村老年人提供经济支持，更重要的是为农村老年人提供了精神方面的支持。王震和刘天琦（2021）认为，新型农村社会养老保险政策明显提高了农村老年人主观福利效应，显著提升了其生活满意度，并显著降低了其心理抑郁指数。同时，他们在异质性分析中发现，新型农村社会养老保险对女性、无配偶、独居、身体状况较差、收入水平较低的低龄农村老年人和东部地区老年人的影响更加明显。通过上述文献分析可知，新农保对农村老年人主观福利效应的影响为主要研究方向，这可能与近几年国家全面推进乡村振兴计划有关。

关于健康对老年人主观福利效应影响的文献较少。孙计领（2021）基于2013年和2015年中国健康与养老追踪调查（CHARLS）的面板数据，以生活满意度和抑郁指数作为主观福利效应的衡量指标，利用双重差分法发现失能对老年人的主观福利效应具有显著负向影响，且发现这一负向影响对农村、女性、65岁及以上、独居和患有慢性疾病老年人的影响更大。此外，康复对失能老年人的主观福利效应存在显著的正向影响，如曾起艳等（2022）研究发现，社区养老服务设施可以通过改善老年人身体健康和心理健康提升其主观福利效应。

通过上述文献分析可得出，性别、受教育程度、健康水平、收入水平和年龄对老年人的主观福利效应具有异质性。

10.2.3   文献评述

根据现有文献，笔者发现国内关于退休和新型农村合作医疗保险对老年人主观福利效应影响的研究相对较少，基于此，本章以是否退休和是否具有新型农村合作医疗保险作为核心解释变量具有可行性。

关于退休对老年人的主观福利效应影响的文献，大多数是从退休对居民生活满意度（或幸福感）的影响来研究的。Jokela 等（2010）发现，离职会减少角色压力，因为离职会让人从过度工作和职业竞争中解脱出来，增加休闲时间，这些都有利于改善主观幸福感；退休通常会引起经济的变化。Barrett 和 Kecmanovic（2013）认为，积极选择退休时间可能会提高生活幸福感，因为这可以让老年人提前安排好自己的收入分配；随着年龄的增长，人们的社会网络与他们的家人、朋友和过去的同事的社会网络明显不同；人们在退休后会继续获得社会帮助，并与亲人保持联系。Reitzes 等（1998）发现，已婚退休人员（包括单身、离异和丧偶老人）的生活满意度要高于未婚退休人员；无论在人生的哪个阶段，包括退休后，健康都会对生活幸福感产生重要影响。de Vaus 和 Wells（2004）通过大量研究证明，健康对退休后的适应和调整有显著的有利影响，健康的人可以更好地应对退休后的变化。陈志霞（2001）研究发现，累计有 77.3% 的老年人对自己目前的生活感到非常满意或比较满意，也有 22.7% 的老年人对自己的生活现状感到不大满意或很不满意。总体而言，大多数老年人对现有的生活方式感到满意或至少有些满意，这表明大多数城市老年人现在享有舒适的生活水平。王亚迪（2019）利用 2013 年和 2015 年进行的中国健康与退休纵向调查数据进行实证研究，发现退休显著提高了中老年人的幸福感。退休对中老年人幸福感的巨大影响可能在很大程度上归因于社交活动的增加；退休后，由于空闲时间增加，社会活动的频率也大幅上升，这两个因素都对中老年人的幸福感产生了相当积极的影响。

对于新型农村合作医疗保险对老年人主观福利效应影响的研究，学者们主要是从医疗保险对居民抑郁程度和生活满意度（或幸福感）的影响来进行的。中老年人作为抑郁症状的高发群体，抑郁症的产生使中老年人的社会关系与自身健康受到重大影响，抑郁症严重的中老年人还会产生自杀风险。伍小兰等（2010）基于2006年全国性的调查数据进行研究，通过对比2006年城市老年人的抑郁状况与2006年农村老年人的抑郁状况，得出超过七成（74.7%）的农村高龄老年人具有不同程度的抑郁症状，四成多（44.5%）的城市老年人具有不同程度的抑郁症状，城市老年人的指标比老年人的指标低了近30个百分点，因此农村老年人的抑郁状况要比城市老年人的抑郁状况更为普遍和严重。李亚青等（2022）基于2011年的CHARLS数据，使用多元线性回归模型，研究发现医疗保险通过增强农村中老年人对未来生活的安全感与提升农村中老年人的生活满意度，显著降低了农村中老年人的精神抑郁程度，而且医疗保险对居住在农村的中老年人要比居住在城市的中老年人的精神健康更有显著促进作用。徐佳靖（2022）研究发现，在OLS模型汇报结果中，基本医疗保险可使抑郁评分降低值为1.226分；在随机效应模型汇报结果中，基本医疗保险可使抑郁评分降低值为1.171分；在固定效应模型汇报结果中，基本医疗保险可使抑郁评分降低值为1.009分，且均在1%统计水平上显著。所以基本医疗保险可降低农村中老年人抑郁评分。郑适等（2017）采用Bivariate Probit模型分析，结果显示超过六成的参加新型农村合作医疗保险的人表示新型农村合作医疗保险对其心理健康改善有帮助。由以上文献可知，农村中老年人的抑郁人数众多，抑郁造成农村中老年人医疗费用上升，并使他们的劳动参与率与工资率降低，此外新型农村合作医疗保险可降低农村中老年人的抑郁指数。关于医疗保险对生活满意度（或幸福感）影响的话题的文献较少，最初的研究重点是基本医疗保险和老年人的福祉之间的关系。刘瑜（2015）采用OrderedProbit模型进行分析，结果显示社会保障显著提高老年人的主观幸福感。黄秀女和郭圣莉（2018）运用OLS及PSM方法进行分析，结果得出医疗保险可显著提升居民主观幸福感。桑林（2018）采用有序Probit回归模型方法，结果显示拥有社会医疗保险居民的满意度每提高一个单位，幸福感就提高13.4%。且基本医疗保险可显著提高居民幸福感。

综合上述文献，本章以生活满意度和抑郁指数作为老年人主观福利效应的衡量指标具有可行性。本章的研究成果将丰富退休和新型农村合作医疗保险政策对老年人主观福利效应影响的研究库，并填补了该领域研究的缺失。并且，通过对该研究的实证剖析，能够深度地了解此类政策的实施效果，为解决人口老龄化和养老金的可持续性问题提供一个解决方案，且为农村老年人制定差异化的新型农村合作医疗保险政策。在制定老年人福利政策时，需要考虑老年人的经济需求和生活环境，为老年人提供经济资源和社会支持，并根据不同的阶段和需求，采取个性化的服务模式，以提高老年人的主观幸福感和生活质量。同时，也需要关注老年人的社会参与和心理健康，帮助老年人保持高昂的生活态度和乐观情绪，以促进老年人的全面发展和主观福利水平的提升。

10.3　老年人主观福利效应的理论分析

10.3.1　马斯洛需求层次理论

在美国心理学家亚伯拉罕·马斯洛（Abraham H. Maslow）的著作《动机与人格》里，他从人的动机视角提出了一种被命名为需求层次理论的概念。这个理论突出了人类的行为动机来自他们的需求。人们的需求可以被分成两种：缺失性需求与成长性需求。缺失性需求进一步可以被拆分为生理需求和安全需求，而成长性需求则能被拆分为社会需求、尊重需求和自我实现需求。这五个需求按照从低到高的顺序逐级形成并得到满足。在每个阶段，人们总有一个占主导地位的需求，其他的需求则属于附属角色。

根据需求层次理论，退休之后老年人的成长性需求占主导地位，而缺失性需求处于从属地位。而退休可以使老年人从过度工作和职业竞争中解脱出来，空闲时间增加，导致退休老年人的社交活动的频率大幅提升。对于老年人群体而言，重大疾病风险可能带来的经济风险、健康状况急剧恶化等后果会全方面地损害其主观福利。具体而言，重大疾病带来的残疾、失能、家庭财政破产会直接损害个人满足衣食住行等最基本需要的能力；对于劳动能力即将退化的中老年人群，经济窘迫和健康受损会导致其退休后难以获得安定的晚年生活，安全需求得不到满足；健康状况恶化和经济条件窘迫的个人也难以进行社交活动的需求、尊重需求都难以实现，自我实现需求更没有实现的基础。

10.3.2　医疗服务需求理论

关于健康需求的国际研究由来已久。迈克尔·格罗斯曼（Michael Grossman）于 1972 年建立了健康需求的理论模型，主张将健康视为一种能够提高消费者效用的耐用消费品，随着人类年龄的增长，健康水平下降，导致消费者效用水平降低。此时，消费者可以通过增加对医疗服务的购买等方式来生产健康，补充损耗

157

的健康资本，从而实现对效用的维持和提升，并构建健康生产函数。该理论奠定了医疗服务需求研究领域的基础。

根据以上的研究，个人所获得医疗服务的质量决定了其对于自身健康资本的保障、补充水平，而健康水平直接影响个人效用。尤其对于健康资本加速损耗的老年人群而言，医疗服务的健康保障作用更为关键。因此，积极推动新型农村合作医疗保险的保障能力和覆盖范围的扩大，对于公民尤其是老年人可避免重大疾病的风险，实现经济和健康的妥善保障，对于提升人民的满足感和幸福感方面，都是一条实际可操作的途径。

10.4 老年人主观福利效应的实证分析

10.4.1 退休对老年人主观福利的影响

10.4.1.1 数据、变量与模型设定

（1）数据来源。

本节所用数据来源于 2018 年中国健康与养老追踪调查（CHARLS）数据。对于所选样本，本节依次做了以下处理：①中国退休制度主要针对城镇职工，因此本节在数据处理过程中仅保留了城镇职工可以享受退休金待遇的受访者样本。②将样本限定为男性样本。中国退休政策规定男性职工退休年龄为 60 周岁，而女性职工则有女干部与普通职工之分，前者退休年龄为 55 周岁，后者则为 50 周岁。同时，由于女性职工多受配偶工作状况以及家庭特征等因素的影响，其退休行为比较复杂，因此本节仅保留了男性样本。③本节剔除了生活满意度、年龄、是否退休三个主要变量的缺失值。同时，基于研究的问题为临近退休的决策，仅保留了年龄为 50~70 岁的个体，并参考邹红和喻开志（2015）的研究，剔除恰好处于 60 岁的个体观测值以更好地控制年龄效应，最终得到有效样本观测值 2920 个。

（2）变量选取。

被解释变量。生活满意度是一个综合指标。个人特征、家庭特征、社会经济状况等都会对老年人的生活满意度产生影响。根据王琼和曾国安（2015）的研究，本节以个人自评生活满意度表示主观福利，作为被解释变量，该指标主要通

过 CHARIS 问卷中健康状况和功能部分的问题 DCO28"总体来看，您对自己的生活是否感到满意？"得到。回答为"非常满意"赋值为 1，"经常满意"赋值为 2，"满意"赋值为 3，"经常不满意"赋值为 4，"非常不满意"赋值为 5。

核心解释变量。个体是否退休是本节的核心解释变量，由问卷中工作、退休和养老金部分的问题 FBO11"您是否办理了退休手续"得到，本节将其设为虚拟变量。已办理退休手续赋值为 1，未办理退休手续赋值为 0。

控制变量。为使估计结果更为准确，本节选取的控制变量还包括自评健康、存活子女数以及与子女关系、受教育年限、个人储蓄水平等可能影响生活满意度的因素。

（3）模型设定。

本节初步采用 OLS 和有序 Logit 模型进行初步回归，研究退休是否以及在多大程度上会影响老年人个人的生活满意度。

$$Hap_i = \alpha_1 Retire_i + \alpha_2 X_i + \varepsilon_{1i} \qquad (10\text{-}1)$$

式（10-1）探讨了退休对幸福感的影响，被解释变量 Hap 代表中老年人幸福感，取值范围为 1~5，值越小越感到幸福；解释变量 $Retire_i$ 为是否退休，当 $Retire_i = 1$ 时表示退休，当 $Retire_i = 0$ 时表示未退休；X_i 表示影响被解释变量的其他控制变量。

首先，构建一个连续型的潜变量 y_i^*：

$$y_i^* = x_i'\beta + \varepsilon_i \, (i=1,\ 2,\ \cdots,\ n) \qquad (10\text{-}2)$$

其次，通过一个分段函数搭建跟因变量 y_i^* 的关系：

$$f(x) = \begin{cases} 1, & y_i^* \leqslant r_1 \\ 2, & r_1 < y_i^* \leqslant r_2 \\ \quad \vdots & \\ j, & r_{j-1} < y_i^* \leqslant r_j \\ J, & y_i^* \geqslant r_J \end{cases} \qquad (10\text{-}3)$$

其中，1，2，…，j，J 为因变量的取值，J 为因变量的最大值。且 $r_1 \leqslant r_2 \leqslant r_j \leqslant r_J$ 为待估参数，即截距。

最后，根据式（10-1）和式（10-2）推导出有序概率模型概率：

$$P(y_i = 1 \mid x) = P(y^* \leqslant r_1) = P(x_i'\beta + \varepsilon_i \leqslant r_1) = P(\varepsilon_i \leqslant r_1 - x_i'\beta) \qquad (10\text{-}4)$$

$$P(y_i = j \mid x) = P(r_{j-1} \leqslant y^* \leqslant r_j) = P(r_{j-1} \leqslant x_i'\beta + \varepsilon_i \leqslant r_j) \qquad (10\text{-}5)$$

$$P(y_i = J \mid x) = P(y^* \geqslant r_J) = P(x_i'\beta + \varepsilon_i \geqslant r_J) = 1 - P(\varepsilon_i \leqslant r_J - x_i'\beta) \qquad (10\text{-}6)$$

然而，为了确定退休与主观福利之间的因果关系，必须考虑到潜在的内生性问题所带来的估计偏差。退休的选择可能受到主观幸福感的影响，在这种情况下，反向因果关系可能很重要。例如，那些对自己生活不太满意的人可能会提前退休，缺失变量带来的估计偏差也可能存在。

10.4.1.2 实证分析

（1）描述性统计。

表10-1是对研究样本进行的描述性统计。其中，生活满意度为结果变量，全样本均值为2.87，这表明所调查群体的整体生活满意度均较高。而较退休前样本而言，退休后样本生活满意度提高了0.112，说明退休可能对生活满意度产生积极影响。在婚姻状况上，相较于未退休样本，已退休群体的婚姻满意度较低；就健康状况而言，未退休群体更好。在受教育年限上，样本平均受教育年限约为15.574年，已退休样本的受教育年限均值显著低于未退休样本两者相差约0.72年。

表 10-1　描述性统计结果

变量	退休前样本		退休后样本		全样本	
	均值	标准差	均值	标准差	均值	标准差
生活满意度	2.821	1.117	2.933	1.063	2.87	1.096
是否退休	2.669	0.741	2.864	0.491	2.75	0.656
自评健康	2.88	1.056	2.658	1.057	2.784	1.062
个人储蓄	16829.13	57059.81	25312.03	85540.65	20463.8	70793
婚姻状况	2.78	1.239	2.663	1.239	2.73	1.24
存活子女数	15.262	6.807	15.985	5.597	15.574	6.323
受教育年限	2.2	1.335	2.253	1.39	2.223	1.359
与子女关系	1.827	1.783	2.31	2.608	1.973	2.077

（2）基准回归结果。

表10-2汇报了基本回归结果，其中模型（1）是OLS回归估计结果，模型（2）是Logit回归估计结果。OLS回归和Logit回归估计结果在系数符号和显著性上基本一致。退休对生活满意度产生正向影响，且显著性较高。据此，退休提高了老年人的幸福感，这与鲁元平和张克中（2014）的研究结果是一致的。退休意

味着人们从之前的就业压力和职业竞争中解脱出来，从而获得更多的自由时间。中老年人可以利用空闲时间参加自己喜欢的活动，这有利于提高他们的主观幸福感和快乐感。对其他影响因素而言，婚姻状况对老年人的幸福感有显著正向影响，婚姻是一个家庭的核心，婚姻关系和谐使人不会感到孤独，并有助于促进老年人的幸福感；健康水平、个人储蓄和受教育年限也对老年人的幸福感有正向作用。

表 10-2　基准回归结果

变量	模型（1） OLS	模型（2） Logit
已退休	0.102 ** （0.057）	0.528 * （0.289）
自评健康	0.024 * （0.022）	0.108 （0.099）
婚姻状况	0.061 *** （0.019）	0.309 *** （0.100）
个人储蓄	0.067 （0.063）	0.000 （0.000）
受教育年限	0.017 （0.036）	0.007 （0.016）
存活子女数	−0.019 （0.016）	−0.038 （0.046）
与子女关系	0.088 （0.014）	−0.085 （0.072）
常数项	0.425 *** （0.109）	0.465 （0.500）
观测值	694	694
R^2	0.043	0.036

注：*、**、***分别代表10%、5%和1%的显著性水平，括号内为标准误，下表同。

　　然而，以上结果是没有克服内生性下的估计结果，考虑到中老年人退休行为与主观幸福感之间可能存在自选择、遗漏变量等内生性问题，下面将进一步通过回归方法在克服内生性问题后，再进行深入研究。

（3）稳健性检验。

长期以来，学术界一直存在内生性退休问题。退休与幸福满意度的内生性主要归咎于某些因素的缺失。例如，工作压力、个性和其他无形因素可能会影响一个人的退休行为，包括其提前退休或继续工作的决定，以及其主观幸福感。这种不可观测的因素尤其有可能使回归结果出现偏差。然而，这种影响的程度需要使用具体的方法进行检验。

在估计因果效应时，内生性问题可以通过使用工具变量方法从统计学角度加以解决。因此，本书可以从两个角度研究其理论基础：内生性问题和工具变量的概念。首先，由于内生性问题，工具变量技术具有经济学理论基础。当一个变量同时受到其他解释因素和误差项的影响时，在经济研究中被称为内生性困境。内生性问题可能导致在计算因果效应时出现错误。工具变量法通过引入外部变量作为工具变量，从而解决内生性问题，更准确地估计因果效应。其次，工具变量的定义为工具变量法提供了经济学理论基础。当内生解释变量与因变量相关但不直接影响因变量时，它们被称为工具变量。工具变量必须满足两个要求：第一，工具变量与内生解释变量之间必须存在相关性；第二，工具变量不得与误差项相连。这种表述方式可以使工具变量适当避免内生性问题的影响，提高因果效应评估的准确性和可靠性。

本节采用两阶段最小二乘法（2SLS）进一步研究退休决策对生活幸福感的影响，同时避免了模型估计过程中的内生性问题。本节选取是否达到法定退休年龄作为是否退休的工具变量，利用2SLS进行工具变量回归，兼顾了部分人群"超过退休年龄但未办理退休手续"和"选择提前退休或延迟退休"的不同情况。决定使用"是否达到法定退休年龄"这一工具变量是因为遵守退休程序与达到法定退休年龄密切相关。一般来说，达到法定退休年龄的人更有可能办理退休手续，而是否达到法定退休年龄与他们的生活幸福感关系不大。

本节选择的工具变量为个体是否达到法定退休年龄D_i，同时将样本限制在退休年龄制度规定的年龄附近（即样本带宽），并将年龄还未达到法定退休年龄的个体看作参照组，将年龄超过法定退休年龄的个体看作处理组。另外，age_i-c为标准化的分组变量（其中，所有个体为男性劳动者，取值为60岁），若个体年龄超过法定退休年龄c时，则$D_i=1$，若个体年龄小于法定退休年龄c时，则$D_i=0$。两阶段回归方程如下：

$$R_i=\beta_1 D_i+\beta_2 D_i\times(age_i-c)+\beta_3 f(age_i-c)+\gamma X_i+\mu_i \qquad (10-7)$$

$$Y_i=\alpha_0+\alpha_1 R_i+\alpha_2 R_i\times(age_i-c)+\alpha_3 f(age_i-c)+\varphi X_i+\varepsilon_i \qquad (10-8)$$

其中，式（10-7）为第一阶段回归，式（10-8）为第二阶段回归，$f(age_i-c)$ 表示多项式函数，$-h<f(age_i-c)<h$，以 h 的取值来限定样本范围，X_i 为影响生活幸福感的其他相关控制变量，μ_i 和 ε_i 为随机扰动项。

表 10-3 的实证结果显示，退休对居民的幸福感产生了显著的正面影响。第二阶段退休对生活满意度的回归系数 1.126 与表 10-2 模型（1）的回归系数 0.102 相比，回归系数增加并且回归结果与前文的实证结论完全一致。这表明，本章的内生性问题并不严重，对本章的结论并没有实质性的影响。

表 10-3　内生性检验结果

变量名称	模型（3）第一阶段	模型（4）第二阶段
	是否退休	生活满意度
是否到达退休年龄	0.059 ** (0.029)	
已退休		1.126 * (0.051)
年龄	0.015 *** (0.003)	0.018 *** (0.009)
常数项	0.743 (0.143)	−0.653 (0.443)
观测值	2596	2596
R^2	0.027	0.006

10.4.1.3　机制分析

本节进一步探讨退休对老年人幸福感的影响途径。未退休时，老年人可能将时间更多地用于劳动供给；退休后，老年人则有更多的闲暇时间。本节以娱乐休闲为调节变量，验证休闲在退休对老年人主观福利影响中的调节效应。

表 10-4 中模型（5）报告添加了休闲对主观福利的基准回归结果。结果显示，休闲时间对幸福感的增加有显著正向影响，说明退休后，休闲时间以及娱乐活动的增多可以提升老年人的福利水平。模型（6）是增加了核心解释变量退休和休闲的交乘项的回归结果，与模型（5）中的结果较为符合。模型（7）显示了核心解释变量和调节变量去中心化的结果。退休会通过增加老年人的活动时间和娱乐活动的频率，从而显著增强其幸福感。

表 10-4　休闲对老年人主观福利的调节效应检验

变量	模型（5）	模型（6）	模型（7）
是否退休	0.095 **	0.129 ***	0.096 **
	(0.105)	(0.374)	(0.104)
休闲	0.064 **	0.019 *	0.065 ***
	(0.173)	(0.912)	(0.169)
是否退休×休闲		0.016 **	
		(0.801)	
是否退休×休闲_c			0.032 *
			(0.832)
_cons	3.039 ***	3.128 ***	3.038 ***
	(0.000)	(0.000)	(0.000)
N	712	712	712
adj. R^2	0.036	0.023	0.023

10.4.2　新型农村合作医疗保险政策对老年人主观福利的影响

本节基于 2011 年、2013 年、2015 年和 2018 年中国健康与养老追踪调查（CHARLS）的四份数据，运用最小二乘法、Ordered Probit 模型以及固定效应模型，全面分析了新型农村合作医疗保险政策对老年人主观福利的作用。本节从受教育程度、年龄、有无配偶以及日常生活能力这四个方面探索了新型农村合作医疗保险政策对主观福利影响的差异。

10.4.2.1　数据来源与变量描述性统计

（1）数据来源。

本节所使用的数据来源于中国健康与养老追踪调查（CHARLS）的数据库。这项大型的全国家庭调查由北京大学国家发展研究院负责执行，调查人群主要集中在中国满 45 岁或更年长的中老年家庭和个人。此次调查的主旨是围绕中老年家庭和个人收集高质量的微观数据，以此基础来研究中国的老龄化问题，同时也推动跨领域针对老龄化问题的探讨。自 2011 年起，CHARLS 开始了全国范围内的基础数据的搜集，覆盖了全国 8 个行政区，包括 150 个县级单位及其下属 450 个社区（村）级单位。截至 2013 年，CHARLS 实现了对全国四轮的追踪调查，在预估中，这个过程中共搜集了大约 14000 个家庭以及 19000 名成员的详细数据①。CHARLS 调查内容涵盖经济学、医学、社会学等领域，其调查问卷有丰富的个人信息和家户信息，提供了受访者的个人及家庭成员的基本信息，其内容包含了身体和精神状况、就业情况、医疗与养老情况、收入与支出等信息。该数据涉及范围广、样本量大、内容翔实，为本节提供了有力支持。

本节使用 CHARLS 中 2011 年、2013 年、2015 年、2018 年四期数据，研究的对象为参保新型农村合作医疗保险的农村居民，着重研究新型农村合作医疗保险政策对农村居民主观福利的影响。经过对样本的筛选处理，本节挑选了年纪超过 45 岁的中老年人群样本。

（2）被解释变量。

在确定主观福利的评判准则时，笔者做出了选择。基于已有的文献参考，以农村老年人的生活满意度自我评估为主来衡量他们的主观福利水平。同时，为了更系统地揭示该群体的主观福利状况，采用农村老年人的抑郁指数（CESD）来反映他们的心理抑郁程度。

抑郁指数：国内外测定抑郁症状方法有多种，常见的有流调用抑郁自评量表（CES-D）、汉密顿抑郁量表（HAMD）、抑郁自评量表（SDS）、老年抑郁量表（CDS）等。在 CHARLS 问卷中，健康状况与功能部分使用了流调用抑郁自评量表简化版（CES-D10），将表中问题简化浓缩为十个问题，要求受访者用 0~3 级评定最近 1 周内症状出现的频度，主要涉及抑郁情绪、积极情绪、躯体症状与活动迟滞等方面，回答均有四个选项，分别为"很少或者根本没有（小于 1 天）""不太多（1~2 天）""有时或者说有一半时间（3~4 天）""大多数的时间（5~7 天）"，代表相应的频度高低程度，其中有 5 个问题为抑郁情绪调查，2 个问题为积极情绪调查，3 个为躯体症状与活动迟滞调查。消极性质问题根据频度由高到低分别赋值为 3~0 分，积极性质问题反序计分，将 10 个问题的得分汇总，即可得到 CES-D 简版的抑郁指数，其取值范围为 0~30 分，分值越高表示受访者抑郁程度越严重，相应其主观福利水平也就越低。

生活满意度：在制定自身生活满意感的评价标准时，借鉴了 CHARLS 数据中关于"总的来看，你对自己的生活满不满意？"的回答情形。答案包含五个选项，依次是一点也不满意、不太满意、比较满意、非常满意、极其满意，然后将

① 资料来源：中国健康与养老追踪调查第五轮（2020）用户手册［EB/OL］. https：//charls. charls-data. com/Public/ashelf/public/uploads/document/2020-charls-wave5/application/CHARLS_ 2020_ User_ Guide_ Chinese. pdf.

这五个选择与 1~5 分的数值相对应，得分越高，代表农村老年人对自我的生活满意度越高。

（3）核心解释变量。

本节的核心解释变量是农村居民是否参加新型农村合作医疗保险，如果农村老年人参加新型农村合作医疗保险（*Medical*）则赋值为 1，与之对应，如果农村老年人没有参加新型农村合作医疗保险则赋值为 0。本节研究的是参加新型农村合作医疗保险的农村居民的主观福利影响，因此在对样本的处理过程中剔除了居住地为非农村的个体。

（4）控制变量。

为了更加精确地评估新型农村合作医疗保险的获取对农村居民的主观福利的影响，排除其他因素可能造成的结果偏差，本节的控制变量选择尽可能地遵循外生准则，选取的控制变量包括了老年人的年龄（*Age*）、受教育程度（*Education*）、婚姻状况（*Marry*）、日常活动能力（*ADL*）、是否患有慢性病（*Chronic*）。受教育程度根据问卷调查划分为"小学及以下""初中及以上"，其中"小学及以下"赋值为 0，"初中及以上"赋值为 1。日常活动能力（*ADL*）用于作为受访者的健康状况的代理变量，问卷对受访者的自评健康状况进行了询问，但自评健康存在较强主观性，选用自评健康作为健康度量指标容易产生内生性问题，因此不予采用。在 CHARLS 问卷中，对受访者的进食、床椅转移、修饰、进出厕所、洗澡、平地行走、上下楼梯、穿衣、大便控制、小便控制等日常生活活动是否需要帮助进行了询问，回答均有四个选项，分别为"没有困难""有困难但仍可以完成""有困难，需要帮助""无法完成"。其中，进食评级标准是"没有困难"得 10 分，"有困难但仍可以完成"得 5 分，"有困难，需要帮助"和"无法完成"得 0 分；洗澡评级标准是"没有困难"得 5 分，"有困难但仍可以完成""有困难，需要帮助"和"无法完成"得 0 分；修饰（洗脸、梳头、刷牙、刮脸）评级标准是"没有困难"得 5 分，"有困难但仍可以完成""有困难，需要帮助"和"无法完成"得 0 分；穿衣（包括系鞋带）评级标准是"没有困难"得 10 分，"有困难但仍可以完成"得 5 分，"有困难，需要帮助"和"无法完成"得 0 分；大小便控制评级标准是"没有困难"得 15 分，"有困难但仍可以完成"得 10 分，"有困难，需要帮助"得 5 分，"无法完成"得 0 分；用厕（包括试净、整理衣裤、冲水）评级标准是"没有困难"得 10 分，"有困难但仍可以完成"得 5 分，"有困难，需要帮助"和"无法完成"得 0 分；床椅转移评级标准是"没有困难"得 15 分，"有困难但仍可以完成"得 10 分，"有困难，需要帮助"得 5 分，"无法完成"得 0 分；行走（平地行走 45m）评级标准是"没有困难"得 15 分，"有困难但仍可以完成"得 10 分，"有困难，需要帮助"得 5 分，"无法完成"得 0 分；上下楼梯评级标准是"没有困难"得 10 分，"有困难但仍可以完成"得 5 分，"有困难，需要帮助"和"无法完成"得 0 分；做饭评级标准是"没有困难"得 10 分，"有困难但仍可以完成"得 5 分，"有困难，需要帮助"和"无法完成"得 0 分。

（5）其他变量。

上文所述各个变量的详细设定如表 10-5 所示。

表 10-5　变量名称、代码及说明

变量名称	变量定义
CESD	抑郁指数取值范围为 [0，30]，值越大表明抑郁程度越高
Self_satisfaction	自评生活满意度（一点也不满意=1、不太满意=2、比较满意=3、非常满意=4、极其满意=5）
Medical	是否有新型农村合作医疗保险（否=0，是=1）
Age	年龄（岁）
Education	受教育水平（小学及以下=0，初中及以上=1）
Marry	是否有配偶（否=0，是=1）
Chronic	是否患有慢性病（否=0，是=1）
ADL	日常生活能力取值范围为 [0，100]，正常总分 100 分，60 分以上者为良，生活基本自理；60~40 分者为中度功能障碍，生活需要帮助；40~20 分者为重度功能障碍，生活依赖明显；20 分以下者为完全残疾，生活完全依赖

（6）描述性统计。

根据表 10-6，自评生活满意度的均值为 3.210，这意味着大多数农村老年人对于生活的感受高于比较满意，低于非常满意。他们的生活观念较为乐观。农村老年人的抑郁水平（CESD）均值达到 9.723，而选择新型农村合作医疗保险政策的比例达到惊人的 93.50%，这足以证明新型农村合作医疗保险政策的影响力在持续拓宽，接下来政府的重心应该在提升新型农村合作医疗保险政策的普及度和保障水平。样本的年龄平均值为 61.31 岁，其受教育程度的平均值为 0.27，这充分凸显出中国农村老年人的受教育程度主要在小学阶段，从总体教育水平看，属于比较低的水平。

表 10-6　相关变量的描述性统计

变量名称	样本量	平均值	标准差	最小值	最大值
Age	10995	61.310	9.128	45	96
Education	10995	0.270	0.474	0	2
Marry	10995	0.848	0.359	0	1
CESD	10995	9.723	6.148	0	30
Self_satisfaction	10995	3.210	0.805	1	5
Chronic	10995	0.741	0.438	0	1
ADL	10995	91.050	12.660	0	100
Medical	10995	0.935	0.247	0	1

资料来源：中国健康与养老追踪调查（CHARLS）数据库。

10.4.2.2　实证结果与分析

（1）新型农村合作医疗保险对农村老年人主观福利影响的总体评估。

表 10-7 揭示了新型农村合作医疗保险政策对乡村老人主观福利所产生影响的精确报告。其中，模型（8）展现了用最小二乘法来衡量新型农村合作医疗保险政策对乡村老人自评生活满意度所产生的影响效果；模型（9）展示了利用 Ordered Probit 模型来评估新型农村合作医疗保险政策对农民老人自评生活满意度的影响结果；而模型（10）则用固定效应模型展现了新型农村合作医疗保险政策对乡村老人抑郁指数的影响结果。

表 10-7　新型农村合作医疗保险政策对主观福利影响的回归结果

变量	*Self_satisfaction*		*CESD*
	模型（8）	模型（9）	模型（10）
Medical	0.327***	0.454***	-3.376***
	(10.010)	(10.150)	(-10.550)
Age	0.010***	0.015***	-0.056***
	(11.390)	(11.810)	(-7.090)
Education	0.100***	0.119***	-1.225***
	(5.730)	(4.940)	(-8.530)
Marry	0.085***	0.110***	-2.264***
	(3.800)	(3.560)	(-11.180)

续表

变量	Self_satisfaction		CESD
	模型（8）	模型（9）	模型（10）
Chronic	−0.056***	−0.079***	1.112***
	(−3.210)	(−3.300)	(7.550)
ADL	0.007***	0.010***	−0.131***
	(10.710)	(11.540)	(−23.430)
_cons	1.611***		29.520***
	(16.430)		(33.860)
cut1		0.423***	
		(3.100)	
cut2		1.255***	
		(9.180)	
cut3		2.936***	
		(21.180)	
cut4		4.031***	
		(28.820)	
YEARFE	Yes	Yes	Yes
N	10.995	10995	10995
R^2	0.029	0.021	0.131

注：括号里为 z 值，下表同。

在新型农村合作医疗保险的覆盖下，模型（8）表明，农村老年群体的自我生活满意度有了显著的增加，系数为0.327，这在1%的统计精准度上是显著的。同时，这点在模型（9）中也得到了证实，其系数为0.454，1%的统计精准度也表现其显著性。比较模型（8）和模型（9）的预测结果，新型农村合作医疗保险政策确实在提高农村老年生活满意度方面产生了显著效果，并且两者的一致性也进一步稳固和确认了这个结果的准确性和可信度。对于这个人群，模型（10）验证了新型农村合作医疗保险使他们的抑郁症指数明显降低，其系数为−3.376，这在1%的统计精准度上也有显著性。这个发现证明新型农村合作医疗保险政策有效改善了农村老年人的心理健康。因此，从模型（8）、模型（9）和模型（10）的预测数据看，新型农村合作医疗保险政策的确有显著的主观福利效应。

考虑了各种因素以后，发现老年人的健康状况对自评生活满意度有重大影响，成为决定重要因子之一。通过进行详细的回归分析发现，日常行为能力显著提升了农村老年人生活满足感的自我评分，在模型（8）和模型（9）中，其系数分别为0.007和0.010，达到了1%的统计显著性水平。更深层次的发现，日常行为能力明显地降低了农村老年人的抑郁情绪，在模型（10）中，其系数为-0.131，也达到了1%的统计显著性水平。上述结果表明日常生活能力越高的农村老年人抑郁程度越低，日常生活能力越高的农村居民越容易对生活满意。假如农村的老人们不幸身患长期疾病，他们对于生活的满意度评估会有明显的下降，在模型（8）和模型（9）中，这种现象的系数分别为-0.056和-0.079。同样地，长期疾病也会导致他们的抑郁指数显著增加，在模型（10）中，这个数值则为1.112。

在农村地区，配偶存在使老年人生活满意度的自我评价有了明显改善。在模型（8）中的系数是0.085，在模型（9）中系数为0.110，这些数据都在1%的统计水平上显著。另外，有伴侣的存在能够显著降低老年人的抑郁指数，其在模型（10）中的系数为-2.264，同样在1%的统计水平上有显著的效果。上述结果表明，有配偶的农村居民抑郁程度更低，有配偶的农村居民更容易对生活满意。教育水平有效地提升了农村老年人对生活满意度的自我评价，其在模型（8）的系数为0.100，在模型（9）的系数为0.119，同时这两个系数都在1%的统计水平上显著。此外，教育水平也明显减少了农村老年人的抑郁程度，其在模型（10）的系数为-1.225，同样在1%的统计水平上显著。

从以上分析看，新型农村合作医疗保险政策的应用在农村有助于显著提升老年居民的生活满意度，改善他们的主观福利感受。随着其覆盖面的进一步扩大，这项政策不仅极大地提高了农村老年人对自身生活满足的评价，还使他们的抑郁水平大幅下降。

（2）新型农村合作医疗保险对农村老年人主观福利影响的异质性探讨。

本节深入研究新型农村合作医疗保险政策的主观福利效应在不同方面的差异性，这有助于更系统地评估该政策的执行效果，有助于精确地识别出弱势人群并为之设计出适当的新型农村合作医疗保险政策，进一步推动社会基本医疗服务的均等化进程。本节从接受教育程度、年龄、是否有配偶和健康状况四个角度，探讨新型农村合作医疗保险政策对农村老年人的主观福利的影响存在的差异性特征。

将样本按照受教育程度分组进行回归，回归结果如表10-8所示。

表10-8给出了已完成初中教育农村居民和未完成初中教育农村居民的新型农村合作医疗保险获取主观福利效应评估结果。在抑郁程度方面，完成初中教育组中系数显著，系数为-2.56；在未完成初中教育组中系数显著，系数为-6.306，

且在 1% 的统计水平上显著。上述结果表明新型农村合作医疗保险的获取使未完成初中教育与完成初中教育农村居民的抑郁指数明显降低。在生活满意度方面，完成初中教育组中系数显著，系数为 -0.125，且在 10% 的统计水平上显著；在未完成初中教育组中系数显著，系数为 1.276，且在 1% 的统计水平上显著。上述结果表明新型农村合作医疗保险的获取使未完成初中教育农村居民的生活满意度明显提高。完成初中教育的农村居民的生活满意度的系数低于未完成初中教育农村居民，且完成初中教育显著降低了农村老年人生活满意度，这可能是因为受教育程度更高的个体获取的收入更高，新型农村合作医疗保险的获取对其医疗保障的提升有限，且支付新型农村合作医疗保险的费用使得其可支配收入降低。

表 10-8　按照受教育程度分组回归结果

变量	CESD		Self_satisfaction	
	未完成初中教育	完成初中教育	未完成初中教育	完成初中教育
Medical	-6.306***	-2.560***	1.276***	-0.125*
	(-11.210)	(-4.670)	(17.960)	(-1.910)
_cons	16.050***	10.840***	1.893***	3.156***
	(28.370)	(19.010)	(26.380)	(49.050)
YEARFE	Yes	Yes	Yes	Yes
N	8183	2812	8183	2812
R²	0.037	0.035	0.077	0.068

对样本依据年龄进行分类（低年龄组 Age<65 岁；高年龄组 Age≥65 岁）并执行回归分析，表 10-9 呈现了回归的结果。对于年纪较小和较大的群体，参与新型农村合作医疗保险已经促使农村老人自评生活满意度增长，它们的系数分别为 0.281 和 0.314，且两者在 1% 的统计水平上显著。此外，加入新型农村合作医疗保险也已经使农村老年人的抑郁指数明显下降，其系数分别为 -2.522、-2.836，并且两者都在 1% 的统计水平上显著。

表 10-9　按照低龄组和高龄组分组回归结果

变量	CESD		Self_satisfaction	
	年龄小于 65 岁	年龄大于 65 岁	年龄小于 65 岁	年龄大于 65 岁
Medical	-2.522***	-2.836***	0.281***	0.314***
	(-6.230)	(-3.730)	(5.200)	(3.440)

续表

变量	CESD		Self_satisfaction	
	年龄小于65岁	年龄大于65岁	年龄小于65岁	年龄大于65岁
_cons	11.910***	12.200***	2.822***	2.897***
	(29.650)	(16.250)	(52.970)	(31.750)
YEARFE	Yes	Yes	Yes	Yes
N	7221	3774	7221	3774
R²	0.020	0.027	0.035	0.023

将样本按照是否有配偶分组进行回归，回归结果如表10-10所示。对已婚的农村老年人来说，参与新型农村合作医疗保险计划能够显著提高他们对生活满足感的自我评价，相关性系数能达到0.276，在1%的统计水平上显著。然而，对未婚的农村老年人来说，参加此保险计划并没有对他们对生活满足感的自我评价造成明显的提升，相关性系数仅为0.432，尽管这个系数是正的。对于有配偶组参加新型农村合作医疗保险使农村老年人抑郁指数显著下降，系数为-2.613，在1%的统计水平上显著；对于无配偶组，参加新型农村合作医疗保险使农村老年人抑郁指数显著下降，系数为-2.743，在10%的统计水平上显著。上述结果表明，有配偶参加新型农村合作医疗保险可显著降低农村老年人的抑郁指数并提高农村老年人的生活满意度，无配偶参加新型农村合作医疗保险对降低农村老年人抑郁指数的显著水平低于有配偶组，无配偶参加新型农村合作医疗保险对提高农村老年人生活满意度不显著。这可能是因为有配偶的农村老年人可享受两份新型农村合作医疗保险，无配偶的农村老年人只能享受一份新型农村合作医疗保险。

表10-10 按照是否有配偶分组回归结果

变量	CESD		Self_satisfaction	
	有配偶	无配偶	有配偶	无配偶
Medical	-2.613***	-2.743*	0.276***	0.432
	(-7.690)	(-1.800)	(5.920)	(1.640)
_cons	11.710***	13.670***	2.860***	2.733***
	(34.470)	(9.690)	(61.920)	(11.050)
YEARFE	Yes	Yes	Yes	Yes
N	9327	1668	9327	1668
R²	0.018	0.074	0.035	0.045

根据 *ADL* 取值来区分个体的健康状况，将 *ADL* 取值为 100 的个体认定为健康，将 *ADL* 取值小于 100 的个体认定为健康状况较差，按照健康状况分组进行回归，回归结果如表 10-11 所示。在健康状况较差（*ADL*<100）与健康（*ADL*=100）的老年人的组别中，抑郁指数系数均显著且为负，其值分别为-2.166、-3.690，且在 1% 的统计水平上显著。在生活满意度方面，对于健康组，参加新型农村合作医疗保险使农村老年人自评生活满意度不显著，其系数为 0.052，系数为正。对于健康较差组，参加新型农村合作医疗保险使农村老年人自评生活满意度显著上升，其系数为 0.345，且在 1% 的统计水平上显著。出现上述结果可能是因为健康组本来身体就健康，健康组的农村老年人对于新型农村合作医疗保险的使用较少，所以造成参加新型农村合作医疗保险使农村老年人自评生活满意度不显著的现象。

表 10-11　按照健康状况分组回归结果

变量	CESD		Self_satisfaction	
	ADL=100	ADL<100	ADL=100	ADL<100
Medical	-3.690***	-2.166***	0.052	0.345***
	(-5.420)	(-5.010)	(0.570)	(5.950)
_cons	11.610***	12.460***	3.107***	2.787***
	(16.720)	(28.950)	(34.410)	(49.210)
YEARFE	Yes	Yes	Yes	Yes
N	3661	7334	3661	7334
R^2	0.063	0.010	0.037	0.030

综合以上不同维度的回归结果，通过比较发现，新型农村合作医疗保险的主观福利提升作用对于受教育程度较低、有配偶与健康状况较差的群体更加明显，这说明新型农村合作医疗保险的获取对不同维度的农村居民主观福利影响存在显著差异，即存在异质性差异。

（3）稳健性检验。

为了验证先前的实证研究成果的可靠性，本节进一步使用了两种分析方法来进行稳定性测试。首先，采用 Ordered Logit 模型取代先前使用的 Ordered Probit 模型，估算新型农村合作医疗保险政策对农村老人生活满足度的影响，同时与之前的回归结果进行比对。其次，选用随机效应模型来测算新型农村合作医疗保险政策对农村老年人抑郁指数的影响，并以此为基准回归进行比较。这样做的目的在于确保前述的实证结果的稳定性。两种用于测试稳定性的方法的结果如表10-12所示。

本节采用了 Ordered Logit 模型在表 10-12 的模型（11）中对新型农村合作医疗保险政策对农村老人自我评估的生活满意度的影响提出评估。研究发现，有新型农村合作医疗保险的农村老人，这项政策对他们自己评价的生活满意度有显著性的提高，其系数达到 0.900，且在 1% 的统计水平上显著。这一发现与表 10-7 中回归分析的结果一致。同样地，在随机效应模型中测量了新型农村合作医疗保险政策对农村老年人抑郁症的影响，结果表明，有新型农村合作医疗保险的农村老年人，该政策在降低他们的抑郁指数方面也起到了显著性的效果，其系数为 -3.384，并在 1% 的统计水平上显著，这与表 10-7 的回归结果也保持了一致。因此，这些稳健性检测结果进一步坚固了新型农村合作医疗保险政策实现显著的主观福利效果的实证发现，也证明了研究结论的稳健可靠。

表 10-12　稳健性检验结果

变量	Self_satisfaction	CESD
	模型（11）	模型（12）
Medical	0.900***	-3.384***
	(10.620)	(-14.290)
Age	0.027***	-0.061***
	(11.880)	(-9.130)
Education	0.190***	-1.247***
	(4.450)	(-9.870)
Marry	0.197***	-2.303***
	(3.590)	(-14.220)
Chronic	-0.137***	1.150***
	(-3.240)	(9.120)
ADL	0.018***	-0.131***
	(10.960)	(-29.240)
_cons		29.840***
		(41.610)

续表

变量	Self_satisfaction	CESD
	模型（11）	模型（12）
cut1	0.707***	
	(2.800)	
cut2	2.423***	
	(9.730)	
cut3	5.243***	
	(20.660)	
cut4	7.260***	
	(28.180)	
YEARFE	Yes	Yes
N	10995	10995
R²	0.021	

10.5　本章小结与建议

在退休对老年人主观福利影响的研究中，本章利用中国健康与养老追踪调查（CHARLS）2018 年的调查数据，采用工具变量的方法估计了退休对中老年人幸福感的影响，并从调节效应角度探讨退休影响主观福利的机制路径。探究结果表明，退休大大提高了中老年人休闲娱乐时间，进而导致增强其幸福感。社会活动的增加是退休对中老年人满意度产生重要影响的关键因素。由于退休后空闲时间增加，退休提高了参与社会活动的机会，并大大增加了社会活动的频率。退休会明显增加人们的社会活动，显著提升中老年人的幸福感，其中社会活动的频率起着重要的调节作用。通过退休，人们可以远离以往压力大、竞争激烈的工作，增加自由支配的时间，减轻角色压力，从而提高生活的满足感。

在"新型农村合作"医疗保险政策对老年人主观福利影响的研究中，本章借鉴了中国健康与养老追踪调查（CHARLS）在 2011 年、2013 年、2015 年以及 2018 年的四次数据，通过运用 Ordered Probit 模型、最小二乘法以及固定效应模型分析新型农村合作医疗保险政策对农村老年人群的主观福利的影响力。探究结果表明，新型农村合作医疗政策明显改善了乡村老年人的主观福利，这给他们的生活满意度带来了实质性提升，同时也显著减轻了他们的心理抑郁状态。本章根据受教育程度、年龄、婚姻状态和健康状况对样本进行探讨，从而更深入地理解新型农村合作医疗政策对主观福利的多元特性。经过研究，本章发现，政策对那些处在相对弱势的农村老年人，即教育水平较高、未婚、身体状况健康（ADL = 100）的人们主观福利的影响较小，这就无法有力推动基础医疗服务的均等化。

在对未来深度老龄化社会进行相关制度调整时，必须考虑老年人口幸福感的变化。本章研究的实证结果表明，不同政策会对其晚年的整体主观幸福感产生积极影响。因此，在制定中国下一步相关政策和制度时，应考虑以下议题：

首先，应在延迟退休制度中体现差异。目前，退休后工作对不同群体的主观情绪有不同的影响，尤其是男女之间的差异较大。这种差异与中国不同的性别角色有很大关系，男女的性别角色划分不同。为了提高老年人晚年就业的幸福感，可以考虑设立一个弹性的退休年龄区间，同时对一些特殊行业和女性劳动力设立一个过渡期，给她们一定的心理适应过程，辅以适当的经济激励。这将有助于其尽快接受和适应新的制度安排。其次，强调健康问题在退休年龄制度中的重要作用，同时加强医疗预防和保健计划的制定和财政支持。在退休之前，可以对计划延迟退休人群的健康状况进行准确评估，利用健康状况的差异制定延迟退休计划，让一些身体健康状况不佳的群体离开劳动力市场。最后，政府需强化新型农村合作医疗保险的普及程度，财政部应提升在此制度下的医疗报销率，建立新型农村合作医疗保险的动态调节系统，减小受益者间的不均衡性，明显提升农村老年人的满意度和幸福感。此外，应准确识别并对待处境不佳（如无经济收入、受教育程度偏低、被忽视、残疾、高龄或健康状况欠佳等）的老年人，加强对这些群体在新型农村合作医疗保险中的支持，并完备最低生活保障制度。

第 11 章

中国应对人口老龄化的策略

在推进中华民族复兴的进程中，中国正面临着"未富先老"的挑战。这一挑战的形成是多因素共同作用的结果，包括全球经济的波动、国内产业转型升级的需求，以及待完善的社会保障体系。人口老龄化已成为制约中国社会经济发展的关键问题，考验着治理体系和治理能力的现代化。党的十八大以来，习近平总书记强调以人民为中心发展思想，认识到政府稳定的基石在于满足人民群众的期望和需求。当前，党中央以习近平同志为核心，将改善民生和提升公共服务作为工作重点，以回应人民的基本需求。应对人口老龄化的策略需全面考虑人口、社会和经济等方面的相互影响，明确识别老龄化带来的各项挑战，如养老保障体系的可持续性、劳动力市场的供给失衡、产业转型升级和文化传承等问题。本章提出的政策建议旨在构建与中国国情和发展阶段相适应的应对策略，确保在老龄化趋势中实现经济社会的稳健发展。基于上述分析，本章从以下几个方面提出有针对性的政策建议：

11.1　完善养老服务体系

11.1.1　加快养老制度顶层设计

在改革开放的 40 多年中，中国经济取得了显著成就。中国在追求共同富裕的背景下，推动经济增长的同时必须坚持平等共享的原则，确保所有社会群体公平分享经济发展的成果。传统的"养儿防老"观念已经无法完全适应现代社会的需求，大量的老年人面临着资金和照料的双重困境。为谋取生计，许多老年人不得不终身从事劳动生产。基于第七次全国人口普查数据，在城乡第一产业劳动人口中老年人口占比已超过50%。造成这一现象的原因主要有两点：第一，自1953年以来，通过工农产品价格的"剪刀差"为工业发展攫取了大量剩余价值（孔祥智、何安华，2009），从事农业生产工作的农村人口其养老储蓄长期不足；第二，长期以来鼓励农村高质量的青年劳动力向非农领域和发达地区转移，导致偏远地区人口老龄化问题日益严重。

坚持平等共享思想，加快制度顶层设计的核心是确保每位公民，无论他们身处何地、身份如何，都能公平地享受到国家的经济成果和社会福利。为确保每位公民在经济上的权益得到保障，要构建一个综合性、兼容性强且符合国情的养老保障制度。《关于推进基本养老服务体系建设的意见》和《中共中央关于全面深化改革若干重大问题的决定》等政策文件着重强调了养老制度的公平性和普遍性。要加速推动建设全国统筹制度：其一，调整和优化地区间的养老保险基金当期余缺。解决养老基金存在的结构性矛盾。通过调节，可以确保那些经济相对落后、困难地区的养老金发放得到有效保障。其二，推动全国范围内的养老金统筹制度建设。确保劳动者的养老金权益不受因其工作地点变动而产生的不利影响。消除参保人因所在地的养老基金收支不平衡而产生的风险。其三，坚持社会统筹和个人账户相结合的基本养老保险制度；推进机关事业单位养老保险制度改革。深化和完善基本养老保险制度，坚持社会统筹与个人账户相结合的模式，着重推进机关事业单位养老保险制度的改革，确保不同部门、不同岗位的员工都能得到公正且公平的养老待遇。总之，为了真正实现平等共享的理念，我们必须在各个领域，尤其是养老保障领域，做出更大的努力。每一个人都应该在经济上的权益得到保障，每一个老年人都应该得到应有的尊重和照顾。

11.1.2　创新多元化养老服务体系

随着经济的发展和社会需求的变化，传统的养老方式已经无法满足日益增长的多样需求。在这样的背景下，提供丰富的养老服务为养老体系的持续健康发展提供了重要的支撑。首先，增加商业养老保险产品是必要的。与传统公共养老保障不同，商业养老保险由保险公司提供，为个人提供更灵活、个性化的选择。通过缴纳一定的保费，个人可以获得未来一定时期内的养老金支付。这种方式的主要优势在于它可以分散个体的风险，同时还为没有公共养老保险的人群提供了一个重要的补充。其次，建设多元化养老机构至关重要。对于追求高生活质量的中高收入老年人群，出现了一些提供优质设施和环境的高端养老机构，同时，这些机构还提供多样的娱乐和社交活动。此外，社区养老服务点应提供日常生活帮助和健康咨询等基础服务，并应考虑与城市公共交通网络的整合，以便老年人能便捷地使用。最后，规划社区服务点至关重要。要设立一些社区服务点，确保每个老年人都能得到基础的养老服务。这些服务点可以利用现有的村委会、区委会、文化站等公共设施，与基层医疗、文化教育等功能相结合。除了制度的完善和硬件设施的建设外，养老服务规划还需要考虑人才和管理机制的问题。养老服务是一个高度专业化的领域，需要大量的医疗、护理、心理等专业人才。因此，养老服务设施的建设应与专业培训和教育相结合，确保服务的质量和效率。同时，随着科技的发展，数字化和智能化技术也应该被广泛应用于养老服务中，提高服务的智能化和个性化水平。

此外，医疗与养老的深度融合也已成为社会发展的必然趋势，它不仅是对老年人日益增长的医疗需求的回应，更是养老服务模式创新的体现。在硬件设施方面，养老机构应当具备基础的医疗设备和设施。这意味着传统的养老院或养老中心不再仅仅是提供日常生活照料的场所，它们还需要拥有医疗诊疗室、康复训练区等功能区域。简单的日常健康检查、药物管理以及针对老年常见疾病的治疗，都应在养老机构内得到满足。在服务方面，医疗和养老的结合意味着养老服务人员需要具备一定的医疗知识和技能。这要求对养老护理人员进行系统的培训，使他们在提供日常照料的同时，也能对老人的健康状况进行监测、评估和初步干预。与此同时，养老机构还应与医疗机构建立紧密的合作关系，确保在老年人出现严重健康问题时可以迅速获得医疗机构的支持。医疗与养老的融合还需要得到社会的广泛认同和支持。这需要通过公众教育和宣传，提高人们对医养结合模式的认识和接受度，提高养老服务的质量和效益。

11.2　开发人口剩余红利

11.2.1　劳动力资源的配置与优化

人口老龄化趋势与劳动力资源的结构和利用紧密关联，对长期经济趋势产生深远影响。劳动力资源的充足与高效利用是经济持续增长的核心要素，也能缓和人口老龄化带来的经济冲击。为维持经济活力，关键是最大化利用劳动力资源，以延续人口红利的益处。尽管经济增长为充分就业提供了基础，但充分就业也促进了经济增长。面对人口结构的转变和传统优势的减弱，提高劳动力资源的利用率成为维持低成本和高储蓄率的策略选择。增强人力资本的投入与累积对应对复杂的全球市场和技术进步至关重要。通过对劳动者的人力投资，可以预防劳动力短缺并提高其竞争力。教育与健康投资是提升劳动者人力资本的关键。同时，完善劳动力市场机制，确保人力资本得到适当回报，形成合理的劳动力价格，并提高资源配置效率，对于转型中的市场经济来说是持续增长的核心制度保障。此外，加强劳动力流动性也至关重要。虽然城乡劳动力转移持续增长，但户籍制度及相关政策仍然限制了劳动力的自由流动，这种制度性约束导致大量农村劳动力在城市居留、消费和子女教育方面面临法律与经济挑战。对外来劳动力的歧视性政策加剧了市场不平衡，抑制了劳动力市场的完善和经济的持续增长。消除这些障碍并促进劳动力的高效流动，可以确保劳动力供给的稳定性，并为经济增长创造新动力。

在传统劳动就业市场造成"技术性破坏"的数字科技的冲击背景下，仅仅依赖人力资本投入、转移农村优质的青年劳动力等方法，而忽略对老龄人力资源市场的开发是没有基于中国现实的，没有充分发挥中国制度优势，没有利用人口潜力的方式。因此，有知识储备、有专业技能、有实际需求的低龄老年人应该重新参与生产活动中。为了确保老年劳动力的有效利用，政府需在政策框架下制定具有前瞻性的规章制度，明确老年劳动力资源的开发策略和实施手段。这意味着从宏观层面，要将老年人力资源纳入国家的长期社会经济发展蓝图，并为其提供法律和政策的扶持，转变社会观念，视老年人为经济活动的积极参与者。同时，众多的老年人退休后依旧展现出显著的活力与创造潜能，期望为社会注入价值。他们的长期经验和深厚人脉为创业带来无可比拟的资本，特别是在评估风险和决策方面。考虑到老年人对同龄需求的深入洞察，健康、文化、教育等领域为其提供广阔的商机。鉴于此，政府和相关组织应加大对老年创业的扶持力度，如专项基金和税收减免。此外，高学历人群在长时间的学术研究后进入劳动力市场，他们的社会贡献期相对较短。因此，对于某些高技能和专业领域，应该适当延长退休年龄，使其更加符合人的生命周期和经济效益。综上所述，为了有效地实施上述策略，需要建立一个全面的老年人力资源管理信息系统，包括社会服务系统和社会管理系统，以引导老年人力资源有序参与市场竞争。

11.2.2　构建老年教育体系

当下教育与培训成为人力资本积累的核心途径。为响应社会的老龄化趋势，推动终身学习制度完善并强调对老年劳动力再培训的重要性变得尤为迫切。对于老年劳动力市场的需求和老年人的职业胜任能力，应有更为系统和针对性的再教育内容，这超出了传统"老年大学"的教育模式。应实施多元化的教育策略和灵活的教育工具，遵循"学以致用"的策略，确保教育和培训的有效性。

加强老年教育的措施涵盖多个方面：在制度方面，模仿美国等国家的终身教育和老年教育制度，中国应加快完善相关立法，为老年教育提供坚实的法律支撑。考虑到老年教育是终身教育体系中的关键部分，应针对成人、老年及终身教育进行专项法规的制定，以适应这个知识更新迅速的社会以及应对老龄化挑战。在组织方面，鼓励多种形式的机构参与老年教育是至关重要的。政府在老年教育中起到了统筹规划的作用，同时也鼓励了众多民间和学术组织的参与。中国应在政府层面设立专门负责老年教育的机构，负责策略规划、宏观管理及资金调配，并鼓励各类民间组织、学术研究机构和营利机构积极参与老年教育的实践。推动社区教育的普及是对建立学习型社会有着至关重要的作用。中国应参考其他发达国家在老年教育中运用社区教育的成功模式，发挥老年人的潜能，为社区做出贡献。同时，还应加强对即将退休或已退休的老年人的生活指导，协助他们逐步适应退休生活。在知识经济时代，终身学习已成为不可或缺的理念，老年人也应享有持续学习的权利，通过再教育体系来提高他们的生活品质，使其更好地适应现代社会。对老年群体而言，学习主要满足自我实现和生活品质提升的需求，故教育内容应多样化。政府、社区和各种机构应提供支持，鼓励他们参与到学习的过程中，与其他年龄群体互动，共同为社会做出贡献。

11.3　激发经济增长新动力

11.3.1　产业结构升级与优化

劳动力市场的收缩与消费模式的转变为传统产业结构带来了前所未有的挑战，迫切要求经济体系进行深刻的结构性调整。特别地，从劳动密集型向知识密集型转型，已成为关键对策。这种转型不仅能为待业人群体提供更多的就业机会，还通过满足其特定消费群体的需求，刺激新的经济增长点。国家层面的政策文件，如《国家新型城镇化规划（2014-2020年）》《国家创新驱动发展战略纲要》以及《中华人民共和国国民经济和社会发展第十四个五年规划和2035年远景目标纲要》，为产业结构的优化提供了明确的指导和支持，强调了创新驱动和高质量发展的战略重点，确保经济体系在面对人口老龄化的挑战时保持活力与竞争力。实现产业升级及经济的高质量、创新驱动发展目标，须依托一套系统的战略规划与执行行动的严密布局。首先，建立创新驱动的新经济发展模式。政府应通过提供税收优惠、财政补贴和政策支持来激励企业的研发活动。要求其加大研发投入，鼓励与高等教育机构和研究组织之间的跨界合作，促进知识产权的保护和技术转移。其次，推动传统产业结构的优化升级。将技术改造的重心着眼于提升产业链的整体价值，借助自动化与信息化的先进手段，不仅提高生产效率，更增强产品的附加值；积极发展生产性服务业，促进服务业与制造业的深度融合；引入创新管理模式，快速适应市场环境的变化。最后，制定既包容又可持续的产业政策。在构筑包容性及可持续性的产业政策框架中，政府需确立一个均衡的支持机制，旨在促进国有企业的稳定增长与小型及中型企业的创新活力，维护一个基于公正竞争原则的市场秩序。同时，政策应倡导环境的可持续性，激励企业采纳环保技术和流程，以实现资源的高效循环利用，促进经济发展与生态环境的和谐共生。

11.3.2　老年消费市场的开发

老龄化社会催生了对特定消费品与服务的需求增长，其中，老年消费市场的扩张正成为刺激经济内需的新引擎。国家统计局公布的数据显示，2023年末中国60岁及以上的人口占总人口的比例为21.1%，且人口老龄化速度在不断加快，这意味着老龄消费市场的消费者规模在逐年扩大，老年人群的消费潜力正在快速释放。据中国老龄科学研究中心发布的《中国老龄产业发展报告（2021-2022）》预测，2020~2050年，中国老年人口的消费潜力将从约4.3万亿元增加到约40.6万亿元。

中国作为世界上最大的制造业大国和最主要的消费市场要根据这一变化调整产业结构，促进经济的多元化发展。因此，深度挖掘和满足老年消费市场的特殊需求，是实现经济持续增长和活力维持的关键策略。与年轻消费者相比，老年人在消费决策上往往更为稳健和保守。他们会更加重视产品和服务的质量、安全性以及使用的方便性。因此，企业创新的步伐不仅要在产品的研发上迈进，更需在服务模式上进行革新。针对老年人群体的独特需求，健康产品的创新应专注于老年人的生理特性，开发个性化的营养补充品、智能健康监测设备，以及提供便捷的医疗服务，以提升他们的生活质量。休闲娱乐的创新应细致考量老年人的偏好和体能限制，开发安全且舒适的旅游产品和适宜的文体活动，丰富他们的精神世界。在养老服务领域，结合现代信息技术创新个性化护理计划和社交平台，以满足老年人对精神慰藉和社会互动的需求。在此背景下，企业亟须重新评估并调整其营销策略，特别是要利用数字化工具深化对老年消费者行为的理解和分析，如社交媒体营销、在线客户服务和个性化的数字广告。通过提高与老年消费者的接触频率和质量，企业运用数据分析和机器学习技术，更精确地预测老年人的消费偏好和行为模式，从而设计出更具吸引力的营销活动。此外，政府还可以通过税收减免、研发抵免等激励措施，降低企业进入门槛，促进老年市场的创新。通过加强市场监管和老年消费者权益保护，提升消费信心，激活老年消费市场，推动市场健康发展。

11.4　生育生态的创新与优化

11.4.1　生育政策的创新路径

中国的生育政策随着时代的演进而经历了显著的转型，政策的导向已由过往的限制性措施转变为现行的激励性措施。2021 年 6 月，中共中央和国务院联合发布《关于优化生育政策促进人口长期均衡发展的决定》，标志着国家层面对生育政策的重大调整。该决定不仅宣布实施每对夫妇可生育三个子女的新政策，还包括了废除社会抚养费等限制性措施，并提出了一系列积极的生育支持举措，旨在缓解人口老龄化的压力并平衡人口结构。在当前的全国性政策框架之下，地方政府被赋予了根据本地区的具体情况来制定符合当地特色的生育政策的自由，这一措施意在促使人口政策更加精细化、本土化，以便更有效地应对各地不同的人口挑战。因此，探索和实施创新的生育政策路径变得格外重要。这些创新路径的核心在于利用多样化的政策工具，建立健全的生育支持体系、发展覆盖广泛的社会化育儿服务，以及精心营造一个对生育持友好态度的社会环境。

在构筑生育政策的创新路径时，政策工具的多样化显得尤为关键。首先，要创新经济支持，为育有子女的家庭设计税收优惠措施。例如，减税以及提供教育补贴，如学前教育资金的支持，再到为年轻家庭购房提供的住房补贴，如贷款利率的优惠等。其次，要关注社会支持，要建立健全的生育支持体系。建设国家级的儿童保健中心、提供免费的产前和产后护理服务，以及提供充足的儿童教育资源来确保家庭得到全面的公共支持。借鉴斯堪的纳维亚国家的模式，提供高质量的公共托儿服务，帮助年轻的父母们平衡家庭和工作，从而提高生育率。同时，要发展覆盖广泛的社会化育儿服务。积极鼓励私营部门参与到儿童早教和日托服务行业，扩大政府与私营部门的合作，提升育儿服务的覆盖性和普惠性，为不同收入水平家庭提供高质量且经济实惠的育儿支持。要完善城市和公共设施建设，如增设儿童游乐场所、扩建儿童医疗设施，以及提供便捷的母婴室等。最后，坚持加强跨部门合作，整合教育、卫生、住房和财政等多方资源，形成一个协同推进、多方参与的生育友好型社会环境构建机制，以期形成一个支持生育和育儿的社会生态系统。

11.4.2　生育环境的优化策略

在当前社会背景下，生育环境的不利现状已成为制约人口质量和数量平衡的瓶颈。生育意愿和实际生育率正在面临双重下降，优化生育环境成为提升国家人口政策效果和实现社会可持续发展的紧迫任务。在分析当前社会生育环境时，必须首先认识到，女性在生育期间面临的职业保障的不足。张抗私和谷晶双（2020）基于2010~2016年中国家庭追踪调查数据，研究了生育对女性就业的影响，指出生育不仅会显著降低女性的劳动参与率，并且对就业女性的工作时间投入和劳动收入水平均有显著的负面影响，且生育对高学历女性和城镇女性劳动力市场产生的负面影响更大。郭凤鸣和常慧（2023）则发现如果生育二胎，女性面临的工作—家庭矛盾会进一步加剧，甚至丧失就业机会。因此，应当着手强化对职业女性的就业保障，确保她们在孕期及产后的工作权益不受侵害。此外，通过税收减免等经济激励措施，可以有效促进企业实施性别平等的职场政策，从而营造一个支持女性生育与职业发展并重的环境。法律也应加强保护非在职期间生育女性的财产权益，为她们提供经济安全的保障。

在健康与医疗支持方面，提升孕产妇医疗服务质量对改善生育环境至关重要。根据世界卫生组织的数据，2020年，低收入国家的孕产妇死亡率为每10万名新生儿中有430例死亡，而高收入国家的比率为每10万名新生儿中有12例，孕产妇死亡率的降低与医疗服务质量的提升密切相关。因此，国家和地方政府应增加投入，确保孕产妇获得全面、及时、高效的医疗服务。教育与宣传方面的创新对于提升生育环境同样重要。应利用多样化的教育渠道和宣传策略来加强生育健康教育，特别是针对生育年龄段的人群。推广母婴安全知识对提高公众对孕产期安全的认识至关重要，这有助于降低孕产期的健康风险。同时，文化与教育环境的优化需要从根本上改变传统生育观念。通过教育体系和社会宣传，应倡导性别平等的育儿观念，消除对女性的生育压力和对男性育儿参与的偏见。提高育儿知识的普及率，使其成为社会共识，并在青少年教育阶段开始实施生育教育，为未来的家庭生活奠定坚实基础。实施这些策略将显著改善社会的生育环境。

11.5　传统文化的弘扬与传承

11.5.1　弘扬尊老爱幼美德

在中国传统文化中，尊老爱幼一直是维系家庭和社会和谐的基石。从孟子提倡的"老吾老，以及人之老；幼吾幼，以及人之幼"开始，尊老爱幼的美德便深深植根于中华民族的精神土壤之中。然而，随着经济的高速发展和社会结构的深刻变化，传统家庭模式受到冲击，核心家庭的兴起使年青一代与老年人的日常接触减少，老年人独居和"空巢"现象也日益严重。在这样的背景下，老年人在社会参与、就业机会和精神关怀方面的需求常常得不到充分满足。同时，随着计划生育政策的长期实施，独生子女成为家庭的常态，幼年群体的养育和教育问题也显得尤为突出，爱幼的实践需要更多社会资源和政策的支持。

为了逆转这一趋势，教育层面的努力显得尤为关键。将尊老爱幼的传统文化教育纳入学校教育体系，不仅可以在青少年心中种下美德的种子，更能通过教育的力量，让这一传统美德得以在新时代焕发新的生命力。学校可以开展以尊老爱幼为主题的文化教育活动，如访问养老院、参与志愿服务等，这些活动既丰富了学生的社会实践经验，也加深了对尊老爱幼价值的理解和认同。进一步地，建立老年人与青少年的文化交流平台，如老年人讲述传统故事、手艺展示等，可以有效促进不同代际之间的文化传承和情感交流。在社会层面，通过媒体和公共活动宣传尊老爱幼的重要性至关重要。媒体作为社会信息传播的主要渠道，应承担起宣传传统美德的责任，通过电视节目、公益广告等形式，增强公众对于尊老爱幼的认识和重视。同时，要定期举办传统文化节和手艺展览，不仅为老年人提供展示自身才能的平台，也让年青一代有机会近距离感受传统文化的魅力。此外，建立社区文化传承小组可以作为老年人与年轻人互动的桥梁，让尊老爱幼的美德在社区生活中得以实践和发扬光大。通过教育与社会的双重努力，不仅能够重塑尊老爱幼的社会风尚，还能在新的历史条件下，赋予这一美德新的内涵和生命力。

11.5.2　保护传统文化遗产

现代社会的传统文化传承状况呈现多元化的特点，一方面，民间艺术、传统节日和习俗在地方保护和传承中焕发新生；另一方面，却也面临着全球化带来的同质化压力、商业化过程中的价值扭曲，以及文化保护难等问题。据联合国教科文组织统计，全球范围内有超过一半的非物质文化遗产处于濒危状态，这一数据凸显了传统文化保护的紧迫性。为了应对这一挑战，首先，需要制定和完善传统文化保护法。在立法保护传统文化的过程中，必须综合考量其历史、艺术与科学的价值，以及对现代社会的贡献，确立一整套合理的法律规范。这套规范应明确文化遗产的识别标准、保护界限、管理职责和法律后果，并细化遗产的注册、评估、监控及危险预防措施。例如，建立非物质文化遗产的保护名录，对那些已经被列入或待列入名录的文化形式给予特别保护。其次，推广传统文化教育和传承的方法至关重要。其关键是要深化教育内涵、创新教学方法，并将传统知识和技艺融入教育体系。教育部门应在课程设置中融入传统文化元素，培育学生的文化认同和传承能力。同时，应鼓励和支持高等院校、科研机构和文化传承实体，联合开展传统文化的深入研究和创新实践活动，探索传统文化与现代科技、现代经济、现代管理的融合路径。最后，设立专项基金支持传统文化项目。基金的设立旨在为传统文化的保护、传承和创新提供稳定的资金保障。专项基金的管理和使用应遵循公开透明、专款专用的原则，确保每一笔资金都精准投入到最需要的领域。基金可以用于支持一系列活动，包括但不限于传统手工艺人的技艺培训、传统艺术表演的巡回展示、历史建筑的修缮保护以及非物质文化遗产的数字化记录等。同时，基金应重点扶持那些生存状态脆弱、急需保护的文化遗产，利用现代化手段，如数字化技术对该传统文化进行记录和留存。在综合施策促进传统文化传承与创新的道路上，必须坚持以人为本、尊重历史、面向未来，不断推进文化体系建设。

参考文献

［1］ Aarnoson S, Fallick B, Figura A, et al. The recent decline in the labor force participation rate and its implications for potential labor supply ［J］. Brookings Papers on Economic Activity, 2006, 37 （1）: 69-154.

［2］ Acemoglu D, Restrepo P. Secular stagnation? The effect of aging on economic growth in the age of automation ［J］. American Economic Review, 2017, 107 （5）: 174-179.

［3］ Acemoglu D, Restrepo P. The race between man and machine: Implications of technology for growth, factor shares, and employment ［J］. American Economic Review, 2018, 108 （6）: 1488-1542.

［4］ Aigner-Walder B, Döring T. The effects of population ageing on private consumption—A simulation for Austria based on household data up to 2050 ［J］. Eurasian Economic Review, 2012, 2 （1）: 63-80.

［5］ Alt R, Zimmermann H D. Preface: Introduction to special section-business models ［J］. Electronic Markets, 2001, 11 （1）: 3-9.

［6］ An C-B, Jeon S-H. Demographic change and economic growth: An inverted-U shape relationship ［J］. Economics Letters, 2006, 92 （3）: 447-454.

［7］ Andersson B. Scandinavian evidence on growth and age structure ［J］. Regional Studies, 2001, 35 （4）: 377-390.

［8］ Arellano M, Bover O. Another look at the instrumental variable estimation of error-components models ［J］. Journal of Econometrics, 1995, 68 （1）: 29-51.

［9］ Arrow K J. The economic implications of learning by doing ［J］. The Review of Economic Studies, 1962, 29 （3）: 155-173.

［10］ Atkinson T, Cantillion B, Marlier E, et al. Social indicators: The EU and social inclusion ［M］. Oxford: Oxford University Press, 2002.

［11］ Autor D H. Why are there still so many jobs? The history and future of workplace automation [J]. Journal of Economic Perspectives, 2015, 29 (3): 3-30.

[12] Azomahou T, Mishra T. Age dynamics and economic growth: Revisiting the nexus in a nonparametric setting [J]. Economics Letters, 2008, 99 (1): 67-71.

[13] Börsch-Supan A. Labor market effects of population aging [J]. Labour, 2003 (17): 5-44.

[14] Banks J, Blundell R, Levell P, et al. Life-cycle consumption patterns at older ages in the United States and the United Kingdom [J]. American Economic Journal: Economic Policy, 2019, 11 (3): 27-54.

[15] Barrett G, Kecmanovic M. Changes in subjective well-being with retirement: Assessing savings adequacy in Australia [J]. Applied Economics, 2013, 45 (35): 4883-4893.

[16] Becker G S. Human capital: A theoretical and empirical analysis, with special reference to education (3rd ed) [M]. Chicago: University of Chicago Press, 1993.

[17] Bender K, Mavromaras K, Theodossiou I, et al. The effect of wealth and earned income on the decision to retire: A dynamic probit examination of retirement [Z]. Institute for the Study of Labor (IZA), 2014.

[18] Bloom D E, Canning D, Fink G. Implications of population ageing for economic growth [J]. Oxford Review of Economic Policy, 2010, 26 (4): 583-612.

[19] Bloom D E, Canning D, Mansfield R K, et al. Demographic change, social security systems, and savings [J]. Journal of Monetary Economics, 2007, 54 (1): 92-114.

[20] Blundell R, Bond S. Initial conditions and moment restrictions in dynamic panel data models [J]. Journal of Econometrics, 1998, 87 (1): 115-143.

[21] Bonsang E, Klein T J. Retirement and subjective well-being [J]. Journal of Economic Behavior & Organization, 2012, 83 (3): 311-329.

[22] Butterworth P, Gill S C, Rodgers B, et al. Retirement and mental health: Analysis of the Australian national survey of mental health and well-being [J]. Social Science & Medicine, 2006, 62 (5): 1179-1191.

[23] Carpenter S M, Yoon C. Aging and consumer decision making [M] // Hess T M, Strough J, Löckenhoff C E. Aging and decision making. London: Academic Press, 2015: 351-370.

[24] Castilla D, Garcia-Palacios A, Miralles I, et al. Effect of Web navigation style in elderly users [J]. Computers in Human Behavior, 2016 (55): 909-920.

[25] Charles K K. Is Retirement Depressing?: Labor Force Inactivity and Psychological Well-Being in Later Life [J]. Research in Labor Economics, 2004 (23): 269-299.

[26] Cheng K C. Economic implications of China's demographics in the 21st century [R]. Working Paper, 2003.

[27] Choi K-H, Shin S. Population aging, economic growth, and the social transmission of human capital: An analysis with an overlapping generations model [J]. Economic Modelling, 2015 (50): 138-147.

[28] Chyi H, Mao S Y. The determinants of happiness of China's elderly population [J]. Journal of Happiness Studies, 2012 (13): 167-185.

[29] Cipriani G P, Makris M. A model with self-fulfilling prophecies of longevity [J]. Economics Letters, 2006, 91 (1): 122-126.

[30] De Vaus D, Wells Y. What should mature-age workers do to promote health and wellbeing in retirement? [J]. Health Lssues, 2004 (80): 23-26.

[31] Denton F, Spencer B. A simulation analysis of the effects of population change on a neoclassical economy [J]. Journal of Political Economy, 1973, 81 (2): 356-375.

[32] Dorfman R, Samuelson P A., Solow R M. Linear programming and economic analysis [M]. New York: McGraw-Hill Book Co., Inc., 1958.

[33] Dostie B. Wages, productivity and aging [J]. De Economist, 2011, 159 (2): 139-158.

[34] Faruqee H, Mühleisen M. Population aging in Japan: Demographic shock and fiscal sustainability [J]. Japan and the World Economy, 2003, 15 (2): 185-210.

[35] Feyrer J. Demographics and productivity [J]. The Review of Economics and Statistics, 2007, 89 (1): 100-109.

[36] Fougère M, Harvey S, Mercenier J, et al. Population ageing, time allocation and human capital: A general equilibrium analysis for Canada [J]. Economic Modelling, 2009, 26 (1): 30-39.

[37] Fougère M, Mercenier J, Mérette M. A sectoral and occupational analysis of population ageing in Canada using a dynamic CGE overlapping generations model

[J]. Economic Modelling, 2007, 24 (4): 690-711.

[38] Fougère M, Mérette M. Population ageing and economic growth in seven OECD countries [J]. Economic Modelling, 1999, 16 (3): 411-427.

[39] Friemel T N. The digital divide has grown old: Determinants of a digital divide among seniors [J]. New Media & Society, 2016, 18 (2): 313-331.

[40] Futagami K, Nakajima T. Population aging and economic growth [J]. Journal of Macroeconomics, 2001, 23 (1): 31-44.

[41] Gall T L, Evans D R, Howard J. The retirement adjustment process: Changes in the well-being of male retirees across time [J]. The Journals of Gerontology: Series B: Psychological Sciences and Social Sciences, 1997, 52 (3): 110-117.

[42] Gallino S, Moreno A. Integration of online and offline channels in retail: The impact of sharing reliable inventory availability information [J]. Management Science, 2014, 60 (6): 1434-1451.

[43] George L K, Fillenbaum G G, Palmore E. Sex differences in the antecedents and consequences of retirement [J]. Journal of Gerontology, 1984, 39 (3): 364-371.

[44] Grunberg E, Modigliani F. The predictability of social events [J]. Journal of Political Economy, 1954, 62 (6): 465-478.

[45] Hoffman D L, Novak T P, Chatterjee P. Commercial scenarios for the Web: Opportunities and challenges [J]. Journal of Computer-Mediated Communication, 1995, 1 (3): 211-227.

[46] Horioka C Y. Aging and saving in Asia [J]. Pacific Economic Review, 2010, 15 (1): 46-55.

[47] Hortaçsu A, Syverson C. The ongoing evolution of US retail: A format tug-of-war [J]. The Journal of Economic Perspectives, 2015, 29 (4): 89-112.

[48] Im K S, Pesaran M H, Shin Y. Testing for unit roots in heterogeneous panels [J]. Journal of Econometrics, 2003, 115 (1): 53-74.

[49] Jia J P, Wei C B, Chen S Q, et al. The cost of Alzheimer's disease in China and re-estimation of costs worldwide [J]. Alzheimer's & Dementia, 2018, 14 (4): 483-491.

[50] Jokela M, Ferrie J E, Gimeno D, et al. From midlife to early old age: Health trajectories associated with retirement [J]. Epidemiology, 2010, 21 (3):

284-290.

[51] Kao C. Spurious regression and residual-based tests for cointegration in panel data [J]. Journal of Econometrics, 1999, 90 (1): 1-44.

[52] Koch T, Windsperger J. Seeing through the network: Competitive advantage in the digital economy [J]. Journal of Organization Design, 2017, 6 (1): 1-30

[53] Latif E. The impact of retirement on psychological well-being in Canada [J]. The Journal of Socio-Economics, 2011, 40 (4): 373-380.

[54] Lee R, Mason A. Some macroeconomic aspects of global population aging [J]. Demography, 2010, 47 (1): S151-S172.

[55] Leibfritz W, Roeger W. The effects of aging on labor markets and economic growth [M] //Hamm I, Seitz H, Werding M. Demographic change in Germany. Cham: Springer, 2008: 35-63.

[56] Levin A, Lin C-F, Chu C-S J. Unit root tests in panel data: Asymptotic and finite-sample properties [J]. Journal of Econometrics, 2002, 108 (1): 1-24.

[57] Li Z L, Lu Q, Talebian M. Online versus bricks-and-mortar retailing: A comparison of price, assortment and delivery time [J]. International Journal of Production Research, 2015, 53 (13): 3823-3835.

[58] Lindh T, Malmberg B. Age structure effects and growth in the OECD, 1950-1990 [J]. Journal of Population Economics, 1999, 12 (3): 431-449.

[59] Lindh T, Malmberg B. Demographically based global income forecasts up to the year 2050 [J]. International Journal of Forecasting, 2007, 23 (4): 553-567.

[60] Lu J, Lu Y, Wang X, et al. Prevalence, awareness, treatment, and control of hypertension in China: data from 1. 7 million adults in a population-based screening study (China PEACE Million Persons Project) [J]. The Lancet, 2017, 390 (10112): 2549-2558.

[61] Lührmann M. Population aging and the demand for goods and services [Z]. London: University of Mannheim, 2005.

[62] Maestas N, Mullen K J, Powell D. The effect of population aging on economic growth, the labor force and productivity [R]. National Bureau of Economic Research, 2016.

[63] Mahlberg B, Freund I, Cuaresma J C, et al. Ageing, productivity and wages in Austria [J]. Labour Economics, 2013 (22): 5-15.

［64］ Matthews K R W, Calhoun K M, Lo N, et al. The aging of biomedical research in the United States ［J］. PLoS One, 2011, 6 (12): 29−38.

［65］ Mein G, Martikainen P, Hemingway H, et al. Is retirement good or bad for mental and physical health functioning? Whitehall II longitudinal study of civil servants ［J］. Journal of Epidemiology & Community Health, 2003, 57 (1): 46−49.

［66］ Mokhtarian P L, Chen C. TTB or not TTB, that is the question: A review and analysis of the empirical literature on travel time (and money) budgets ［J］. Transportation Research Part A: Policy and Practice, 2004, 38 (9−10): 643−675.

［67］ Moreno R L, Godoy−Izquierdo D, Vázquez Pérez M L, et al. Multidimensional psychosocial profiles in the elderly and happiness: A cluster−based identification ［J］. Aging & Mental Health, 2014, 18 (4): 489−503.

［68］ Pampel F C, Weiss J A. Economic development, pension policies, and the labor force participation of aged males: A cross−national, longitudinal approach ［J］. American Journal of Sociology, 1983, 89 (2): 350−372.

［69］ Pecchenino R A, Pollard P S. Dependent children and aged parents: Funding education and social security in an aging economy ［J］. Journal of Macroeconomics, 2002, 24 (2): 145−169.

［70］ Pedroni P. Critical values for cointegration tests in heterogeneous panels with multiple regressors ［J］. Oxford Bulletin of Economics and Statistics, 1999 (61): 653−670.

［71］ Pedroni P. Panel cointegration: Asymptotic and finite sample properties of pooled time series tests with an application to the PPP hypothesis ［J］. Econometric Theory, 2004, 20 (3): 597−625.

［72］ Pinquart M, Schindler I. Changes of life satisfaction in the transition to retirement: A latent−class approach ［J］. Psychology and Aging, 2007, 22 (3): 442−455.

［73］ Piotrowicz W, Cuthbertson R. Introduction to the special issue: Information technology in retail: Toward omnichannel retailing ［J］. International Journal of Electronic Commerce, 2014, 18 (4): 5−15.

［74］ Prettner K. Population aging and endogenous economic growth ［J］. Journal of Population Economics, 2013, 26 (2): 811−834.

［75］ Ransom R, Sutch R. The decline of retirement in the years before social security: US retirement patterns, 1870-1940 [M] //Ricardo-Campbell R, Lazear E. Issues in contemporary retirement. Stanford: Stanford University Press, 1988.

[76] Reitzes D C, Mutran E J, Fernandez M E. The decision to retire: A career perspective [J]. Social Science Quarterly, 1998, 79 (3): 607-619.

[77] Romer P M. Increasing returns and long-run growth [J]. Journal of Political Economy, 1986, 94 (5): 1002-1037.

[78] Rubinfeld D L. Voting in a local school election: A micro analysis [J]. The Review of Economics and Statistics, 1977, 59 (1): 30-42.

[79] Schreft S L. Clicking with dollars: How consumers can pay for purchases from E-tailers [J]. Economic Review, 2002, 87 (1): 37-64.

[80] Schultz T W. Capital formation by education [J]. The Journal of Political Economy, 1960, 68 (6): 571-583.

[81] Schwertner K. Digital transformation of business [J]. Trakia Journal of Sciences, 2017, 15 (1): 388-393.

[82] Senesi P. Population dynamics and life-cycle consumption [J]. Journal of Population Economics, 2003 (16): 389-394.

[83] Siliverstovs B, Kholodilin K A, Thiessen U. Does aging influence structural change? Evidence from panel data [J]. Economic Systems, 2011, 35 (2): 244-260.

[84] Szinovacz M E. Contexts and pathways: Retirement as institution, process, and experience [M] //Adams G A, Beehr T A. Retirement: Reasons, Processes, and Results. Cham: Springer, 2003: 6-52.

[85] Tabata K. Population aging, the costs of health care for the elderly and growth [J]. Journal of Macroeconomics, 2005, 27 (3): 472-493.

[86] Tapscott D. The digital economy: Promise and peril in the age of networked intelligence [M]. New York: McGraw-Hill, 1996.

[87] Teltzrow M, Berendt B. Web-usage-based success metrics for multi-channel businesses [C]. Proceedings of the Fifth WEBKDD workshop: Webmining as a Premise to Effective and Intelligent Web Applications (WEBKDD 2003), 2003: 17-27.

[88] Troha A M, Čepar Ž. Impact of population ageing on unemployment and entrepreneurial activity: The case of Slovenia [J]. Organizacija, 2015, 48 (4): 232-245.

[89] UNDP (United Nations Development Programme). Human development

report 2010：The real wealth of nations：Pathways to human development ［R］. New York：Consolidated Graphics，2010.

［90］Van Zon A，Muysken J. Health and endogenous growth ［J］. Journal of Health Economics，2001，20（2）：169-185.

［91］Watkins L L，Koch G G，Sherwood A，et al. Association of anxiety and depression with all-cause mortality in individuals with coronary heart disease ［J］. Journal of the American Heart Association，2013，2（2）：e000068.

［92］Westerlund J. New simple tests for panel cointegration ［J］. Econometric Reviews，2005，24（3）：297-316.

［93］Wong A. Population aging and the transmission of monetary policy to consumption ［Z］. 2016 Meeting Papers from Society for Economic Dynamics，2016.

［94］安锦，薛继亮. 基于产业视角的京津冀都市圈人口有序转移研究 ［J］. 中央财经大学学报，2015（2）：83-89.

［95］巴曙松，郑军. 中国产业转型的动力与方向：基于新结构主义的视角 ［J］. 中央财经大学学报，2012（12）：45-52.

［96］蔡昉，王美艳. "未富先老"与劳动力短缺 ［J］. 开放导报，2006（1）：31-39.

［97］蔡昉. 人口转变、人口红利与经济增长可持续性——兼论充分就业如何促进经济增长 ［J］. 人口研究，2004，28（2）：2-9.

［98］蔡昉. 人口转变、人口红利与刘易斯转折点 ［J］. 经济研究，2010，45（4）：4-13.

［99］蔡昉. 未来的人口红利——中国经济增长源泉的开拓 ［J］. 中国人口科学，2009（1）：2-10.

［100］蔡兴. 人口老龄化倒逼了中国出口结构的优化升级吗 ［J］. 当代经济研究，2016（8）：81-91.

［101］曹丰，王亚斌，薛万国，等. 中国老年疾病临床多中心报告 ［J］. 中华老年多器官疾病杂志，2018，17（11）：801-808.

［102］陈宁，鲁冰洋. 人口负增长趋势下社会保障高质量发展 ［J］. 中州学刊，2023（10）：99-105.

［103］陈卫民，施美程. 人口老龄化促进服务业发展的需求效应 ［J］. 人口研究，2014，38（5）：3-16.

［104］陈文权，赵兹，李得胜. Leslie 修正模型在人口预测中的应用 ［J］.

世界科技研究与发展，2008，30（2）：219-224.

［105］陈勇兵，曹亮．生产分割、垂直 FDI 与贸易增长——基于 1994—2007 年省际面板数据单位根与协整检验［J］.宏观经济研究，2012（3）：26-33.

［106］陈志霞．城市老年人的生活满意度及其影响因素研究——对武汉市 568 位老年人的调查分析［J］.华中科技大学学报（社会科学版），2001（4）：63-66.

［107］程杰．"退而不休"的劳动者：转型中国的一个典型现象［J］.劳动经济研究，2014（5）：68-103.

［108］程名望，张家平．互联网普及与城乡收入差距：理论与实证［J］.中国农村经济，2019（2）：19-41.

［109］褚敏，靳涛．为什么中国产业结构升级步履迟缓——基于地方政府行为与国有企业垄断双重影响的探究［J］.财贸经济，2013（3）：112-122.

［110］丛屹，俞伯阳．数字经济对中国劳动力资源配置效率的影响［J］.财经理论与实践，2020，41（2）：108-114.

［111］党俊武．中国城乡老年人生活状况调查报告（2018）［M］.北京：社会科学文献出版社，2018.

［112］党俊武．中国要抓紧研究制定应对人口老龄化的国际战略［J］.老龄科学研究，2018，6（5）：3-13.

［113］邓波．数字化转型对企业投资的影响研究［J］.价格理论与实践，2022（6）：135-138.

［114］邓聚龙．灰色控制系统［J］.华中工学院学报，1982（3）：9-18.

［115］邓沛能．人口老龄化、创新与产业结构升级［D］.中南财经政法大学硕士学位论文，2019.

［116］邓小清．退休与幸福感：基于断点回归设计［J］.统计与决策，2019，35（10）：98-100.

［117］丁军强.21 世纪中国人口老龄化对可持续发展的影响分析及对策［J］.理论月刊，2002（10）：117-118.

［118］董香书，王晋梅，肖翔．数字经济如何影响制造业企业技术创新——基于"数字鸿沟"的视角［J］.经济学家，2022（11）：62-73.

［119］都阳，封永刚．人口快速老龄化对经济增长的冲击［J］.经济研究，2021，56（2）：71-88.

［120］杜本峰，王旋．老年人健康不平等的演化、区域差异与影响因素分析

[J]．人口研究，2013，37（5）：81-90．

[121] 杜露，王沛田，曹晨晔．山西省人口老龄化预测——基于灰色 GM（1，1）模型 [J]．经济研究导刊，2022（18）：41-43．

[122] 杜鹏，李龙．新时代中国人口老龄化长期趋势预测 [J]．中国人民大学学报，2021，35（1）：96-109．

[123] 杜鹏．中国人口老龄化现状与变化 [J]．中国社会保障，2013（11）：13-15．

[124] 杜鹏．中国人口老龄化现状与社会保障体系发展 [J]．社会科学文摘，2023（7）：8-10．

[125] 杜雯翠，张平淡．人口老龄化与环境污染：生产效应还是生活效应？[J]．北京师范大学学报（社会科学版），2019（3）：112-123．

[126] 段成荣，谢东虹，吕利丹．中国人口的迁移转变 [J]．人口研究，2019，43（2）：12-20．

[127] 方福前，邢炜．居民消费与电商市场规模的 U 型关系研究 [J]．财贸经济，2015（11）：131-147．

[128] 方黎明．社会支持与农村老年人的主观幸福感 [J]．华中师范大学学报（人文社会科学版），2016，55（1）：54-63．

[129] 方显仓，谢欣，黄泽民．人口老龄化与中国经济增长——基于 CES 生产函数的分析 [J]．上海经济研究，2014（12）：90-96．

[130] 冯剑锋，陈卫民．我国人口老龄化影响经济增长的作用机制分析——基于中介效应视角的探讨 [J]．人口学刊，2017，39（4）：93-101．

[131] 冯剑锋，岳经纶，范昕．空间关联视野下人口老龄化对劳动参与率的影响分析 [J]．江淮论坛，2018（6）：142-147+197．

[132] 符建华，曹晓晨．人口老龄化对中国经济高质量发展的影响研究 [J]．经济问题探索，2021（6）：44-55．

[133] 葛延风，王列军，冯文猛，等．我国健康老龄化的挑战与策略选择 [J]．管理世界，2020，36（4）：86-95．

[134] 顾洪明，郭晨，张卫东．人口老龄化对经济高质量发展的影响研究——来自中国城市面板数据的经验证据 [J]．宏观经济研究，2023（6）：101-112．

[135] 郭凤鸣，常慧．二胎生育对女性就业和工作时间的动态影响——基于事件研究法的分析 [J]．人口学刊，2023，45（6）：97-112．

［136］郭熙保，李通屏，袁蓓．人口老龄化对中国经济的持久性影响及其对策建议［J］．经济理论与经济管理，2013（2）：43-50.

［137］郭瑜．人口老龄化对中国劳动力供给的影响［J］．经济理论与经济管理，2013（11）：49-58.

［138］郭远智，周扬，韩越．中国农村人口老龄化的时空演化及乡村振兴对策［J］．地理研究，2019，38（3）：667-683.

［139］国家统计局人口和就业统计司．中国人口和就业统计年鉴2009［M］．北京：中国统计出版社，2009.

［140］韩鹏，宋晓晓．基于灰色理论的内蒙古人口老龄化趋势预测及其影响因素研究［J］．干旱区资源与环境，2023，37（1）：44-51.

［141］韩永辉，谭舒婷，成昊．从"数字鸿沟"到"数字红利"——应对人口老龄化的产业政策优化路径［J］．赣南师范大学学报，2023，44（2）：107-114.

［142］郝少云．人口老龄化村庄"数字弱势群体"的融入困境与优化路径［J］．安徽乡村振兴研究，2023（3）：85-95.

［143］何冬梅，刘鹏．人口老龄化、制造业转型升级与经济高质量发展——基于中介效应模型［J］．经济与管理研究，2020，41（1）：3-20.

［144］何凌霄，南永清，张忠根．老龄化、服务性消费与第三产业发展——来自中国省级面板数据的证据［J］．财经论丛，2016（10）：11-18.

［145］侯大强．基于Leslie模型的湖北省人口老龄化预测及分析［D］．武汉理工大学硕士学位论文，2012.

［146］呼倩．中国人口老龄化的劳动供给效应——基于省级面板数据的分析［J］．广东财经大学学报，2019，34（4）：33-48.

［147］胡鞍钢，刘生龙，马振国．人口老龄化、人口增长与经济增长——来自中国省际面板数据的实证证据［J］．人口研究，2012，36（3）：14-26.

［148］胡西娟，师博，杨建飞．数字经济壮大实体经济发展的机制识别和经验证据［J］．经济问题，2022（12）：1-8.

［149］胡耀岭，原新．决定我国人口老龄化进程的因素分解研究［J］．老龄科学研究，2019，7（3）：3-15.

［150］黄晨熹．老年数字鸿沟的现状、挑战及对策［J］．人民论坛，2020（29）：126-128.

［151］黄乾，于丹．延迟退休会损害健康吗？——基于对退而不休的研究

［J］．人口与发展，2019，25（2）：76-85.

［152］黄文杰，吕康银．"退而不休"对老年人主观幸福感的影响——基于 CHARLS 数据的实证分析［J］．税务与经济，2020（3）：22-31.

［153］黄秀女，郭圣莉．城乡差异视角下医疗保险的隐性福利估值及机制研究——基于 CGSS 主观幸福感数据的实证分析［J］．华中农业大学学报（社会科学版），2018（6）：93-103+156.

［154］黄艳姗．探索新常态下传统零售业的"新零售"模式［J］．中国市场，2017（4）：42+50.

［155］贾建平，赫荣乔，贾龙飞，等．阿尔茨海默病及相关痴呆的发生与早期诊治［Z］．北京：首都医科大学宣武医院，2018.

［156］江克忠，陈友华．土地征用对农民生活满意度和未来信心的影响——基于 CFPS 调查数据的实证研究［J］．社会发展研究，2017，4（2）：57-72+243.

［157］金光照，陶涛，刘安琪．人口老龄化与劳动力老化背景下中国老年人力资本存量与开发现状［J］．人口与发展，2020，26（4）：60-71.

［158］景万强，李文新．新零售背景下 O2O 向 OMO 模式转型研究［J］．中国集体经济，2020（29）：98-99.

［159］孔祥智，何安华．新中国成立 60 年来农民对国家建设的贡献分析［J］．教学与研究，2009（9）：5-13.

［160］雷晓燕，谭力，赵耀辉．退休会影响健康吗？［J］．经济学（季刊），2010（3）：1539-1558.

［161］李昂，申曙光．社会养老保险与退休年龄选择——基于 CFPS2010 的微观经验证据［J］．经济理论与经济管理，2017（9）：55-70.

［162］李百岁，同力嘎．内蒙古人口城市化 Logistic 模型及其应用［J］．干旱区资源与环境，2007（2）：32-36.

［163］李本公．中国人口老龄化发展趋势百年预测［M］．北京：华龄出版社，2006.

［164］李稻葵，厉克奥博，吴舒钰．从人力资源总量视角分析人口负增长对中国经济发展的影响［J］．人口研究，2023，47（2）：21-30.

［165］李富荣．改进的动态 GM（1，1）模型在人口预测中的应用［J］．统计与决策，2013（19）：72-74.

［166］李光明，刘丹玉．人口老龄化、科技创新与制造业升级研究——基于空间计量模型分析［J］．工业技术经济，2018，37（10）：120-128.

［167］李建新，刘瑞平．我国省际人口负增长趋势的差异性分析［J］．人口学刊，2020，42（6）：35-48.

［168］李竞博．人口老龄化对劳动生产率的影响［J］．人口研究，2019，43（6）：20-32.

［169］李静，王月金．健康与农民主观福祉的关系分析——基于全国5省（区）1000个农户的调查［J］．中国农村经济，2015（10）：80-88.

［170］李军．人口老龄化条件下的经济平衡增长路径［J］．数量经济技术经济研究，2006（8）：11-21.

［171］李坤．流通商主导的供应链战略联盟与价值链创新［J］．商业经济研究，2017（4）：22-24.

［172］李蕾．黄河流域数字经济发展水平评价及耦合协调分析［J］．统计与决策，2022，38（9）：26-30.

［173］李强，赵立志，李凌霄．中国城市老龄化发展中的长照服务问题研究与对策［J］．广西城镇建设，2020（5）：84-87.

［174］李思萦．"全面二孩"政策下人口老龄化对中国养老保险支出的影响研究［D］．新疆大学硕士学位论文，2019.

［175］李晓华．新零售的数据悖论与长尾悖论［J］．东北财经大学学报，2018（6）：15-18.

［176］李鑫．区域间保费收入的差异性分析——以京津冀为例［J］．劳动保障世界，2018（23）：33-35.

［177］李杏，章孺，M. W. Luke Chan．人口老龄化对产业结构的影响——基于SYS-GMM的分析［J］．河海大学学报（哲学社会科学版），2017，19（1）：29-36+89.

［178］李秀丽，王良健．我国人口老龄化水平的区域差异及其分解研究［J］．西北人口，2008（6）：104-107+111.

［179］李亚青，王子龙，向彦霖．医疗保险对农村中老年人精神健康的影响——基于CHARLS数据的实证分析［J］．财经科学，2022（1）：87-100.

［180］李袁园．中国省际人口迁移和区域经济发展研究——基于"六普"数据的分析［M］．北京：社会科学文献出版社，2014.

［181］李悦，曹亚楠，崔玉杰．基于灰色GM（1，1）模型对我国老年人口数量的预测研究［J］．中小企业管理与科技，2020（10）：178-179+182.

［182］李重燕．试论需求导向下人口结构变化与商业服务业发展［J］．商业

经济研究，2020（14）：182-185.

[183] 连玉明，武建忠．中国民情报告［M］．北京：中国时代经济出版社，2010.

[184] 梁雅楠，张成．人口老龄化、数字经济与我国产业结构优化［J］．经济问题探索，2022（12）：114-131.

[185] 凌珑．就业质量与居民主观福利——基于中国劳动力动态调查的实证研究［J］．统计研究，2022，39（10）：149-160.

[186] 刘成坤，赵昕东．人口老龄化与产业结构升级的互动关系研究［J］．统计与决策，2020，36（12）：81-84.

[187] 刘聪，张祎．人口老龄化和储蓄对经济增长的影响研究［J］．中国管理信息化，2023（4）：190-194.

[188] 刘翠花．数字经济对产业结构升级和创业增长的影响［J］．中国人口科学，2022（2）：112-125+128.

[189] 刘红梅，周潇，武长河，等．上海市人口老龄化对居民储蓄影响的实证研究［J］．华东经济管理，2018，32（4）：19-25.

[190] 刘洪银．人口抚养比对经济增长的影响分析［J］．人口与经济，2008（1）：1-6.

[191] 刘家强．我国人口老龄化与经济新常态的传导机制［J］．探索与争鸣，2015（12）：15-18.

[192] 刘克豫．人力资本转变下老龄化的机遇和新人口红利［J］．辽宁经济，2020（12）：24-25.

[193] 刘沛鑫，王勇，邹政伟．人口老龄化对城镇家庭消费的影响分析［J］．统计与决策，2021，37（8）：103-106.

[194] 刘穷志，何奇．人口老龄化、经济增长与财政政策［J］．经济学（季刊），2012，12（1）：119-134.

[195] 刘瑞华．新形势下消费结构升级与零售业态变迁关系研究［J］．商业经济研究，2021（10）：26-29.

[196] 刘爽．对中国区域人口老龄化过程的思考［J］．人口学刊，1997（3）：33-40.

[197] 刘思峰，党耀国，方志耕，等．灰色系统理论及其应用（第五版）［M］．北京：科学出版社，2010.

[198] 刘思敏．中国人口老龄化现状及其对策分析［J］．中国城市经济，

2011（29）：298+300.

［199］刘学良．中国养老保险的收支缺口和可持续性研究［J］．中国工业经济，2014（9）：25-37.

［200］刘永平，陆铭．从家庭养老角度看老龄化的中国经济能否持续增长［J］．世界经济，2008，31（1）：65-77.

［201］刘瑜．社会保障制度的幸福效应——基于医疗保险、养老保险视角的实证研究［D］．西南政法大学硕士学位论文，2015.

［202］刘玉飞，彭冬冬．人口老龄化会阻碍产业结构升级吗——基于中国省级面板数据的空间计量研究［J］．山西财经大学学报，2016，38（3）：12-21.

［203］刘志彪．产业升级的发展效应及其动因分析［J］．南京师大学报（社会科学版），2000（2）：3-10.

［204］刘子兰，郑茜文，周成．养老保险对劳动供给和退休决策的影响［J］．经济研究，2019，54（6）：151-167.

［205］刘祖源，庞丽华．人口年龄结构、经济发展与居民储蓄率间的动态关系研究——基于面板向量自回归模型［J］．西北人口，2020，41（3）：22-33.

［206］鲁元平，王韬．收入不平等、社会犯罪与国民幸福感——来自中国的经验证据［J］．经济学（季刊），2011，10（4）：1437-1458.

［207］鲁元平，张克中．老有所乐吗？——基于退休与幸福感的实证分析［J］．经济管理，2014，36（8）：168-178.

［208］逯进，刘璐，郭志仪．中国人口老龄化对产业结构的影响机制——基于协同效应和中介效应的实证分析［J］．中国人口科学，2018（3）：15-25.

［209］逯进，苏妍．人力资本、经济增长与区域经济发展差异——基于半参数可加模型的实证研究［J］．人口学刊，2017，39（1）：89-101.

［210］罗珉，李亮宇．互联网时代的商业模式创新：价值创造视角［J］．中国工业经济，2015（1）：95-107.

［211］罗默．高级宏观经济学［M］．苏剑，罗涛，译．北京：商务印书馆，1999.

［212］马尔萨斯．人口论［M］．郭大力，译．北京：北京大学出版社，2008.

［213］马克思．资本论（第二卷）［M］．北京：人民出版社，2004.

［214］马嫣然，吕寒，蔡建峰．数字经济、技术创新与区域经济增长［J］．统计与决策，2023，39（6）：98-103.

［215］马玥．推进数字经济与银发经济融合发展［J］．宏观经济管理，2022

（3）：56-62.

[216] 穆光宗．将"全面健康老龄化"上升为国家战略［J］．中国经济报告，2014（4）：79-81.

[217] 穆怀中，裴凯程．人口老龄化对装备制造业全要素生产率的影响——来自中国省级面板数据的实证检验［J］．工业技术经济，2020，39（11）：154-160.

[218] 聂高辉，黄明清．人口老龄化对产业结构升级的动态效应与区域差异——基于省际动态面板数据模型的实证分析［J］．科学决策，2015（11）：1-17.

[219] 潘红虹，唐珏岚．人口老龄化对居民消费率的影响研究［J］．江西社会科学，2021，41（1）：51-60.

[220] 潘宇．基于改进的 GM（1，1）模型的中国人口动态预测研究［D］．湖南大学硕士学位论文，2016.

[221] 庞一凡．积极应对人口老龄化背景下中国老年人力资本开发研究［J］．现代营销（上旬刊），2023（4）：142-144.

[222] 彭浩然，申曙光．现收现付制养老保险与经济增长：理论模型与中国经验［J］．世界经济，2007（10）：67-75.

[223] 彭继增，陶旭辉，徐丽．我国数字化贫困地理集聚特征及时空演化机制［J］．经济地理，2019，39（2）：169-179.

[224] 彭希哲，陈倩．中国银发经济刍议［J］．社会保障评论，2022，6（4）：49-66.

[225] 彭希哲，胡湛．公共政策视角下的中国人口老龄化［J］．中国社会科学，2011（3）：121-138.

[226] 齐红倩，闫海春．人口老龄化抑制中国经济增长了吗？［J］．经济评论，2018（6）：28-40.

[227] 祁峰．我国人口老龄化的经济效应分析［J］．经济问题探索，2010（1）：18-22.

[228] 任栋，李新运．劳动力年龄结构与产业转型升级——基于省际面板数据的检验［J］．人口与经济，2014（5）：95-103.

[229] 任虹宇．城乡居民基本养老保险对我国居民主观福利的影响研究——基于 CHARLS 数据的实证分析［D］．广东财经大学硕士学位论文，2022.

[230] 任强，侯大道．人口预测的随机方法：基于 Leslie 矩阵和 ARMA 模型

[J]．人口研究，2011，35（2）：28-42．

[231] 桑林．社会医疗保险对居民幸福感的影响及内在机制研究 [J]．社会保障研究，2018（6）：31-45．

[232] 石明明，江舟，邱旭容．老龄化如何影响我国家庭消费支出——来自中国综合社会调查的证据 [J]．经济理论与经济管理，2019（4）：62-79．

[233] 斯密．国民财富的性质和原因的研究 [M]．郭大力，王亚南，译．北京：商务印书馆，2002．

[234] 宋佳莹，高传胜，马嘉蕾．人口老龄化对经济发展影响的机理与测度 [J]．江西社会科学，2022，42（12）：35-46+205．

[235] 宋健，于景元，李广元．人口发展过程的预测 [J]．中国科学，1980（9）：920-932．

[236] 苏剑．人口老龄化如何影响经济增长——基于总供给与总需求的分析视角 [J]．北京工商大学学报（社会科学版），2021，36（5）：14-23．

[237] 孙爱军，刘生龙．人口结构变迁的经济增长效应分析 [J]．人口与经济，2014（1）：37-46．

[238] 孙计领．失能对老年人主观福利的影响研究 [J]．西北人口，2021，42（5）：55-66．

[239] 孙明雨，朱禹瑄，许瑶．积极老龄化背景下对数字鸿沟成因研究与应对措施 [J]．科技传播，2022，14（6）：44-47．

[240] 孙永强，万玉琳．金融发展、对外开放与城乡居民收入差距——基于1978~2008年省际面板数据的实证分析 [J]．金融研究，2011（1）：28-39．

[241] 陶涛．中国的人口老龄化与老年人力资本开发 [J]．团结，2020（6）：35-38．

[242] 滕晓慧．新农保对农村老年人主观福利的影响——基于 CHARLS 数据的实证研究 [D]．山东大学硕士学位论文，2021．

[243] 田红彬，杨秀云，田启涛．数字经济时代零售业态演化与企业绩效实证研究 [J]．经济经纬，2021，38（2）：91-101．

[244] 田素华，李筱妍，王弟海．人口老龄化、资本供求与国际直接投资流动 [J]．国际经贸探索，2021，37（11）：52-67．

[245] 童玉芬，廖宇航．健康状况对中国老年人劳动参与决策的影响 [J]．中国人口科学，2017（6）：105-116．

[246] 万春，许莉．农村养老能力评价指标体系构建及实证 [J]．统计与决

策，2020，36（24）：61-64.

　　［247］汪伟，刘玉飞，彭冬冬．人口老龄化的产业结构升级效应研究［J］. 中国工业经济，2015（11）：47-61.

　　［248］汪伟，刘玉飞，徐炎．劳动人口年龄结构与中国劳动生产率的动态演化［J］. 学术月刊，2019，51（8）：48-64.

　　［249］汪伟．人口老龄化、生育政策调整与中国经济增长［J］. 经济学（季刊），2016（4）：67-96.

　　［250］汪伟．人口老龄化、养老保险制度变革与中国经济增长——理论分析与数值模拟［J］. 金融研究，2012（10）：29-45.

　　［251］汪旭晖．新时代的"新零售"：数字经济浪潮下的电商转型升级趋势［J］. 北京工商大学学报（社会科学版），2020，35（5）：38-45.

　　［252］王宝义．"新零售"演化和迭代的态势分析与趋势研判［J］. 中国流通经济，2019，33（10）：13-21.

　　［253］王福，王科唯．"新零售"供应链场景化价值逆向重构［J］. 中国流通经济，2020，34（2）：27-35.

　　［254］王刚．"新零售"背景下网络零售平台创新模式探索［J］. 商业经济研究，2018（5）：58-60.

　　［255］王桂新，干一慧．中国的人口老龄化与区域经济增长［J］. 中国人口科学，2017（3）：30-42+126-127.

　　［256］王欢，黄健元．中国人口年龄结构与城乡居民消费关系的实证分析［J］. 人口与经济，2015（2）：11-20.

　　［257］王焕清．我国养老保险的模式选择与基金缺口预测［J］. 统计与决策，2012（19）：154-157.

　　［258］王林．中国人口老龄化过程中的人力资本变迁［J］. 市场与人口分析，2006，12（5）：69-75.

　　［259］王宁，张爽，曾庆均．基于新陈代谢 GM（1，1）模型的重庆市人口老龄化预测研究［J］. 西北人口，2017，38（1）：66-70.

　　［260］王鹏，陈秋露，刘若雪．互联网发展对我国零售业及产业升级的影响研究——基于 2003 年-2016 年时间序列的数据分析［J］. 现代管理科学，2018（8）：64-66.

　　［261］王琼，曾国安．退休及养老金收入对幸福感的影响——基于 CHARLS 数据的经验分析［J］. 保险研究，2015（11）：95-109.

［262］王润芝，魏君英．人口老龄化对农村居民消费结构的影响［J］．合作经济与科技，2018（23）：34-35.

［263］王树，吕昭河．"人口红利"与"储蓄之谜"——基于省级面板数据的实证分析［J］．人口与发展，2019，25（2）：64-75.

［264］王欣亮，杜壮壮，刘飞．人口老龄化、需求结构变动与产业转型升级［J］．华东经济管理，2020，34（7）：61-72.

［265］王亚迪．退休影响中老年人幸福感吗？［J］．经济与管理评论，2019，35（6）：26-36.

［266］王依霖．环境污染感知的主观福利效应分析［D］．东北财经大学硕士学位论文，2022.

［267］王云多．人口老龄化对劳动供给、人力资本与产出影响预测［J］．人口与经济，2014（3）：69-75.

［268］王震，刘天琦．社会养老保险政策对农村老年人主观福利的影响——基于 CHARLS 数据的实证分析［J］．财经科学，2021（4）：105-117.

［269］王志宝，孙铁山，李国平．近 20 年来中国人口老龄化的区域差异及其演化［J］．人口研究，2013（1）：66-77.

［270］魏福成，邹薇，马文涛，等．税收、价格操控与产业升级的障碍——兼论中国式财政分权的代价［J］．经济学（季刊），2013，12（3）：1491-1512.

［271］邬沧萍，王琳，苗瑞凤．中国特色的人口老龄化过程、前景和对策［J］．人口研究，2004，28（1）：8-15.

［272］吴飞飞，唐保庆．人口老龄化对中国服务业发展的影响研究［J］．中国人口科学，2018（2）：103-115+128.

［273］吴福象，沈浩平．新型城镇化、基础设施空间溢出与地区产业结构升级——基于长三角城市群 16 个核心城市的实证分析［J］．财经科学，2013（7）：89-98.

［274］吴思铭．城乡居民养老保险对农村居民主观福利的影响研究［D］．河北经贸大学硕士学位论文，2021.

［275］伍小兰，李晶，王莉莉．中国老年人口抑郁症状分析［J］．人口学刊，2010（5）：43-47.

［276］项鑫，王乙．中国人口老龄化现状、特点、原因及对策［J］．中国老年学杂志，2021，41（18）：4149-4152.

［277］谢琳，杨华磊，姚怡丹，等．退休会使人变得更幸福吗［J］．中国经

济问题，2022（1）：123-137.

［278］谢雪燕，朱晓阳．人口老龄化、技术创新与经济增长［J］．中国软科学，2020（6）：42-53+76.

［279］谢贞发，杨思雨．城乡居民基本养老保险一体化改革对居民主观福利的影响——基于 CHARLS 数据的实证分析［J］．中国人口科学，2022（6）：85-96+127-128.

［280］熊茜，李超．老龄化背景下农村养老模式向何处去［J］．财经科学，2014（6）：125-132.

［281］徐德云．产业结构升级形态决定、测度的一个理论解释及验证［J］．财政研究，2008（1）：46-49.

［282］徐佳靖．基本医疗保险对农村中老年人抑郁评分的影响——基于 CFPS 数据的实证分析［D］．武汉大学硕士学位论文，2022.

［283］徐瑾，陈慧琳．人口老龄化对中国经济增长的影响——基于人力资本视角的考量［J］．江汉论坛，2022（2）：32-39.

［284］徐苗．新零售业态发展动因与路径研究［J］．西南科技大学学报（哲学社会科学版），2018，35（2）：66-70.

［285］徐晓雯，李泽臻，高琼．互联网使用影响老年人孤独感吗？——基于 CHARLS 数据的实证研究［J］．山东财经大学学报，2021，33（3）：100-108+120.

［286］许琪，王金水．代际互惠对中国老年人生活满意度的影响［J］．东南大学学报（哲学社会科学版），2019，21（1）：104-115+145.

［287］薛静娴．中国数字经济发展水平测度与分析［J］．北方经贸，2023（8）：42-46.

［288］阳义南，曾燕，瞿婷婷．推迟退休会减少职工个人的养老金财富吗？［J］．金融研究，2014（1）：58-70.

［289］杨白坚，胡伟略．人口经济论［M］．北京：社会科学文献出版社，2007.

［290］杨道兵，陆杰华．我国劳动力老化及其对社会经济发展影响的分析［J］．人口学刊，2006（1）：7-12.

［291］杨涵墨．中国人口老龄化新趋势及老年人口新特征［J］．人口研究，2022，46（5）：104-116.

［292］杨华龙，刘金霞，郑斌．灰色预测 GM（1，1）模型的改进及应用

[J]. 数学的实践与认识，2011，41（23）：39-46.

[293] 杨慧. 我国人口老龄化对经济发展的影响［D］. 河北大学硕士学位论文，2006.

[294] 杨慧梅，江璐. 数字经济、空间效应与全要素生产率［J］. 统计研究，2021，38（4）：3-15.

[295] 杨坚争，齐鹏程，王婷婷. "新零售"背景下我国传统零售企业转型升级研究［J］. 当代经济管理，2018，40（9）：24-31.

[296] 杨柳，张冰清，张子璇. 基于 Logistic 和 GM（1，1）模型对河北省人口的预测研究［J］. 产业与科技论坛，2020，19（6）：37-38.

[297] 杨梦冉. 基于 GM（1，1）模型的上海市人口老龄化趋势预测［J］. 经济研究导刊，2019（18）：48-49+134.

[298] 杨胜利，邵盼盼. 人力资本与经济发展的协调性对经济增长的影响［J］. 科技与经济，2021，34（3）：76-80.

[299] 杨潇，谷满意. 新零售发展、居民消费与物流模式优化［J］. 商业经济研究，2021（5）：26-30.

[300] 杨雪，侯力. 我国人口老龄化对经济社会的宏观和微观影响研究［J］. 人口学刊，2011（4）：46-53.

[301] 杨洋. 新零售时代下实体店转型探析［J］. 现代经济信息，2017（33）：289.

[302] 姚东旻，李三希，林思思. 老龄化会影响科技创新吗——基于年龄结构与创新能力的文献分析［J］. 管理评论，2015，27（8）：56-67.

[303] 姚洁. 新零售趋势下的实体零售企业创新路径［J］. 江苏经贸职业技术学院学报，2017（6）：13-14+75.

[304] 姚玉祥. 人口老龄化如何影响城乡收入不平等［J］. 现代经济探讨，2021（4）：33-42.

[305] 尹德挺，苏杨. 建国六十年流动人口演进轨迹与若干政策建议［J］. 改革，2009（9）：24-36.

[306] 尹奉迪，马羿崧，王琳. 消费升级背景下新零售的制度经济学分析［J］. 科技经济导刊，2021（11）：11-12.

[307] 于丽，马丽媛，尹训东，等. 养老还是"啃老"？——基于中国城市老年人的再就业研究［J］. 劳动经济研究，2016，4（5）：24-54.

[308] 于欣平，卢博扬. 中国人口老龄化现状及积极应对人口老龄化措施分

析［J］. 经济师, 2023（2）: 21-22.

［309］袁蓓. 中国人口老龄化与经济增长问题研究［M］. 北京: 人民出版社, 2017.

［310］袁惠爱, 赵丽红, 岳宏志. 数字经济、空间效应与共同富裕［J］. 山西财经大学学报, 2022, 44（11）: 1-14.

［311］原新, 高瑗, 李竞博. 人口红利概念及对中国人口红利的再认识——聚焦于人口机会的分析［J］. 中国人口科学, 2017（6）: 19-31+126.

［312］曾起艳, 何志鹏, 曾寅初. 社区养老服务设施对城乡老年人主观福利的影响［J］. 人口与发展, 2022, 28（6）: 148-160.

［313］曾毅, 冯秋石, Therese Hesketh, 等. 中国高龄老人健康状况和死亡率变动趋势［J］. 人口研究, 2017, 41（4）: 22-32.

［314］曾毅. 中国人口老龄化的"二高三大"特征及对策探讨［J］. 人口与经济, 2001（5）: 3-9+72.

［315］翟振武, 陈佳鞠, 李龙. 2015～2100年中国人口与老龄化变动趋势［J］. 人口研究, 2017, 41（4）: 60-71.

［316］翟振武, 刘雯莉. 人口老龄化: 现状、趋势与应对［J］. 河南教育学院学报（哲学社会科学版）, 2019, 38（6）: 15-22.

［317］詹晓宁, 欧阳永福. 数字经济下全球投资的新趋势与中国利用外资的新战略［J］. 管理世界, 2018, 34（3）: 78-86.

［318］张艾莉, 尹梦兰. 人口老龄化对区域技术创新的异质门槛效应研究［J］. 软科学, 2019, 33（11）: 35-40.

［319］张斌, 李军. 人口老龄化对产业结构影响效应的数理分析［J］. 老龄科学研究, 2013（6）: 3-13.

［320］张晨霞, 李荣林. 人口老龄化、数字经济与经济高质量发展［J］. 经济经纬, 2022, 39（5）: 3-13.

［321］张川川. 养老金收入与农村老年人口的劳动供给——基于断点回归的分析［J］. 世界经济文汇, 2015（6）: 76-89.

［322］张聪, 慈勤英. 城镇社区环境对老年人主观幸福感影响的统计分析［J］. 统计与决策, 2016（7）: 117-119.

［323］张帆. 人口老龄化对中国制造业转型影响的实证研究［J］. 工业技术经济, 2019, 38（6）: 89-96.

［324］张桂文, 邓晶晶, 张帆. 中国人口老龄化对制造业转型升级的影响

［J］．中国人口科学，2021（4）：33-44+126-127．

［325］张鸿帅，张思源，王春枝．人力资本对经济高质量发展的影响——教育与健康资本的双重视角［J］．统计学报，2022，3（2）：16-30．

［326］张抗私，谷晶双．生育对女性就业的影响研究［J］．人口与经济，2020（5）：19-29．

［327］张鹏飞．全面二孩政策、人口老龄化与劳动力供给［J］．经济经纬，2019，36（3）：134-141．

［328］张瑞红，朱俊生．人口老龄化对我国劳动参与率影响研究［J］．价格理论与实践，2021（2）：36-41．

［329］张卫．人口老龄化与技术进步：日本的经验与启示［J］．当代经济管理，2021，43（7）：77-85．

［330］张文娟，王东京．中国老年人临终前生活自理能力的衰退轨迹［J］．人口学刊，2020，42（1）：70-84．

［331］张枝军．运用电子商务策略加快传统零售企业转型［J］．中国市场，2011（19）：79-82．

［332］赵春燕．人口老龄化对区域产业结构升级的影响——基于面板门槛回归模型的研究［J］．人口研究，2018，42（5）：78-89．

［333］赵青青．新零售时代下的商业模式——以小米之家为例［J］．市场周刊，2018（8）：79-80．

［334］赵涛，张智，梁上坤．数字经济、创业活跃度与高质量发展——来自中国城市的经验证据［J］．管理世界，2020，36（10）：65-75．

［335］赵廷辰．中国人口老龄化：现状、成因与应对［J］．清华金融评论，2022（4）：53-56．

［336］赵昕东，刘成坤．人口老龄化对制造业结构升级的作用机制研究——基于中介效应模型的检验［J］．中国软科学，2019（3）：153-163．

［337］郑君君，朱德胜，关之烨．劳动人口、老龄化对经济增长的影响——基于中国9个省市的实证研究［J］．中国软科学，2014（4）：149-159．

［338］郑适，周海文，周永刚，等．"新农合"改善农村居民的身心健康了吗？——来自苏鲁皖豫四省的经验证据［J］．中国软科学，2017（1）：139-149．

［339］郑伟，林山君，陈凯．中国人口老龄化的特征趋势及对经济增长的潜在影响［J］．数量经济技术经济研究，2014，31（8）：3-20+38．

［340］郑晓冬，方向明．社会养老保险与农村老年人主观福利［J］．财经研

究，2018，44（9）：80-94.

[341] 郑振华，彭希哲. 婚姻满意度、婚姻冲突与主观幸福感——上海市不同生育状况"80后"家庭的比较研究 [J]. 青年研究，2019（1）：63-75+95-96.

[342] 中国信息通信研究院：中国数字经济发展与就业白皮书（2019年）[EB/OL]. 中国信息通信研究院网，2019-04 [2023-3-29]. http：//www. ca-ict. ac. cn/kxyj/qwfb/bps/201904/t20190417_197904. htm.

[343] 钟睿. 我国人口老龄化城乡倒置的空间转移和规划应对——基于人口流动的视角 [J]. 城市发展研究，2019，26（2）：24-30.

[344] 钟若愚. 人口老龄化影响产业结构调整的传导机制研究：综述及借鉴 [J]. 中国人口科学，2005（S1）：169-174.

[345] 周霖，李莉，张颖，等."医养结合"服务模式在医疗机构中的认识与探讨 [J]. 中国医院，2021，25（4）：45-47.

[346] 周榕，庄汝龙，黄晨熹. 中国人口老龄化格局演变与形成机制 [J]. 地理学报，2019，74（10）：2163-2177.

[347] 周勇. 解析新零售六种实践模式（下）[J]. 中国商界，2017（11）：50-51.

[348] 周祝平，刘海斌. 人口老龄化对劳动力参与率的影响 [J]. 人口研究，2016，40（3）：58-70.

[349] 朱欢，王鑫."绿水青山"的福利效应——基于居民生活满意度的实证研究 [J]. 中国经济问题，2019（4）：109-123.

[350] 朱荟. 数字老龄化的中国优势：释放数字红利 [J]. 中国特色社会主义研究，2022（2）：79-88.

[351] 朱勤，魏涛远. 老龄化背景下中国劳动供给变动及其经济影响：基于CGE模型的分析 [J]. 人口研究，2017，41（4）：8-21.

[352] 卓乘风，邓峰. 人口老龄化、区域创新与产业结构升级 [J]. 人口与经济，2018（1）：48-60.

[353] 邹波. 中国老龄化的现状与积极应对 [J]. 中国民政，2017（20）：42-44.

[354] 邹红，喻开志. 退休与城镇家庭消费：基于断点回归设计的经验证据 [J]. 经济研究，2015，50（1）：124-139.

[355] 邹至庄. 中国经济转型 [M]. 北京：中国人民大学出版社，2005.

后　记

在人类社会经济发展的进程中，人口老龄化已成为一个不可忽视的严峻挑战。随着医疗卫生条件的显著改善和人均寿命的延长，老年人口比例持续上升，这对社会的各个方面都产生了深远的影响。老龄化社会对医疗和养老服务的需求激增，迫使政府和社会投入大量资源，以确保老年人的基本生活和医疗保障。这对国家财政和公共服务体系提出了前所未有的挑战。人口老龄化是现代社会发展的必然趋势，既带来了挑战，也蕴含着机遇。通过多方协同努力，优化政策措施，可以更好地应对人口老龄化，推动社会的可持续发展。

本书共分为 11 章，涵盖了人口老龄化的时空变化、危机、预测、应用以及应对。具体分工如下：第 1 章由薛继亮、杨羽佳编写；第 2 章由薛继亮、宋一凡编写；第 3 章由薛继亮、陈爽编写；第 4 章由薛继亮、葛家佳编写；第 5 章由薛继亮、张丰哲编写；第 6 章由薛继亮、薄婧编写；第 7 章由薛继亮、杨晓霞编写；第 8 章由薛继亮、贾慧编写；第 9 章由薛继亮、暴文博编写；第 10 章由薛继亮、尹亚东、王含琦编写；第 11 章由薛继亮、宋一凡编写。

需要说明的是，以上作者名单仅为每一章内容的主要贡献者，本书中大量引用了国内外学者的文献，对此表示感谢，也对每一位认真参与撰写的作者予以感谢。本书受到内蒙古自治区第十二批"草原英才"、2022 年度高校青年科技人才发展计划（NJYT22096）以及内蒙古自治区人口战略研究创新平台和内蒙古自治区人口战略研究智库联盟，国家自然科学基金地区基金项目"生育意愿到生育行为的微观传导机理和宏观政策响应研究"（71864024）的支持。

值此书稿付梓之际，笔者真诚感谢为本书编辑和出版提供过帮助的每一位参与者。同时，不足之处敬请各位读者不吝赐教，以便笔者学习和修订。